普通高校"十二五"规划教材
公共管理系列

社会保障基金管理

曲大维　罗　晶　储丽琴　编著

清华大学出版社
北　京

内 容 简 介

本书以中国社会保障基金制度改革为背景,着重介绍了社会保障基金管理的理论和制度实践。本书在体系和总体结构上不同于以往教材那样将不同层次的社会保障基金作为一个统一整体来进行论述的方式,而是从制度视角来进行阐述,分别介绍了不同项目社会保障基金的管理制度安排及其改革发展。这种新颖的方式有助于读者更加清晰地理解社会保障基金的基本原理以及基本原理在不同制度环境下的具体应用,同时避免在学习中产生混淆和误解。

本书主要包括以下内容:社会保障基金的概念、性质、构成、特征、分类和功能;养老保险基金管理、社会医疗保险基金管理、失业保险基金管理;社会福利基金和社会救助基金管理;社会保障基金与公共财政的关系;社会保障基金的投资运营管理;全国社会保障基金管理;社会保障基金监管。

图书在版编目(CIP)数据

社会保障基金管理/曲大维,罗晶,储丽琴编著.--北京:清华大学出版社,2014(2024.12重印)
(普通高校"十二五"规划教材·公共管理系列)
ISBN 978-7-302-34116-1

Ⅰ.①社… Ⅱ.①曲… ②罗… ③储… Ⅲ.①社会保障基金-基金管理-中国-高等学校-教材
Ⅳ.①D632.1

中国版本图书馆 CIP 数据核字(2014)第 016152 号

责任编辑:刘志彬
封面设计:汉风唐韵
责任校对:宋玉莲
责任印制:沈 露

出版发行:清华大学出版社
      网 址:https://www.tup.com.cn,https://www.wqxuetang.com
      地 址:北京清华大学学研大厦 A 座　　　　　邮 编:100084
      社 总 机:010-83470000　　　　　邮 购:010-62786544
      投稿与读者服务:010-62776969,c-service@tup.tsinghua.edu.cn
      质量反馈:010-62772015,zhiliang@tup.tsinghua.edu.cn
印 装 者:三河市龙大印装有限公司
经 销:全国新华书店
开 本:185mm×230mm　　　印 张:12.5　　　字 数:247 千字
版 次:2014 年 5 月第 1 版　　　印 次:2024 年 12 月第 8 次印刷
定 价:40.00 元

产品编号:046481-02

目 录

第 1 章

社会保障基金概述

 本章提要

本章主要介绍了社会保障基金的定义,社会保障基金的性质,社会保障基金的特征、分类和功能。通过本章的学习,读者将对社会保障基金产生一个总体上的初步认识,并为进一步的学习做好基础性的准备。

1.1 社会保障基金的概念界定

要深入学习和研究社会保障基金管理,首先必须对什么是社会保障基金有一个清晰的认识。而要想充分理解社会保障基金的概念,就必须要从社会保障和基金这两个方面来进行把握。

1.1.1 社会保障基金的概念

社会保障基金是国家根据有关法律、法规和政策的相关规定,从已有的社会财富中提取、积累而建立起来的法定的、收支平衡的、专款专用的资金,是社会保障制度得以确立并能够解决特定社会问题的物质基础。社会保障基金主要包括社会保险基金、社会救助基金、社会福利基金、军人保障基金、社会保障储备基金等,社会保障基金的基本表现形态是货币基金。

1.1.2 社会保障基金概念的关键词解读

为更好地理解这一概念,我们必须从构成社会保障基金这一概念的两大关键词——社会保障和基金出发,对社会保障基金这一概念进行深入解读。

1. 社会保障

社会保障(social security),是国家依法建立的、具有经济福利性的、社会化的国民生活保障系统。在中国,社会保障是各种社会保险、社会救助、社会福利、军人福利、医疗保

障、福利服务以及各种政府或企业补助、社会互助等社会措施的总称。[①]

2．基金

基金，一般而言，是指具有专门用途的资金。[②] 在当前的社会经济体系中，基金已经成为一个包含范围相当广泛的广义经济术语。具体而言，基金包含资金（fund）和组织（foundation）这两方面的含义。

从资金上来讲，基金是用于特定目的并独立核算的资金。其中，既包括各国共有的养老保险基金、退休基金、救济基金、教育奖励基金等，也包括中国特有的财政专项基金、职工集体福利基金、能源交通重点建设基金、预算调节基金等。

从组织上来讲，基金是为特定目标而专门管理和运作资金的机构或组织。这种基金组织，可以是非法人机构（如财政专项基金、高校中的教育奖励基金、保险基金等），可以是事业性法人机构（如中国的宋庆龄儿童基金会、美国的福特基金会等），也可以是公司性法人机构（如各种证券投资基金等）。

3．社会保障与社会保障基金

从理论上来说，社会保障制度是国家通过立法并依法采取强制手段对国民收入进行再分配，对暂时性或永久性失去劳动能力及由于各种原因而造成生活困难的社会成员提供基本生活保障，以保证劳动力再生产、社会安定和经济稳定增长的制度及其实施机制。如果在社会保障制度运行的过程中，不能依法及时足额地征集社会保障基金、合理有效地使用社会保障基金，社会保障制度就无从实施，社会保障制度对社会经济发展的保障和促进作用也就难以实现。

因此，社会保障基金是社会保障制度的物质基础，也是社会保障制度的核心内容。而且，一国的社会保障制度实际上就是围绕社会保障基金的筹集、投资运营和给付全过程而设计和制定的。

1.2 社会保障基金的性质

社会保障基金的性质，涉及社会保障基金的实质是什么的问题。对于这一问题的分析，我们可以从以下三个角度来把握。

1.2.1 宏观角度

从宏观角度来看，社会保障基金实质上是在国民收入的初次分配和再分配过程中形

---

① 郑功成.社会保障.北京：高等教育出版社，2007.

② 辞海："为兴办、维持或发展某种事业而储备的资金或专门拨款。基金必须用于指定的用途，并单独进行核算。如教育基金、福利基金等。"

成的一种消费性社会后备基金。从价值形态来看,社会保障基金是社会总产值的一部分。在社会总产值(c+v+m)中扣除了在生产过程中消耗的生产资料(c)以后,剩下的部分即为国民收入(v+m)。国民收入经过初次分配后形成国家、企业或集体、个人的原始收入,政府通过财政拨款、企业或单位统筹以及个人缴费等方式建立社会保障基金;接着,根据法定条件和不同项目的社会保障对象提供相应的经济补偿或福利服务,这样,对一部分国民收入进行分配和再分配,从而改变国民收入原有的比例,使国家、企业和个人三者之间的分配比例发生变化,即将一部分原属于国家和企业的份额转移到了个人消费领域。

1.2.2　微观角度

从微观角度来看,社会保障基金属于必要劳动与剩余劳动。劳动力价值包括三部分,即劳动者为了维持自身生存所必需的生活资料的价值、劳动者养活家属所必需的生活资料的价值和劳动者为了掌握一定的生产技术所必须花费的受教育的训练费用。随着劳动者生活水平的提高,必要劳动将会扩大,这时劳动者的必要劳动不仅包括维持和再生产劳动力所必需的生活资料价值,还应包括劳动者丧失劳动能力后维持生存所必需的生活资料价值,因此,社会保障基金基本上属于必要劳动的范畴。

但是,由于社会保障基金来源的广泛性、复杂性,导致社会保障基金并非全部由必要劳动所创造,它既包括来自必要劳动的部分,也包括来自剩余劳动的那部分。例如,社会保障基金投资营运所获收益以及国家各级财政直接对社会保障项目拨款,即属于剩余劳动;国家为非物质生产部门的劳动者提供的社会保障基金来自物质生产部门劳动者的剩余劳动。

1.2.3　社会再生产角度

从社会再生产的角度看,整个社会再生产基金分为生产基金和消费基金,社会保障基金在社会再生产中,最终属于消费基金,但是在消费之前可以暂时属于生产基金。

消费基金分为社会消费基金和个人消费基金。对于社会保障基金来说,社会保障基金的一部分属于社会消费基金,如集体福利基金。另一部分属于个人消费基金。例如,社会保险各个项目的基金,基本上属于个人消费基金,尤其是社会养老保险和社会医疗保险中的个人账户基金,以及职工住房公积金,更是属于个人消费基金。社会保障基金中还有一部分在最终支付之前,难以确定是社会消费基金,还是属于个人消费基金,如部分社会救助基金、社会福利基金,可能用于集体消费,也可能用于个人消费。

1.3　社会保障基金的构成

社会保障基金的构成,是指社会保障基金所涵盖的项目和内容。它既与社会保障基金的理论界定有关,又与实践密切相关,即它是一个动态的范围,基金项目不仅取决于社会保障所要防范的风险因素,还取决于一个国家经济发展水平和管理能力。

从理论上来讲,依据社会保障基金来源渠道分析,社会保障基金大体由国家资助、企业缴费、个人缴费三部分构成;依据社会保障基金的用途分析,社会保障基金的构成是与社会保障项目体系相一致的。根据国际劳工组织所实行的社会保障公约规定,社会保障基金包括:医疗、疾病、失业、工伤、老龄、家庭、残疾、生育、遗属九个方面的基金,其中最主要的是失业、工伤、老龄、残疾、遗属五个方面。这主要是从社会保障制度所要防范的九种风险对应的九个子保障项目的角度提出来的。我国理论界将我国社会保障项目体系归类为:社会保险、社会救助、社会福利、优抚安置等,因此,在理论上按照一个保障项目对应一个保障基金的标准来看,社会保障基金应当由社会保险基金、社会救助基金、社会福利基金、优抚安置基金等构成。其中,社会保险基金是社会保障基金体系中的主要部分。从我国社会保障基金运行的实践来看,真正按基金模式运行的社会保障基金,主要集中在社会保险基金项目上,具体包括养老保险基金、失业保险基金、医疗保险基金、工伤保险基金、生育保险基金等。

考察世界上已经建立社会保障制度的国家的社会保障发展史,我们可以发现:不同国家各个基金构成部分所占比例不同,同一个国家不同时期各构成部分也不相同。一般来说,在发达国家和工业化程度比较高的国家,社会保障基金来源中,国家的资助所占比例较大;在社会保障基金使用上,覆盖面广、支付标准高、社会福利事业发达的国家,某些项目如养老、医疗、社会福利等支出总量及所占比重较高。在发展中国家,一般企业缴费占的比重大,国家和个人缴费责任都较轻,而且社会保障待遇发放的标准低,项目支出水平较低,在一定时期抗拒自然灾害和社会风险的能力也差,用于社会救助的支出比较大。

1.4　社会保障基金的特征

特征,是指某一事物区别于其他事物的特有属性。社会保障基金与其他资金或基金相比,更加显著地具有以下几个方面的特征。

1.4.1　法律强制性

社会保障基金是国家通过法律、法规强制筹集、管理和使用的,它的运用受到法律、法规的规范和限制。社会保障基金的缴费标准、缴费项目、待遇给付及给付条件等均由国家的法律、法规或地方政府的条例统一规定,任何单位和个人均无自由选择和更改的权利。凡属于法律规定范围内的成员都必须无条件参加基本社会保障制度,按规定履行缴纳社会保障费或社会保障税的义务。社会保障基金管理机构必须依法实施社会保障基金的投资运营,确保社会保障基金具有稳定的资金来源和安全有效的基金管理方式。[①]

1.4.2　社会政策目的性

社会保障基金管理的一个基本特点是社会政策目的性。无论选择何种社会保障改革模式和运行机制,在实现既定的社会政策目标时,基金的安全营运、保值增值和有效监管方面都必须紧紧地围绕实现国家社会政策目标这一核心宗旨,这也是将社会保障基金管理同其他类型基金管理区别开来的一个重要标志。在当前国际社会保险改革的大辩论中,一个重要的分歧在于如何评价社会保障的社会政策作用,如何评价社会保障促进经济发展的作用。显而易见,社会保障基金管理的社会政策目的性这一基本特征,决定了社会保障基金投资与管理的首要目标是实现基本保障的社会政策目标。当然,也必须肯定社会保障投资营运在促进经济发展中的重要作用,但毕竟这是第二位的。如果单纯强调社会保障基金投资与管理在促进经济增长中的作用,很容易将社会保障基金投资混同于一般的基金投资,而忽略其社会政策目标。

1.4.3　基金体系综合性

社会保障基金与一般性的资金和基金相比,其体系具有更显著的综合性。社会保障基金是一个整体系统,它由社会保险基金、社会福利基金、社会救助基金等多个子系统组成,本书后面的章节会一一展开详细介绍,各个子系统又具有不同的性质,面向不同的对象,其管理和运行既相互联系、相互影响,又存在明显的制度界限。这种整体综合性,是社会保障基金区别于其他种类的资金和基金的独特特征。

1.4.4　基金涉及广泛性

社会保障基金的筹集和使用具有广泛性的特征。[②] 社会保障基金既来源于企业与劳动者个人的缴费,也来源于国家财政和地方财政的支持和补贴,甚至可以来源于社会集团和个人的赞助以及靠发行福利彩票等各种形式的社会募集。对社会成员来说,应不分城市和农村,不分部门和行业,只要基本生活发生了困难,原则上都应普遍地、无例外地给予物质保障。社会成员之间,在保障基金的筹集方式,保障的范围、项目、标准以及采取的形式等方面可以不同,但不存在社会保障有无的差别。这是国家对社会成员应尽的义务和责任。

1.4.5　基金保障基本性

社会保障是全社会风险保障体系的重要组成部分。按照多支柱风险保障的理论,社

---

① 吕学静. 社会保障基金管理. 北京:首都经济贸易大学出版社,2007:15.
② 梁君林,陈野. 社会保障基金运行研究. 北京:中国商业出版社,2002.

会保障处于最基础的层次,因此,社会保障又称为基本保障,即社会保障制度只为社会成员提供最基本的经济保障。

社会保障制度本身的出发点,是保障社会成员的基本生活需要,这也决定了作为社会保障制度经济支撑的社会保障基金,其筹集和使用的出发点和目的,同样是满足社会成员在养老、医疗等方面的基本生活需要。因此,社会保障基金的规模并不是越大越好,其筹资水平也并不是越高越好,而是必须结合当时的社会经济发展水平,遵循"适度原则"。而判断社会保障基金是否适度的标准,还是要回到保障水平的基本性上来。

当然,"基本生活需要"与一个国家或地区在一定时期内的经济发展水平相关联,需要有定量的研究。例如,最低社会保障制度要确定合理的最低生活保障线,以保证其保障对象的基本生活;失业保险制度要保证劳动者在失去工资收入时,能够维持其基本生活,并能够为再就业做准备;养老保险制度应该保障劳动者退休后的基本生活水平需要。如果某人要享受更高水平的保障,那就要通过其他保障途径,例如购买商业保险等。所以,社会保障基金具有基本保障性。这就意味着,社会保障基金的给付水平,一般以一定时期社会成员的基本生活需要为基准,既不保证原有生活水平不变,更不能满足其全面生活需求。

1.4.6　基金统筹互济性

社会保障基金的互济性是指社会保障基金的分配与使用,主要根据不同人口群体甚至个人的实际需要,不是完全与其来源对应或者挂钩的,也不是与个人对社会保障基金做出的贡献完全挂钩的。因为每个人发生的风险概率和风险大小是不等的。社会保障基金主要用于那些最需要帮助的人,不是平均分配。这也是社会保障的应有之义。

互济是社会保障的一个重要特点,社会保障基金是通过国民收入再分配形成的,是社会成员之间互济性的反映。特别是对某些社会保险项目而言,每个人发生风险的概率大不相同,但在基金筹集时并不考虑这种差异,而是按统一标准筹集。这样就会出现每个人享受的社会保险待遇不一定等于其对社会保障基金的贡献情况。有些人的收益大于贡献,有些人的贡献大于收益,这就是社会保障基金互济性的体现。

1.4.7　基金积累长期性

在完全积累制①或部分积累制情况下,由于从社会保障缴费到社会保障金支出有一个长期的时间差,这从根本上要求社会保障基金管理机构能够利用积累形成的社会保障基金进行投资组合管理,在动态经济条件下实现社会保障基金的安全营运、有效投资和保值增值,从而在提高资本形成效率、实现社会保障制度、资本市场与国民经济的互动协调

---

① 详见第二章养老保险基金管理部分。

发展的基础上,使社会劳动者因社会保障基金的积累而得益,进一步增进社会保障制度的福利性。

1.5　社会保障基金的分类

社会保障基金的种类可以根据基金的不同性质和特征进行划分。从不同分类视角来研究社会保障基金的类型及其性质,对于社会保障基金的科学管理具有十分重要的意义。

1.5.1　按社会保障项目用途分类

社会保障基金按用途可分为社会保险基金、社会福利基金、社会救助基金和社会优抚基金。如图 1.1 所示。

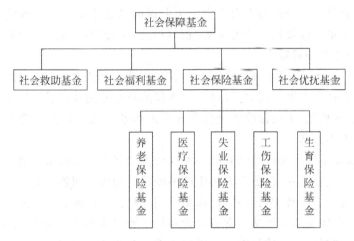

图 1.1　社会保障基金按用途的构成分类

1. 社会保险基金

社会保险基金可分为养老保险基金、医疗保险基金、失业保险基金、工伤保险基金、生育保险基金。

养老保险基金是社会保险子系统中最重要的项目,也是整个社会保障制度中最为重要的项目。许多国家都把发展养老保险基金作为建立社会保险制度的重要突破口。养老保险基金是指在政府立法确定的范围内,依法征缴的用于支付劳动者退休养老待遇的专项基金。养老保险基金一般都是由不同层次的基金构成的,主要有基本养老保险基金、企业年金基金和个人养老保险基金三个层次,每一个层次各有相应的资金来源。

医疗保险基金是指以社会保险形式建立的,为劳动者提供疾病所需医疗费用的资金。具体来说,这一保险是通过国家立法,强制性地由国家、企业、个人集资建立医疗保险基金,当个人因疾病需要医疗服务时,由社会保险机构提供医疗费用补偿。医疗保险基金主要来自于国家、企业和被保险人三方。但是,各国的医疗保险制度类型不同,基金来源也有差异。实行国家医疗保险模式的国家,其基金主要来自于国家;实行医疗社会保险的国家,其基金主要为企业和雇主及被保险人缴纳的保险费、政府的补贴;而实行商业性医疗保险和储蓄医疗保险的国家,其费用主要由个人支付。

失业保险基金是在国家的法律保证下,以集中起来的失业保险费建立起来的、对因非自愿失业而造成的劳动风险损失给予补偿的资金。参加失业保险的有关各方都必须按照法律和政策的规定,及时、足额地缴纳失业保险费,以保证失业保险基金有足够的、可靠的、稳定的来源。与其他社会保险基金不同,失业保险基金应当适度征集,以避免丰裕的失业保险基金带来标准过度的失业保障待遇。失业保障待遇标准过高往往会带来不利的社会和经济后果,即造成劳动者对失业保险的依赖思想,不愿接受工资偏低或"不体面"的工作。同时,失业风险本身的特点也决定了失业保险基金不宜过大。疾病风险涉及众多的对象,老年风险更是涉及每一个劳动者,相对而言,失业风险只涉及少数劳动者,因此,失业保险基金的规模相对较小。

工伤保险基金是指劳动者因工作而受伤、患病、残疾乃至死亡,暂时或永久丧失劳动能力时,从国家和社会那里获得有关医疗、生活保障及必要的经济补偿所需要的资金。同其他社会保险基金相比,工伤保险基金具有显著的赔偿性质,因此,保险金一般都由企业负担,劳动者个人不缴费。

生育保险基金是针对女性劳动者的一种社会保险制度。女性劳动者除了要参加劳动和工作外,还负有生育子女、使劳动力再生产不断延续的重要职责。而女性劳动者在生育期间,由于暂时丧失了劳动能力,一方面需要得到医疗保健保障;另一方面还需要得到基本生活保障。生育保险基金就是妇女劳动者在因生育子女而暂时丧失劳动能力时,从社会和国家得到保健服务和物质帮助所需要的资金。生育保险基金的来源有个人、企业和国家三种渠道,在不同的国家有不同的分担方式。

2．社会福利基金

社会福利基金主要是指政府所掌握的用于提高人民的物质和精神文化生活水平的基金,也包括企业所拥有的福利基金。它主要用于以企业人群为服务对象的职工集体福利,包括生活服务、文化娱乐和福利补贴的资金;用于以在城镇中无经济收入和无生活照料的老年人、残疾人和孤儿等特殊群体为服务对象的特殊社会福利,包括生活供养、疾病康复和文化教育等,由各级政府提供和管理的资金;用于农村地区的社会福利基金主要是以面向孤寡老人、孤儿等特殊人群为服务对象的资金。我国社会福利基金来源主要是财政拨款、企业自筹、国家发行彩票募捐及社会无偿捐助等。

社会福利基金的主要功能是保障劳动者和特殊社会成员的基本生活需要,维持社会生产发展。社会福利基金主要是保证城镇职工、无经济收入的特殊人群及广大农村的特殊人群的基本生活,使其能够老有所养、病有所医、残有所济,保证劳动者的再生产,从而推动整个社会生产的发展和经济的繁荣。再者,社会福利基金还可以保护弱势群体的利益,促进社会公平。社会福利基金的收益对象主要是低收入者,而社会福利是政府举办的社会公益性事业,其资金主要来源于政府的税收,社会福利水平的提高是以税收的增加为前提的。这就是社会福利制度的实施对国民收入占有主体结构产生的影响,实现了国民收入在纳税人与福利受益对象之间的再分配效应,其结果是收入从高收入者向低收入者手中转移。因此,社会福利基金的分配是政府公平收入分配的重要举措之一。

社会福利基金的概念。我国的社会福利基金是指国家立法或政策所规定的为公民普遍提供维持其一定的生活质量,满足其物质和精神的基本需要而采取的社会保障政策以及所提供的设置和相应的服务所筹集和建立的专项资金。社会福利基金是我国社会保障基金的一个重要组成部分。

社会福利基金的特征。社会福利基金是依据社会福利制度建立和筹集的,其特征主要表现为:一是社会福利基金的权利与义务的非对等性。社会福利基金的资金主要由国家和单位提供,社会成员或特定人群享受各项福利待遇而无须实现尽义务,即权利和责任没有直接的关系。二是社会福利基金作用的对象具有普惠性。社会福利基金是国家或社会向全体社会成员单向提供的,强调人人有份的普惠性。但是,由于国家、社会福利政策都有明确的政策趋向,福利项目是为特殊群体提供的,主要是给那些特殊的对象给予照顾和保护。在特殊群体中,各个对象享受福利待遇的机会是平等的,只有这样才是真正意义上的社会平等。三是享受社会福利基金待遇的标准是一致的。社会福利基金追求与所有同类对象给予享受一致的标准,即无论"贫富贵贱"都是一个待遇标准。

社会福利基金的作用。社会福利基金的作用在于为社会弱势群体和有困难的社会成员提供带有福利性质的收入保障和服务保障。提供的收入保障有两种形式:一种是提供低费用或免费的福利待遇;另一种是提供现金补贴。

3. 社会救助基金

社会救助基金属于财政性社会保障资金,它来源于国家税收,通过经常性预算和财政拨款的形式形成,直接体现着国家在社会救济方面的责任,区别于社会保险需国家、企业(单位)、个人三方负担的筹集渠道。它不需要个人承担缴费义务,一般是由国家、社会对获取者的单项货币和实物支付。我国的社会救助资金及救灾物资主要是由财政部门总监督下的民政部门进行分管。社会救助基金的待遇给付主要是救灾、济贫、扶贫等项目。

4. 社会优抚基金

社会优抚安置是政府以法定的形式,对为社会作出特殊贡献的特殊人群及其家属实行的,具有保养和优待抚恤性质的社会保障措施。目前,各国社会优抚安置基金的来源渠道主要有三条:一是政府财政拨款;二是社会筹集统筹;三是个人投保。

我国社会优抚安置制度没有采取社会保险方式,因此,我国社会优抚安置资金来源主要是政府财政拨款和社会筹集统筹，其中，政府财政拨款为主要来源。财政拨款的使用方向主要是政府负担的抚恤、安置费用，以及由政府兴办的优抚安置设施的建设费用。社会筹集统筹的资金则主要用于社会优待方面的各项开支。

1.5.2　按筹集模式分类

社会保障基金的筹集按资金调剂范围可分为社会统筹模式和个人账户模式，前者主要体现为社会成员之间横向的收入调剂和风险分担，后者主要体现为职工一生收入的纵向调剂和风险分担。从基金积累的角度而言，按是否有基金积累可分为现收现付模式和基金积累模式，在实践中通常是这两种划分方式的结合，派生出三种模式：一是现收现付模式；二是完全积累模式；三是部分积累模式。

1. 现收现付模式

现收现付模式（pay-as-you-go）是由社会保险机构按"以支定收，略有结余"的原则筹资，即由雇主和雇员（或全部由雇主）按工资总额的一定比例（统筹费率）缴纳保险费（或税）。这种方式是以支定收，不留积累。它是各国所有社会保险险种包括养老、医疗、失业等所采用的传统的筹资模式。

现收现付制是世界上大多数国家社会保险制度所采取的基金筹资模式。这种筹资模式是按照一个较短的时期（通常为一年）内收支平衡的原则确定费率，筹集社会保险基金，即本预算期内社会保险费收入仅仅满足本预算期内的社会保险金给付需要。当然，为了避免费率调整过于频繁，防止短期内经济或其他突发事件可能出现的收支波动，一般保留有小额的流动储备基金，即实行所谓"以支定收，略有结余"的原则。

现收现付制社会保障基金筹资模式一般是实行政府集中管理，国家（政府）是社会保险基金的管理者。国家按"社会统筹"的方式筹集社会保险基金，按"社会互济"的原则在社会成员之间进行再分配。这种模式下，社会保险基金的来源为税收或由用人单位、劳动者以工资为基础的缴费和国家财政的补贴。其中税收一般为收入税，通常是从雇主的总收入中扣除，相当于雇主支付了一笔净税收。此外，由于基金积累很少甚至没有积累，养老金水平不可能根据雇员在职期间的缴费及其投资收益来确定。事实上现收现付制的给付一般采取确定给付方式。

现收现付制的本质是"代际赡养"，即正在工作一代人收入的一部分用于当年已退休一代人的养老金支出，收入从工作一代人向退休一代人分配，当目前正在工作的一代人退休后，其养老金来源于与其同处一个时期的正在工作的下一代人的收入。因此，这种制度是下一代人供款养活上一代人的制度，属代际间收入再分配。显然，养老基金费率越高，代际再分配的程度越高。这种制度与传统的家庭养老方式中子女抚养老年父母类似。家庭养老方式中，在父母老年失去工作能力后，由家庭中正在工作的子女收入的一部分支付老人的消费，收入从子女一代向父母一代转移，转移的程度取决于家庭收入水平和老人的消费水平、父母一代与子女一代人数的比率、父母一代的退休年龄和寿命等。当抚养父母一代的年轻子女年老时,他们的子女将接替扶养老人的义务,家庭代际转换,收入不断地从下一代转向上一代。家庭抚养关系中,在子女成长为劳动力前,父母承担着抚养他们的责任,收入从父母向子女分配,这两种方向的再分配,保证了家庭乃至整个人类社会的不断繁衍和延续。

工业革命和社会经济的发展,使传统的大家庭解体,家庭养老的功能退化,取而代之的是社会化的养老保险,由全社会正在工作的一代人抚养已经退休的失去工作能力的一代人,收入从年轻的正在工作的一代向已经退休的一代分配,其再分配的程度决定于平均给付水平、工作一代与退休一代人口的比率、平均退休年龄和退休后平均生存年数等因素。当然,现收现付制也存在代内再分配,即同代人不同收入阶段之间收入的转移。人类生生不息,世代交替,不断延续,保证了现收现付制的不断延续。

现收现付制社会保障基金筹资模式具有以下优点。

第一,制度易建,给付及时。现收现付模式的社会保险制度一经建立,可以立即用正在工作的劳动者所缴纳的社会保险费去支付退休者所需要的养老金,而无须经过长期的基金积累过程。

第二,无通货膨胀之忧。现收现付制一般以年度平衡为基准,有助于实施随物价及工资增长幅度而调整的保险金指数调节机制,从而有助于处理通货膨胀风险,保证社会保险目标的实现。

第三,再分配功能较强。现收现付制下,社会保险给付水平一般采用确定给付方式,有助于体现和强化社会保险的收入再分配职能,进而体现社会公平和社会福利的原则。

但是,现收现付制社会保障基金筹资模式也具有明显的局限性。

第一,现收现付制难以应付人口老龄化的挑战。现收现付制是一代人供养上一代人的制度,其供养水平直接受两代人人口比例关系的影响,如果供款一代人规模相对缩小,领款一代人规模相对扩大,将使供款人的平均负担加重。如果不降低退休金水平,则需要增加缴费,缴费增加到一定程度将使供款的一代人不堪重负,进而不能保证制度的顺利融资,使制度面临支付困难,进而难以为继。供款一代人与领款一代人的比率称为抚养比,表明每个供款人平均负担领款人的个数,抚养比提高,使正在工作一代人的负担加重。抚养比的变动受人口年龄结构变动的影响。随着人口出生率下降,人口出生数减少,老年人口比例相对增加,同时,随着经济发展水平和医疗保险水平的提高,老年人寿命不断延长,使老年人口绝对数增加,老年人口在总人口中的比率增加,人口开始老龄化。由于出生率下降和人口寿命延长是人口发展的必然规律,因而人口老龄化成为人口发展的必然过程。人口老龄化使人口抚养比提高,使现收现付制的负担加重。如果没有其他社会保障资金供给渠道,则必然出现社会保障财务危机乃至制度运行的危机。全球社会保障制度正是在日益严重的人口老龄化压力下走上了改革的道路。

第二,现收现付制社会保障基金筹资模式的收入替代率具有刚性。前面已指出,现收现付制下的社会保险给付一般采用确定给付方式,因此,其收入替代具有刚性,即社会保险计划提供的退休收入与在职期间收入的比率具有调高不调低的特点。在雇员工作期间,社会保障制度预先作出给付承诺,退休后其养老金水平不能低于承诺的水平,而且随着经济的发展,为保证退休后的一定生活水平,给付水平必然随之提高,并使退休年龄推迟变得困难。这种刚性使现收现付制的给付水平居高不下,从而使社会保险制度背负越来越重的支付负担,对经济发展产生不利影响。

第三,现收现付制社会保障基金筹资模式可能诱发代际之间的矛盾。现收现付制在其经济内涵上表现出劳动者代际间的收入再分配特性,但这一机制往往是制度建立时,最早享受待遇的那一代人在职时不缴纳或仅缴纳少量保险费,即在机制上表现出明显的付出少而获益大的再分配特征。而当制度运行几代人之后,尤其是在人口结构失衡的条件下,将表现出严重的不平等、不合理格局,即某一代劳动者难以实现由下一代人代际间交换为先决条件的、理应获得的经济效益。这在特定背景下容易引发代际之间的矛盾,并有可能使整个养老金制度面临解体危机。

2. 完全积累模式

完全积累模式(funding scheme)是从职工参加工作起,按工资总额的一定比例(缴费率)由雇主和雇员(或只有一方)缴纳保险费计入个人账户,作为长期储存积累增值的基金。其所有权归个人所有,按照基金领取的条件,一次性领取或按月按用途领取。

完全积累模式又称基金制、基金积累制,其在任何时点上积累的社会保险费总和连同其投资收益,能够以现值清偿未来的社会保险金给付需要。从基金收支平衡的角度看,完全积累制是根据一个充分长的时期内收支平衡的原则来筹集社会保险基金。社会保险基金管理实行完全积累制时,既可以采取政府集中管理方式,也可以采取私营竞争管理方式。

完全积累制的制度安排可以采用确定缴费方式,也可以采用确定给付方式。当采取确定缴费方式时,雇主和雇员通常以工资的一定比率或固定数额定期缴费,计入个人账户,并交基金管理机构,缴费和基金投资收益计入个人账户,给付期开始后通过领取社会保险金实现社会保障。当采取确定给付方式时,通常根据预先承诺水平,由精算原理确定缴费之多少。就养老保险而言,从本质上说基金制是"同代自养",即雇员以年轻时的储蓄积累支付退休后养老金的制度,因而实际上是在生命周期内的收入再分配,是对退休前后储蓄和消费行为的一种跨时安排。如果采取缴费预定的个人账户方式,收入在个人生命周期内的再分配是显而易见的。人们在年轻时,把收入的一部分积蓄起来,包括雇主以各种方式为他们个人账户的缴费。为了保持这些资金的购买力,个人账户形成基金,并在资本市场上投资获得收益,个人退休时将获得全部个人账户累积额,用于退休后的生活开支。退休后生存年数相对于工作年数越长,由在职工作期间的收入向退休后再分配的程度就越高。采取个人账户的方式,只存在个人生命周期收入分配方式,没有代际收入再分配和收入水平不同的人之间的收入再分配方式。

如果采取确定给付方式,则养老保险计划的缴费需要与所有未来给付承诺相对应,从个人生命周期来看,在工作期间的缴费积累不一定与退休后的基金享受完全对应,因而不同收入水平的职工之间存在收入再分配。例如,以固定数额规定养老金水平,而以工资的比率缴费,则收入从高工资者向低工资者再分配;但从整个养老保险计划来看,缴费积累与承诺的给付相对应,收入由在职期间向退休期间再分配。与现收现付制社会保障基金筹资模式相比,基金制具有以下优点。

第一,运行机制简便,易被理解和接受。完全积累制的运行机制简明,便于实际操作,并易得到人们的理解与支持,而公众信任对社会保险机制的正常稳定运行具有重要的意义。再从技术角度分析,基金制与历史悠久的商业保险的原理接近,这既有利于人们的认同,又有助于制度的稳定运行。

第二,缴费与待遇相关联,形成激励机制。完全积累制通过积累的保险基金,将雇员在就业期间的部分收入以延期支付的形式表现为退休时领取的社会保险金,有助于增强社会保险的内在激励机制,增强雇员缴费与社会保险待遇之间的经济联系,从而促进社会保险制度的稳定运行。基金制还鼓励人们延长工作年限,有利于减弱提前退休倾向。

第三,增加社会储蓄,促进经济发展。基金制有助于增加储蓄和资金积累,使社会保险与经济发展联系更为紧密,如通过储蓄、资金积累、利率及资本市场等经济变量和经济机制,直接联系投资、产量,进而促进经济发展。目前,在人口老龄化加剧的背景下,社会保险制度与经济发展的内在机制引起了各国社会成员的广泛重视,基金制社会保障筹资模式越来越受到各国的关注。

第四,预筹养老金,抵御老龄化。由于提前预筹了养老金,基金制可以在一定程度上解决人口老龄化带来的养老危机。采用基金制,从一个较长的时期来看,供款水平是相对均衡的,即实现了资金供求在纵向(从人口年轻阶段到老年阶段)的平衡,因此一般不必担心人口老龄化的影响。

然而,基金制社会保障筹资模式也存在以下缺点。

第一,基金贬值风险较大。作为一项长期的货币收支计划,基金制下积累的巨额社会保险资金容易受通货膨胀的影响,导致社会保险基金的贬值,从而影响社会保险目标的实现。

第二,基金营运风险存在。除了通货膨胀影响之外,基金制下积累的巨额社会保险资金常常受制于特定的经济条件、资本市场条件和政府干预程度,社会保险基金的营运面临较大的不确定性,这就对基金管理者提出了较高的要求。

第三,互济性较弱。基金制注重效率而难以体现社会公平的目标。在以缴费数额决定给付水平的基金制社会保障基金筹资模式下,低收入者或负担较重的雇员往往难以通过自身预提积累的保险金给付,来满足维持其最基本生活水平的目标。事实上,这也是国际上普遍存在的一个现实问题。

3. 部分积累模式

部分积累制又称部分基金制,是完全积累制与现收现付制相结合的一种社会保障基金筹资模式。这种模式根据两方面收支平衡的原则确定社会保险费率,即当期筹集的社会保险基金的一部分用于支付当期社会保险金;另一部分则留给以后若干期的社会保险金支出,在满足一定时期(通常为5~10年)支出的前提下,留有一定的积累金。因此,可以说现收现付制是社会保险基金的短期平衡,基金制是长期平衡,而部分积累制则是中期平衡。

部分基金制既不像现收现付制那样不留积累基金,也不像完全积累制那样预留供长期使用的基金,它的储备基金规模比现收现付制大,比完全积累制小。这种社会保障基金筹资模式兼具前两种模式的特点。就养老保险而言,这种模式力图在资金的横向平衡(工作的一代与退休的一代)和纵向平衡(人口年轻阶段与老年阶段)之间寻求结合点。同时,由于预留了一部分积累资金,使现收现付模式今后将遭遇的人口老龄化带来的沉重资金负担减轻;又由于积累的资金规模比基金制小,在通货膨胀中基金损失的风险也低。

在实践中,由现收现付制向基金制转轨时,由于一次性填补过去现收现付制积累的债务非常困难,通常选择保留一部分现收现付制,同时建立个人账户,这便是部分基金制。我国养老保险制度改革初期提出的"以支定收,略有节余,留有部分积累"原则就是这种模式。社会统筹和个人账户相结合的部分积累制是一种创新模式,从理论上来看,在维持现收现付制框架基础上引进个人账户储存基金制的形式,积累基金建立在个人账户的基础上,具有激励机制和监督机制,同时又保持了社会统筹互济的机制,聚集了"两制"之长,防止和克服了"两制"的弱点和可能出现的问题。

1.5.3 按基金来源分类

以社会保障基金的来源为依据,社会保障基金又可以分为财政性社会保障基金、保险性社会保障基金和福利性社会保障基金。[①]

财政性社会保障基金来源于国家税收,通过以经常性预算和财政拨款的形式形成,直接体现国家在社会保障方面的责任。灾害救助基金、优抚基金、公务员的社会保险基金等一般属于财政性社会保障基金。社会保障基金是否属于财政性社会保障基金,要看社会保障制度与财政体制的结合程度。有的国家如美国、西欧、北欧等,社会保障基金是属于财政性的,而现阶段中国大陆的社会保障基金尽管由税务部门负责征收,但运行方面仍然在财政系统之外,其中只有少量来自于财政。

---

① 丁建定. 社会保障概论. 上海:华东师范大学出版社,2006.

　　保险性社会保障基金主要来自于用人单位和劳动者个人缴纳的社会保险费,有时也有国家财政的少量投入,体现了国家、用人单位和劳动者个人三方对社会保险成本的分摊。社会保险基金通常以工资额为基础,根据一定的费率或税率计算来确定。有的国家将社会保险基金纳入国家财政范畴,在这种情况下,社会保险基金丧失了其特性,而是按照财政资金的管理模式进行管理;有些国家则让社会保险基金独立运行,即社会保险基金独立成系统,可以由政府社会保险部门管理,也可建立专门的基金组织或委托融资机构负责管理,如新加坡专门建立中央公积金管理局,负责公积金的管理和运营;我国台湾地区由中央信托局负责管理社会保险基金;智利则将养老保险基金交给符合一定条件的私营基金公司管理。

　　福利性社会保障基金通常情况下是一种混合型社会保障基金,其中既有财政拨款,又有服务收费,还可能有民间捐款。正因为这种混合性,对社会福利基金的管理就不像财政性社会保障基金和社会保险基金那样单纯。在多数情况下,是由社会福利机构负责管理基金并实施福利项目,但政府对于某些福利项目也可能直接管理并负责实施,一些民办福利机构虽然可以接受政府财政拨款补助,但却往往实行自我管理。

1.5.4　按基金所有权分类

　　按基金所有权分类,社会保障基金包括公共基金、个人基金、机构基金。[①]

1. 公共基金

　　公共基金为公共所有,其来源有财政拨款、按法律规定由雇主或雇员缴纳的社会保险费(税)、社会捐赠、国际赠款。例如,养老保险、医疗保险、失业保险、工伤保险、生育保险等社会保险基金中都属于社会"统筹"的部分。

2. 个人基金

　　个人基金是归个人所有的非财政性社会资金,但它不同于银行存款和各种有价证券的资金。它是按法律、法规、规章缴纳记在个人账户用于专门用途的基金,如个人账户的养老保险基金等。

3. 机构基金

　　机构基金是用于单位为其职工建立的福利性社会保险基金,所有权全部或部分归集体所有,按照国家的政策和单位的规章对符合条件的职工给予补贴的资金,如用人单位的福利基金等。

1.5.5　按管理方式分类

　　按基金营运管理方式分类社会保障基金包括财政性基金、市场信托管理基金、公积金

---

　　① 吕学静. 社会保障基金管理(第二版).北京:首都经济贸易大学出版社,2007.

基金。

1. 财政性基金

财政性基金按目前的管理方式又可分为预算内管理资金和预算外管理资金。国务院发布的《关于加强预算外资金的管理决定》明确指出,凡是体现政府职能并凭借或依靠国家所赋予的职权取得的收入都属于财政性资金,应纳入财政管理范围。预算外资金是指国家机关、事业单位和社会团体为履行或代行政府职能,依据国家法律、法规和有法律效力的规章而收取、提取和安排使用的未纳入国家预算管理的各种财政性资金。各类社会保障基金中的社会统筹基金都属于公共所有的基金,按规定纳入国家预算外管理,建立财政专户,收入上缴财政专户,支出由财政部门按预算外资金收支计划从专户中拨款。

2. 市场信托管理基金

市场信托管理基金的来源按契约或章程由用人单位和职工(或用人单位一方)缴存,计入个人账户,由基金法人委托受托人管理基金,基金运营管理(包括投资运营)通过市场竞争委托金融中介机构(基金管理公司、投资管理公司)具体运作。凡以个人账户储存积累式的基金都应按照这种管理方式进行管理。例如,企业补充养老保险基金,受益人是拥有个人账户的职工,基金法人是基金资产的名义持有人,作为资产所有人的法人代表行使基金管理决策职能,委托金融中介机构运营管理。

3. 公积金基金

公积金基金是按照法律、法规规定,由用人单位和职工缴存,计入个人账户,产权归个人所有的基金。它不属于财政性资金,也不同于银行储蓄资金,由法律规定其用途和领取条件,并由法定机构(属金融机构)运营管理,综合用于养老、医疗等保障功能。如新加坡的中央公积金制度即是这种营运方式。

1.6　社会保障基金的功能

社会保障基金的功能主要表现在两方面:一方面,是源于作为社会保障制度本身所发挥的功能;另一方面,是作为积累基金所发挥出的独特的额外的功能。

1.6.1　作为社会保障制度本身所发挥的功能

1. 社会稳定的重要工具

在任何国度、任何现实社会,都有自然灾害和意外事故,都有贫困,都有弱势群体,如果社会制度安排有缺陷,问题解决不及时、不妥当,就会成为社会的一种不安定因素。社会保障则正是降低社会风险的一种制度安排。因此,社会保障基金具有稳定社会的功能。由于社会保障基金的存在,国家和社会得以向社会保障受益人给付相应的款项,帮助他们渡过难关,使他们有基本的生活保障,从而减少社会不稳定因素,实现社会安定。

因此,人们形象地将社会保障制度比喻为社会稳定的"安全网",将社会保障基金比喻成社会稳定的"减震器"。

2. 收入分配差距的调节手段

在市场经济社会中,社会财富的初次分配讲效率,二次分配讲公平。由于在能力、机遇等方面的差异,社会成员间的收入可能有较大的差距。一部分社会成员生活比较困难,一部分社会成员遭遇风险事故,其个人和家庭生活就可能陷入困境。对这种分配差距如不加以适时适当调节,就可能激化社会矛盾。

因此,现代社会需要有社会公平的调节器,社会保障正是这种调节器之一。国家和社会依据法律、法规,征集社会保障基金,再按照社会公平原则分配给收入较低或遭遇风险事故的社会成员,这就在一定程度上调节了社会成员之间的收入差距,有利于实现社会公平,促进社会和谐。

3. 劳动力再生产的重要保证

劳动创造财富。在促进经济发展和社会进步的各种要素中,劳动力是最重要的要素。因此,劳动力再生产是人类文明进步的关键环节。社会保障制度是社会劳动力再生产顺利进行的重要保证,而社会保障基金则使这种保障得以落实。社会成员因疾病、伤残、失业而失去正常的劳动收入,会使劳动力再生产过程陷入不正常的状态。由于社会保障基金的存在,社会成员在遇到上述风险事故时,可获得必要的经济帮助,使劳动力得以恢复,使劳动力再生产得以正常进行。例如,社会医疗保险基金所提供的医药费补贴和医疗服务,有助于患病和受伤的劳动者早日恢复健康,重返工作岗位。

4. 对社会经济和文明发展的促进作用

社会保障基金不仅具有稳定社会的功能,而且具有促进社会经济和文明发展的功能。

首先,社会保障基金通过稳定社会从而促进经济发展。社会保障基金的筹集和给付,缩小了社会成员的收入差距,保障了社会成员的基本生活,避免了一部分社会成员因生活陷入困境而产生社会对抗的现象,降低了社会风险,缓和了社会矛盾,从而为经济发展创造了稳定的社会环境。

其次,社会保障是一种社会互助机制,通过国民收入再分配筹集社会保障基金,体现了社会成员互相帮助的精神。无论是社会救助、社会福利还是社会保险,都体现了尊老爱幼、扶贫济困、友爱互助的精神,体现了个人利益与社会利益、眼前利益与长远利益之间的协调关系,这对于增强社会成员的责任感具有积极的意义。因此,社会保障基金具有促进社会文明进步的功能。

1.6.2　作为积累基金所发挥出的独特的额外的功能

1. 为经济发展积累资金

（1）社会保障基金对经济发展具有调节作用。根据宏观经济学原理,社会保障基金属于转移支付部分,是国民收入决定理论中的重要变量,会通过乘数原理成倍数的作用于均衡国民收入。因此,在经济膨胀时,可以利用社会保障杠杆,把一部分消费基金转化为社会保障基金,从而推迟消费要求对市场的压力,抑制消费基金的膨胀;而在经济萧条时,社会保障基金可以转化为消费基金,有利于增加消费,促进经济发展。

（2）社会保障基金中的一部分转化为生产建设资金,进入资本市场,促进经济发展。此外,社会保障机制有利于劳动力资源的优化配置,促进劳动者身心健康,帮助劳动者提高劳动技能,从而促进经济发展。

2. 促进金融市场的发展

规模庞大的社会保障基金,对于一国金融市场的发展会起到重要的促进作用。

（1）社会保障基金进入金融市场给金融市场注入了强有力的力量,对金融市场起到巨大的支撑作用。一般来说,社会保障基金占国内生产总值比例较高的国家,通常也是那些具有规模较大、效率较高的金融市场的国家,这种情况在欧洲表现的尤为突出。

（2）作为长期计划资金,社会保障基金能够有效地增加金融市场的总供给,促进金融市场规模的扩大。尤其是在完全积累制和部分积累制下,沉淀的大量存续期较长的资金涌入市场,会刺激和满足市场上筹资主体的资金需求。

（3）社会保障基金有利于机构投资者的扩大,保持金融市场的稳定发展。

（4）社会保障基金投资有利于金融市场的深化和创新。

本 章 小 结

社会保障基金是国家根据有关法律、法规和政策的规定,从已有的社会财富中提取、积累而建立起来的法定的、收支平衡的、专款专用的资金,是社会保障制度得以确立并能够解决特定社会问题的物质基础。它在社会保障制度的执行过程中扮演着重要的作用。

社会保障基金具有法律强制性、社会政策目的性、保障体系综合性、保障水平基本性、涉及广泛性、统筹互济性和长期积累性等特点。

社会保障基金根据它的用途不同可以分为社会保险基金、社会救助基金、社会福利基金和社会优抚基金。按筹集模式可分为现收现付制、完全积累制和部分积累制基金。

社会保障基金是社会稳定的"减震器",收入分配差距的调节手段,对劳动力再生产和社会经济发展具有重要作用;同时,作为规模巨大的积累基金,还能为经济增长积累资金并且促进金融市场的深化发展。

扩 展 阅 读

1. 殷俊,赵伟. 社会保障基金管理新论. 武汉：武汉大学出版社,2007 年.

2. 张广科. 社会保障基金：运行与监管. 上海：上海财经大学出版社,2008 年.

3. Keyong DONG,Xiangfeng YE. Social security system reform in China[J]. China Economic Review，2003(14)：417-425.

关 键 词

社会保障(social security)　基金(funds)　社会保障基金(social security funds)

思 考 题

1. 什么是社会保障？

2. 什么是社会保障基金？

3. 社会保障基金具有什么特征？

4. 社会保障基金的功能主要表现在哪些方面？

5. 社会保障基金如何分类？

百姓"养命钱"家底有多厚　五项社保近 24 000 亿

有百姓"养命钱"之称的社会保险基金"家底"有多厚？人力资源和社会保障部(以下简称人社部)今天公布的《2010 年全国社会保险情况》显示,到 2010 年年末,全国城镇职工基本养老保险、城镇基本医疗保险、工伤保险、失业保险和生育保险五项社会保险基金资产总额为 23 886 亿元。

这五项社会保险中,城镇职工基本养老保险到 2010 年年底覆盖人数达 25 707 万人,2010 年基金收入 13 420 亿元,基金支出 10 555 亿元,年末基金累计结存 15 365 亿元。待遇水平继续提高,2010 年年底,全国企业参保退休人员月人均基本养老金达到 1 362 元。辽宁等 13 个省份作为试点开展了做实企业职工基本养老保险个人账户的工作,截至 2010 年年底,共积累基本养老保险个人账户基金 2 039 亿元。2010 年,全国跨省转移基本养老保险关系 29 万人次,转移基金 33 亿元。

2010 年全国职工基本医疗保险基金收入 3 955 亿元,其中统筹基金收入 2 376 亿元,个人账户收入 1 579 亿元；医疗保险基金支出 3 272 亿元，其中统筹基金支出 2 033 亿元，个人账户支出 1 239 亿元，年末基金累计结存 4 741 亿元。全国城镇居民基本医疗保险基金收入 354 亿元，基金支出 267 亿元，年末基金累计结存 306 亿元。

2010 年，全国工伤保险基金收入 285 亿元，支出 192 亿元，年末基金累计结存 479 亿元，储备金结存 82 亿元。

2010 年，全国生育保险基金收入 160 亿元，支出 110 亿元，年末基金累计结存 261 亿元。全年人均生育待遇达到 8 702 元。

针对社会保障基金资产状况不够透明的质疑，此次人社部特别说明，23 886 亿元的五项社会保险基金资产总额中，各级政府财政专户存款 20 319 亿元，各级社会保险经办机构支出账户和其他银行存款 1 416 亿元，暂付款 751 亿元，债券投资 369 亿元，委托运营 366 亿元，协议存款 665 亿元。

人社部进一步解释，暂付款反映尚未收回的社会保险基金的暂付款项；债券投资反映期末持有的用社会保险基金购买的国家债券的账面价值；委托运营反映委托全国社会保障基金理事会运营的个人账户资金余额；协议存款为做实后的个人账户基金的一种投资方式，反映个人账户基金在商业银行的协议存款余额。

2010 年，全国累计实地稽核企业 221 万户次，查出少报、漏报职工人数 676 万人，少缴、漏缴社会保险费 27 亿元，已督促补缴 25 亿元。全国共核查五项社会保险待遇享受人数 6 707 万人，查出 5 万人冒领待遇 8 154 万元，已追回 7 977 万元。清理收回企业欠缴养老保险费 422 亿元。

此外，到 2010 年年末企业年金基金累计结存 2 809 亿元，新农保试点基金年末累计结存 423 亿元。企业年金不属于强制性的社会保险，新农保尚在试点，均未纳入"全国社会保险基金资产情况表"中。

需要说明的是，全国社会保险基金和全国社会保障基金不是一回事，后者是主要由中央财政拨入资金、国有股减持和股权划拨资产、经国务院批准以其他方式筹集的资金及投资收益所形成的基金。

（本案例资料来源：人民网 http：//finance. people. com. cn/insurance/GB/15395867. html. ）

请思考：社会保障基金、社会保险基金和全国社会保障基金之间有什么联系和区别？

第 2 章

养老保险基金管理

 本章提要

　　本章主要介绍养老保险基金的概念和特点,中国养老保险基金发展的历史和现状,我国养老保险基金管理制度的框架和内容,当前我国养老保险基金管理中存在的问题及解决的思路。

2.1　养老保险基金的概述

　　养老保险是社会保障制度的重要组成部分。所谓养老保险,是国家和社会根据一定的法律和法规,为解决劳动者在达到国家规定的解除劳动义务的劳动年龄界限,或者因年老丧失劳动能力而退出劳动岗位后能够保障基本生活水平而建立的一种社会保险制度。

　　养老保险基金是社会保障基金中最重要的一个组成部分。

2.1.1　养老保险基金的概念界定

　　养老保险基金是国家或者用人单位为了实施养老保险制度,通过一定的程序,依法建立起来的、用于养老保险给付的货币资金,养老保险基金是老年人丧失劳动能力后的重要生活来源,是老年人的"养命钱"。

　　目前,我国养老保险基金主要包括三个组成部分:一是基本养老保险基金;二是补充养老保险基金;三是全国社会保障基金。

　　基本养老保险基金是指国家为了实施基本养老保险制度依照一定的法律程序、采取强制手段依法筹集的养老保险资金。一般来说,基本养老保险基金是由用人单位和职工个人的缴费组成的,其目的是保障劳动者(或公民)年老后的基本生活需要。基本养老保险基金主要由社会统筹基金和个人账户基金组成。

　　社会统筹基金是指社会保险经办机构按照规定的缴费基数和比例向用人单位统一筹集、统一管理、统一调剂使用的养老保险资金。

个人账户基金是个人和企业根据国家制定的个人账户制度,向个人账户缴纳的资金及其投资收益所形成的个人养老保险基金,这笔基金要到参保人退休以后才能支取,用于保障参保人的基本养老生活需要。

2.1.2　养老保险基金的特点

养老保险的不同层次具有不同的功能和作用,由此决定了养老保险基金的不同层次也有不同的特点。我国养老保险基金是由基本养老保险基金、补充养老保险基金和全国社会保障基金三部分构成的,三者的特点各不相同,下面逐一介绍这三部分基金的特点。

1. 基本养老保险基金的特点

依据国家法律、法规筹集的基本养老保险基金具有以下几个方面的特点。

基本养老保险基金的筹集、经营、给付具有法制性。基本养老保险制度是政府强制建立和实施的,养老保险基金的筹集、管理和使用也是在国家法律、法规的规范下进行管理的。一经国家以立法的形式确定,任何用人单位和职工都必须无条件地依法按时、按既定税率(比率税率或分档累进税率)缴纳养老保险税(费)。基本养老保险基金的投资运营、投资组合和投资数额的确定均须依法进行;否则,就违反了国家法律、法规的规定。同时,由于养老金的给付具有不可延期、缓期给付的特点,因此,加强对基本养老保险基金投资运营的依法监管就显得十分重要。基本养老保险基金是退休人员的"养命钱",基本养老保险基金的给付也必须依法按时发放。为了保证养老金能够按时、足额地发放,各国政府大多制定专门的法律、法规,对违反规定的单位和个人依法进行处罚。

基本养老保险基金具有储备性。基本养老保险基金是为了抵御养老风险而设立的,那就必须未雨绸缪,依据科学的方法,计算风险发生的概率,事前做好准备。这是因为,劳动者在年老丧失劳动能力、退出劳动过程以后,会有相当长的一段时间处于没有劳动收入的状态。为了保障老年人的基本生活,就必须事前有所积累。在一个面临人口老龄化的国家,进行这样的积累更为重要。

基本养老保险基金的经营既要讲求社会效益,又要兼顾经济效益。基本养老保险基金的运营既不同于财政资金,也不同于银行信贷资金。基本养老保险基金是为了保障被保险人或受益人的经济生活安全、保障社会成员在遭遇风险和不幸事故时给予经济上的补偿,基本养老保险基金能够有效地解决公民生活安全问题,这是基本养老保险基金的社会效益。同时,基本养老保险基金进行市场化投资运营是缓解养老保险资金供给不足的重要途径,而要实现基本养老保险基金的保值增值,必须兼顾基金运营的经济效益。银行信贷资金的运营则不同,银行作为国民经济的微观主体,是以利润最大化为经营目标的。如果银行经营不善,就会破产或倒闭。财政资金的运营与基本养老保险基金的运营也不同,财政性资金运营的目标是社会效益,公共物品的非排他性等特点决定了财政性资金的运营不能过分地追求经济效益。可见,银行信贷资金的运营是以经济效益为唯一目的,财政资金的运营是以社会效益为主要目的的。相反,基本养老保险基金的运营则具有二重属性:既要追求社会效益,又要兼顾经济效益。

基本养老保险基金的使用具有专项性。基本养老保险基金的给付是国家向基本生活发生困难的老年人提供的货币或实物补助,基本养老保险基金是一项专项资金,其使用具有专门的用途。例如,养老保险资金主要用于保障老年人退休以后的基本生活需要,任何挤占、挪用基本养老保险基金的行为都是非法的。基本养老保险基金的结余,要由专户储存。基本养老保险基金必须专款专用,不得用于弥补财政赤字。这不仅体现了基本养老保险基金"取之于民、用之于民"的原则,而且也有助于基本养老保险基金的优化配置。

基本养老保险基金的积累具有稳定性。基本养老保险基金是按照企业职工工资的一定比例筹集的。筹集的有些资金可能并不能马上使用,如个人账户积累的资金,需要进行长达数十年的积累,这些资金具有源源不断、稳定性强等方面的特点,这就使基本养老保险基金的运行具有长期性、稳定性的特点。如果将具有长期性和稳定性强的资金投资到适当的领域,不仅可以获得长期、稳定的投资回报,确保基金的保值增值,而且还有利于经济的稳定和社会的发展。基本养老保险基金积累的上述特点,赋予了社会保障以独特的作用和效应,这些作用对用人单位、居民和政府的经济行为乃至宏观经济运行都将产生重大的影响。

2. 补充养老保险基金的特点

补充养老保险是对基本养老保险的补充和保障,是养老保障的第二支柱,补充养老保险基金具有以下几个方面的特点。

补充养老保险基金的建立具有自愿性。补充养老保险基金是用人单位举办、为员工退休后每年给付养老金而积累的资金,补充养老保险是用人单位根据自身的经营效益自愿建立的。一般来说,经济效益比较好的用人单位,会按照一定的程序、经国家有关部门批准以后建立企业年金计划或公共年金计划;相反,经济效益比较差的用人单位,则不允许或者不愿意建立企业年金计划或公共年金计划。

补充养老保险基金具有储备性。一般来说,补充养老保险大多由用人单位缴费,职工很少缴费,用人单位建立补充养老保险基金是职工福利的一个重要方面,补充养老保险基金的使用具有长期性,这部分资金长期积累在养老保险账户内,只有在职工退休或者调转到其他单位工作时,职工才能将积累的基金转移到其他用人单位的年金基金之中或者领取个人账户上的资金。

补充养老保险基金的经营讲求经济效益。补充养老保险基金与基本养老保险基金不同,补充养老保险基金全部委托给基金管理公司、信托投资公司按照市场化的原则投资运营,这也就决定了补充养老保险基金在投资运营过程中追求经济效益,即在保障补充养老保险基金安全的情况下,实现基金投资收益的最大化。

补充养老保险基金的使用具有专项性。补充养老保险基金与基本养老保险基金一样,只能专款专用,不能用补充养老保险基金弥补用人单位经营上的亏空,也不能用补充养老保险基金从事用人单位的生产活动,更不能用补充养老保险基金从事抵押贷款等经营活动。国家法律、法规对补充养老保险基金使用方面的专项性约束,保障了补充养老保险基金资产的安全,保护了补充养老保险基金的计划参加者和受益人的利益。

补充养老保险基金具有福利性。补充养老保险是用人单位提供给员工福利的一部分,是用人单位基于商业权益的考虑,认为为了提高劳动生产率和增加利润,应该对员工退休后的经济安全承担责任,是用人单位为了吸引人才而承诺给付的具有福利性质的保障计划,补充养老保险是员工福利的重要组成部分,补充养老保险的福利性决定了职工已经获得的保障权益不能随意消除或者改变。

3. 全国社会保障基金的特点

全国社会保障基金除了具有基本养老保险基金的一些特点外,还具有以下几个方面的特点。

管理的集中性。全国社会保障基金是由政府设立的全国社会保障基金理事会负责管理,其对全国社会保障基金的管理具有集中性,避免了基本养老保险基金出现处于各省分散管理的混乱状态,有利于全国社会保障基金资产的安全和保值增值。

资金的使用具有专项性。全国社会保障基金具有资金使用上的专项性,基金只能用于社会保障事业,任何单位和个人不得挪作他用。

资金支付的补充性。全国社会保障基金主要在基本养老保险基金入不敷出时使用,其资金支付具有对基本养老保险基金的补充性。全国社会保障基金的积累在一定程度上保障了基本养老保险制度的运行具有稳定的资金来源。

基金运营的约束性。全国社会保障基金的投资运营需要遵守国家法律、法规的有关规定,不得随意投资运营,以避免基金的损失。

2.2 我国养老保险基金管理制度的演进过程

我国养老保险基金管理制度的发展过程大概经历了三个阶段:一是计划经济阶段,这个阶段分为两个时期,从新中国成立之初到1966年的创立期和从20世纪70年代到1984年的停滞期;二是改革开放后1984年到1995年的改革发展阶段;三是1995年以来的趋于完善阶段。这三个阶段中从基金的筹集、管理、运营和发放各个环节都有明显的制度差异。

2.2.1 计划经济阶段

我国养老保险基金管理制度创立于新中国成立初期,以1951年政务院颁布的《中华人民共和国劳动保险条例》为标志。这一条例以及以后颁布的《保险条例实施细则修正草案》构成了这一时期养老保险基金管理制度的主体。其主要内容如下。

保险基金的筹集：企业须按月缴纳相当于全部职工工资总额的3％作为劳动保险金，并不得在职工工资中扣除，也不能向职工另行征收。企业须按上月工资总额计算，于每月1日至10日内，一次向中华全国总工会指定代收劳动保险金的国家银行缴纳每月应缴的劳动保险金。在开始实行劳动保险的头两个月内，由企业缴纳的保险金全数存于中华全国总工会的户内，作为劳动保险总基金，为举办集体劳动保险事业之用。自开始实行的第三个月起，每月缴纳的保险金，其中30％存于中华全国总工会户内，作为劳动保险总基金；70％存于该企业工会基层委员会户内，作为劳动保险基金，为支付职工按照条例应得的抚恤费、补助费和救济费之用。

劳动保险金的保管则由中华全国总工会委托中国人民银行代理。

职工因工负伤、残疾、疾病、非因工负伤、本人及其供养的直系亲属死亡时，其养老和生育待遇等各项保险待遇按规定由劳动保险基金支付。劳动保险基金由工会基层委员会支付各项保险费用和本企业集体劳动保险事业的补助费。每月结算一次，其余额全部转入省、市工会组织或产业工会全国委员会户内，作为劳动保险调剂金。

中央人民政府劳动部为全国劳动业务的最高监督机关，贯彻劳动保险条例的实施，检查全国劳动保险业务的执行。1955年12月，国务院颁布了《国家机关工作人员退休处理暂行办法》，对国家机关、人民团体和事业单位的工作人员的退休条件和待遇作了详细的规定。

1958年2月，国务院颁布了《国务院关于工人、职员退职处理的暂行规定（草案）》。1964年第二轻工业部和全国手工业合作总社颁布了《关于轻、手工业集体所有制企业职工、社员退休统筹暂行办法》，规定了集体所有制企业职工的退休年龄和待遇标准。

1951年至1966年是我国社会保险制度建立、修订和发展的时期，也是我国社会保障基金管理制度建立和发展的时期，这些制度涉及养老、医疗、失业、工伤、生育保险基金等各个方面，基金管理模式实行现收现付制的确定给付制，保险基金实行集中管理。由于当时的人口年龄结构年轻，这一模式在当时是比较有效的。

1966年，我国养老保险制度受到了严重的破坏，保险基金管理也处于停滞和混乱状态。1969年2月，财政部颁布了《关于国营企业财务工作中的几项制度的改革意见（草案）》，其中规定"国营企业一律停止提取劳动保险金，企业的退休职工、长期病号工资和其他劳保开支在营业外列支"。由此，我国国营企业的劳动保险实质上由社会保险倒退为企业保险，并导致了两个严重的直接后果，一是社会保险的统筹调剂工作停止，社会保险的统筹调剂职能丧失，造成行业间、企业间负担的不平等；二是社会保障基金停止积累，由企业实报实销，加重了企业的负担。同时，专门管理企业职工社会保险业务的各级工会组织被解散，劳动部被撤销，劳动保险领导机关的职能无法再履行。1969年，国家计委决定由劳动部门统管劳动保险工作，劳动部门集政策制定、业务管理和监督检查多种职能于一身。由此社会保障基金的管理退化为政府独家管理。

1978 年,政府对国有企业、国家机关和事业单位的养老保险有关问题作了规范降低了退休所要求的最低工作年限,并提高了退休金替代率,使企业和国家养老金支付负担加重,也加大了 1984 年以后国家改革养老保险制度的成本和难度。

2.2.2 改革发展阶段

我国养老保险基金管理改革始于 1984 年,我国在广东、江苏、辽宁、四川等省的一些市、县进行了国营企业职工退休费用社会统筹的改革试点,随后,在全国的国有企业和大部分城镇集体企业中进行了养老金社会统筹的推广,并决定实行社会养老保险职工个人缴费制度和企业补充养老保险制度。1986 年国务院颁布了《国有企业实行劳动合同制暂行规定》,按照规定,企业按照劳动合同制工人工资总额的 15% 左右、劳动合同制工人按照不超过本人标准工资的 3% 缴纳养老保险费。1986 年改革标志着我国在社会保险中个人缴费制度的建立。

1991 年 6 月,国务院颁布了《国务院关于企业职工养老保险制度改革的决定》,开始着手改革社会保障制度,明确规定养老保险实行社会统筹,标志着我国养老保险社会统筹制度的建立。基金管理主要特点如下:

实行国家、企业、个人三方共同负担,职工个人也要缴纳一定的费用,缴费标准开始时可不超过本人标准工资的 3%,由企业在发放工资时代为收缴。

企业和职工个人缴纳的基本养老保险费转入社会保险管理机构在银行开设的"养老保险基金专户",实行专项储蓄、专款专用,任何单位和个人均不得擅自动用。

1992 年开始基本养老金计发办法的改革探索和实践,新的计发办法将基本养老金划分为社会性养老金和缴费性养老金两个部分,社会性养老金按当地职工平均工资的一定比例计算;缴费性养老金按缴费工资多少、缴费年限长短计算,每缴费一年增发缴费工资的一定比例。这些特点基本具备了我国养老保险基金管理制度的雏形,是进一步改革发展的基础。

2.2.3 趋于完善阶段

这一阶段起始于 1995 年 3 月,国务院印发了《关于深化企业职工养老保险制度改革的通知》(国发〔1995〕6 号),确立了"社会统筹与个人账户相结合"的改革原则,这是我国养老保险制度的一次创新,具有里程碑意义。

1997 年 7 月国务院发布了《国务院关于建立统一的企业职工基本养老保险制度的决定》,作为多年来改革实践经验的归纳和总结,勾画了社会主义市场经济体制下具有中国特色的企业养老保险制度的基本轮廓,对企业和职工个人的缴费比例,个人账户的记入比例、基本养老金计发办法等问题作了进一步的规范和统一,标志着我国养老保险制度改革进入一个新的阶段。

近年来,养老保险和基金管理制度又有新的发展:一是 1998 年 6 月,中共中央、国务院下发了《中共中央、国务院关于切实做好国有企业下岗职工基本生活和再就业工作的通知》,提出了确保企业离退休人员按时足额发放养老金的政策;二是 1998 年 8 月,国务院下发《国务院关于实行企业职工基本养老保险省级统筹和行业统筹移交地方管理有关问题的通知》,从 1998 年 9 月起,行业统筹移交省级管理,建立了省、市、县三级管理,省、市两级调剂,以市级调剂为主的统筹调剂制度;三是 1998 年 4 月,党中央提出了社会化发放的目标,至 2000 年年末,全国基本实现了企业离退休人员基本养老金社会化发放;四是 2005 年,国务院发布了《国务院关于完善企业职工基本养老保险制度的决定》,进一步完善了基本养老保险制度的目标和任务,提出了扩大养老保险覆盖范围,逐步做实个人账户、加强基金征缴与监管,改革基本养老金计发办法等政策措施,标志着我国养老保险制度向前跨了一大步。

2.3　我国现行养老保险基金管理制度框架

养老保险基金管理大致可分为筹集、运营、支付、监督四个环节。下面我们就从这四个方面分别把我国现行的养老保险基金管理制度进行总结概述。

2.3.1　基金的筹集模式

我国养老保险基金实行社会统筹与个人账户相结合,采用"以支定收,略有结余,留有部分积累"的基金筹集模式。养老保险费用由国家、企业和职工个人三方负担。

职工个人按本人月工资的 8% 缴纳养老保险费,个人缴纳的保险费由企业在发放工资时代为扣缴。城镇自由职业者,按上年社会在岗职工平均工资的 20% 缴纳保险费。

企业按本企业工资总额的 20% 缴纳养老保险费。

国家负担部分养老保险费。主要体现在:企业缴费在税前列支,个人缴费不计征个人所得税;基本养老保险基金发生入不敷出时,由财政补缺口。企业和职工应依法缴纳基本养老保险费,缴费单位必须按月向社会保险经办机构申报应缴的保险数额,经养老保险经办机构核定后,在规定的期限内单位和个人应当以货币形式全额缴纳。保险费不得减免。

2.3.2　基金的管理运营

1. 地方统筹,地方管理

根据我国面积大、地区之间经济发展不平衡的实际现状,我国养老保险基金实行属地管理。除北京、上海、天津三个直辖市和福建、陕西等省实行省级统筹外,大部分地区的养老保险基金实行市(县)级统筹,地区之间不能统收统支和调剂使用。部分地方建立了基金调剂制度,但规模和数量十分有限。劳动保障部门所属的社会保险经办机构是社会养老保险基金的管理机构,履行养老保险费征收、待遇支付、参保人员数据管理、基金管理等多项职能。

2. 实行统筹账户和个人账户相结合,部分积累的管理模式

养老保险基金分别计入统筹账户和个人账户中。其中缴费基数的20%计入统筹账户,8%计入个人账户,2006年以前11%计入个人账户。统筹账户实行现收现付制,用于当期养老金的支付,个人账户原则上应实行积累制,但由于我国养老保险历史债务沉重,转制成本要由当前基金承担,所以个人账户仍然是空账运行。中央要求2006年后个人账户要分年度逐步做实。若个人账户能够做实,则我国养老保险基金实行的是统筹账户和个人账户相结合的部分积累模式。

3. 实行"收支两条线"管理

养老保险基金实行收支两条线管理,任何部门、单位或个人均不得挤占、挪用,也不得用于平衡财政预算。为保证基金从征缴到支付的正常运作,社会保险经办机构和财政部门需在协商确定的国有商业银行开设基金收入户、基金财政专户和基金支出户三个专用账户。基金征收时,要在基金收入户暂存,每月向财政专户转存,收入户月底无余额。支付养老金时,由保险经办机构向财政部门提出申请,养老金由财政专户转入支出户,再由支出户发放到退休人员的退休金存折。

4. 严管制、低收益的安全性运营模式

在2002年以前,我国养老保险基金除留足两个月的周转金外,其余全部要购买国债或存入银行专户,严格禁止将养老保险基金投放到其他金融部门和经营性事业。在基金管理的"安全性、收益性、流动性"三原则中,主要强调了安全性、收益性很差。2001年12月13日出台的《全国社会保障基金投资管理暂行办法》,允许部分社保基金投资股票、企业债、金融债等有价证券,投资有着严格的限制:只有一小部分养老保险基金被准许进行市场运营,且投资于企业债和金融债的比例不得高于10%,证券投资和股票投资的比例不得高于40%,但是进入资本市场的基金规模近几年在逐步扩大。

2.3.3　基金支付模式

我国现行的养老保险基金的基本支付模式是缴费确定型的支付模式、收入关联模式、年金形式的支付模式。

所谓缴费确定型的支付模式是指政府对养老保险计划不承诺养老金的支付水平,建立个人账户并运作资金。如第1章所述,确定缴费制多为基金制的筹资模式所运用,而我国目前正在实施的是个人账户与统筹账户相结合的部分基金积累制。因此,我国养老保险的支付模式选择确定缴费制,在财务平衡、激励机制、透明度、政府责任等方面都较确定

给付制具备更为有利的条件。但确定缴费制在通货膨胀、投资收益、营运成本、人口老龄化等方面较确定给付制存在更大风险的缺点,要求我们在养老保险基金支付管理环节中也必须谨慎对待。

所谓收入关联模式是指养老金支付水平与受益人的最后工资(或者平均工资)和缴费记录挂钩,而年金形式则是指依法或者合同约定按月定期支付养老金。按照《国务院关于建立统一的企业职工基本养老保险制度的决定》(国发〔1997〕26 号)规定,以当地上年度在岗职工月平均工资和本人指数化月平均缴费工资的平均值为基数,作为基础养老金月标准,缴费每满 1 年增发 1%。这种与收入关联的年金支付模式适合我国国情,并能够满足员工的基本需求。

2.3.4　基金监督模式

我国养老保险基金纳入财政专户,实行收支两条线管理,1998 年开始,劳动和社会保障部门成立了保险基金监督机构,对基金实施行政监督。负责监督有关保险基金管理法律、法规和政策的贯彻执行情况,保险基金预算、决算执行情况,基金征收、支出及结余情况。

财政部门对保险基金实施财务监督,监督基金经办机构是否按规定拨付保险待遇,以及基金运营机构对结余基金是否按规定转存定期存款和购买国债。对基金预算的编制、审批、执行和调整,财政收入户、支出户管理,基金资产与负债管理,基金决算审核等均有监督权。

审计部门对保险基金实行审计监督,审计部门通过定期或不定期地对基金财务收支,包括基金会计凭证和账簿报表进行审计,查出征缴、拨付、存储行为及财政专户的管理中存在的问题,提出整改建议,并限期整改。金融机构监督,是指中国人民银行、证券监管部门对从事保险基金运营的单位进行监督和管理。

社会监督,是指非官方的、非专门的社会保障基金正式监管系统之外的监督,是群众性、社会性、非强制性的监督,主要包括工会组织监督、企业团体监督、参保职工监督、社会舆论监督。保险经办机构要为社会监督提供便利条件,自觉接受社会监督。

2.4　我国养老保险基金管理中存在的问题

我国养老保险基金管理受到诸多环境因素的影响和制约,同时养老保险基金管理又对社会生活的各个方面产生深刻的影响,所以基金管理与各种环境因素建立和谐共进的有机关系就成为基金管理研究的重要课题。我国基金管理制度的发展演变过程就是其与环境之间的矛盾运动过程。随着社会经济政治环境的改变,旧的基金管理制度出现了问题,就被新的制度取代。问题的产生与解决的过程就是基金管理的发展过程。当前我国养老基金管理中就出现了一些问题,其成因和表现主要有以下几个方面。

2.4.1 筹资环节的政策失灵现象

1. 筹资制度的缺陷

养老保险基金的征缴是养老保险基金管理过程中的核心部分。我国养老保险基金收缴率不高且呈逐年下滑趋势,全国养老保险基金收缴率 1996 年为 92.5%,1997 年为 90.7%,1998 年为 82.7%。据有关资料显示,从 1993 年到 1999 年因"养老保险基金收缴率不到位"一项,就造成欠收养老基金 472 亿元,据国家劳动和社会保障部公布的数字,2001 年 1 月至 8 月全国企业欠缴基本养老保险费千万元以上的有 20 余家。

造成这种现象的原因有很多,其中一个重要的原因是我国养老保险基金的筹集政策的失灵。在统账制度中,相关的利益主体有三个:政府、企业、个人。三者的利益具有一定的一致性,又存在着一定的冲突。由于三者在养老保险制度框架中所处的地位不同,拥有的信息不对等,动机各异,因而表现出来的行为也各有差异。因为我国目前仍实行地市级统筹为主,因此政府行为更多的表现为地方政府行为。

从政府行为来看,地方政府是地方社会资源的唯一配置者,它有责任保证养老保险基金管理的良性运行。但是地方政府的特点又难以保证做到这一点。分析如这几个方面:

第一,地方政府的主要领导都有任期限制,有追求短期化行为倾向;

第二,地方政府的职责主要是效率优先,兼顾公平,在资本与基金的关系上偏好资本;

第三,地方政府有可能将风险转嫁给中央政府,并认定中央政府是最终的财政担保人。

在我国资源分布格局中,资本资源相对匮乏,劳动力资源相对丰富。地方政府的首要目标是追求效率,发展经济,所以它偏好资本而忽略社会保障的重要性。地方政府任期有限性更加迫使地方政府主要领导追求短期经济效益,以求体现政绩。对转制成本而言,地方政府在明知非其过的情况下,很可能将责任推卸给最终责任者——中央政府,由中央政府财政保底。综上所述,地方政府就有避免"费高伤体",采用能收多少就收多少的消极应对策略的动机。

从企业行为来看,企业是追求利润最大化的营利组织,追求最大化现金流入,尽可能减少到最低限度的现金流出。毫无疑问,养老保险费是一种真实的现金流出。在很大程度上,企业拖延缴费或隐瞒养老金基数,可以提高其利润,减少成本。所以企业从自身利益出发,有拖欠和隐瞒养老金的内在动机。由此而产生的企业违规行为主要表现在下述方面:

第一,企业拖欠社会养老保险费。一些亏损企业无力缴纳社会养老保险费,出现了企业无意拖欠社会养老保险费;另一些经济效益良好的企业由于考虑自身的利益而出现有意拖延缴纳社会养老保险费情形;

第二,企业拒缴社会养老保险费。原来不为养老保险制度所覆盖的新兴非国有企业,没有养老保障负担,加之这些企业大多数职工平均年龄偏低,没有相应的退休金支出需求。因此在目前社会养老保险费率高的情况之下,尽管地方政府试图把这些非国有企业纳入社会养老保险制度,但企业出于自身利益考虑,抵制社会养老保险制度,拒绝缴纳社会养老保险费;

第三,企业有意减少职工工资总额。由于企业是按职工工资总额的一定比例缴纳社会养老保险费,所以企业有意做假账,缩减职工工资总额,以图达到少缴社会养老保险费的目的。正是上述企业在社会养老保险费缴纳方面大量违规行为的存在,使得我国养老保险费的收缴情况很不理想。据有关资料反映,全国参加养老保险统筹的企业,有 30%左右的职工工资总额未计在应缴的基数内。截至 1999 年年底,企业累积欠缴的养老保险费共 383 亿元,欠缴 100 万元以上的企业有 5 000 家,欠缴 1 000 万元以上的企业有 154家,最多的欠费 1 亿元。上述企业在养老保险费缴纳方面的诸多违规行为,导致养老保险费实际缴费率持续下降,1992 年全国养老保险费收缴率为 96.3%,1993 年降为 93.3%,1994 年降为 92.4%,1997 年降为 90.7%。

企业的这种违规行为应受到地方政府的制裁,但是如前所述,企业拥有稀缺的资本,颇受地方政府青睐。企业追求最大盈利,地方政府追求经济发展,它们在某种程度上不谋而合,对基金的筹集消极抵制。

从职工个人角度来看,职工个人对有关法规政策不熟悉和信息匮乏,同时由于我国劳动力的相对过剩,导致职工在保护自身合法权益方面处于劣势,对企业的违规行为视而不见,也无力扭转。

由上分析,可以看出我国养老保险基金筹集制度存在着严重的缺陷,难以充分做到应收尽收,致使全国范围内基金收缴率降低,造成大量基金隐性流失。

2. 养老保险基金征收范围狭窄

我国现行养老保险制度设计还是没有考虑到占中国人口大多数的农村居民养老保险的需要,养老保金适用对象仍是城镇居民,主要针对的还是城镇企业职工,虽然允许城镇灵活就业人员参保,但由于负担较重,目前参保人数有限。以全国养老保险实施得比较好的北京市为例,1998 年年底,非国有企业职工的基本养老保险覆盖面仅为 30%,其他地区私营企业和个体工商业者参加养老保险的比例更低,甚至不到 10%。由于经济体制改革的深化和结构调整力度的加大,国有企业乃至一部分城镇集体企业的就业人数减少,参保企业养老保险由 1997 年的 8 671 万人下降为 1998 年的 8 475.8 万人,而同期参加社会统筹的离退休人员则由 2 533.4 万人上升到 2 727.3 万人。

这种制度安排不仅大大缩小了养老保险基金的征收范围,大大降低了养老保险的制度效率,还会带来其他社会问题。根据奥尔森的观点,我国现有养老保险制度是一种选择性激励机制,它在社会中形成了一个只有少数人才享有共同利益的"特权群体",加深了我国城乡二元化的结构弊端。同时,由于现行养老保险制度的社会化程度低,覆盖面较小,制度性差别大,限制了劳动力在不同地区不同行业间的自由流动。这既不利于劳动力市场形成和劳动力资源的有效配置,也不利于养老保险基金来源的扩大和赡养比例的降低。

3. 筹集方式有待改善

目前,除少数地区试行由地税部门通过税收渠道筹集养老保险费外,养老保险费的征收一般由劳动保障部门下设的养老保险经办机构负责征收。实践证明,这种筹集方式存在着明显的弊端:首先,养老保险经办机构是劳动保障行政机关下设的事业单位,这为行政机关违法动用保险基金创造了体制上的可能;其次,要完成基金的征收,经办机构必须建立一个征收体系,这无疑将增加保险费的征收成本;最后,这种征收方式在制度设计上缺乏激励内涵,无法有效地调动征收者的积极性,征缴效率低下。

4. 费率偏高给企业带来沉重的包袱

一方面,我国养老保险费计入企业成本,但在激烈竞争的市场中,不少企业不能把这一成本100%地传递到销售价格中,这无疑压缩了企业的利润空间。另一方面,在我国养老保险覆盖面狭窄,有的企业参加了基本养老保险,而部分企业没参加,这两个企业的产品成本就有很大差别,参加保险的企业就处于竞争劣势,这也是国有大企业效益不好,甚至关停破产的重要原因。另外,按时、足额地缴纳养老保险费,会占去大块的流动资金,这也为企业经营带来很大的影响,所以,高的费率会使企业的经营活动和发展动力受到很大影响。我国目前实行28%的养老金费率,企业缴20%,职工缴8%,企业负担在世界范围看是最重的,智利的养老金费率仅为10%,而典型的高福利的国家——瑞典的费率也只有18.5%,且雇主与雇工各占一半。我国的高养老金费率是由多方面的因素造成的:一是巨大的转制成本财政无力承担,要转嫁给当前基金;二是提前退休和低龄退休造成的高赡养比;三是较高的给付水平,我国实际替代率达80%,而国际上较合理的替代率在40%~60%之间;四是基金收益率低,约为3%左右,而国际上普遍达到10%左右;五是核定的缴费基数低,一部分收入未列入缴费工资中;六是养老保险覆盖面狭窄。这些因素导致了我国养老保险的费率居高不下。

2.4.2　运营环节的绩效低下

尽管统账制度明确规定养老保险基金实行省级统筹,但实际上绝大多数地区依然实行地市级统筹,统筹层次低必然导致管理层次低,管理层次低会带来诸多的问题。

1. 管理分散带来高成本和挤占挪用

养老保险基金由地市级甚至县级政府分散管理,由于地方政府具有垄断能力,由此可能因顾及地方其他利益而产生行为异化的倾向。分析如下:

第一,地方政府是多元利益的综合体,各个阶段的发展目标可能相异,当某一个重要目标与养老保险目标发生冲突时,地方政府可能会选择某个重要目标而适度舍弃养老保

险目标,比如挤占挪用养老保险基金。在现实中,这种挤占挪用的现象相当普遍,特别在
1998 年实行收支两条线之前,挤占挪用现象更为严重,光济宁市就有挤占挪用案件十
多起;

第二,地方政府又是地方利益的代表,地方官员不倾向于任期内养老保险基金地区外
调剂,不希望发生外部效应而受益他人,因而愿意以地区为单位管理,所以各地机构重叠,
管理成本高。目前虽已建立了调剂金制度,但执行起来相当困难,降低了基金的使用
效率。

2．个人账户的空账运行

统账制度的设计初衷是实行部分积累制的基金管理制度,但是由于我国养老保险转
制成本太大,这就是说在新制度实施时,在已经离退休的职工(1995 年约有 2 850 万人)没
有任何基金积累的情况下,需要为他们筹足足够支付他们养老金的经费,对于尚未退休但
在新制度实施时已工作多年的职工,需要将其以往的工作年限视为缴纳了养老保险的年
限而予以补偿(据有关部门测算,按 11％个人账户缴费比例积累,视同缴费年限的补偿金
需要 14 000 亿元)。

这两者构成的历史债务数以万亿计,如此巨大的债务在 1996 年为国内生产总值的
60％左右,按照目前的积累规模,大约需要两三百年的时间。

政府财政又没有能力承担,只得由当前的保险基金承担历史债务,所以造成当前账户
上的基金都用于当期支付,账户上没能沉淀下基金,个人账户空账运行。这就为将来养老
金支付带来了巨大负担和风险,特别随着我国老龄化的加快和养老金的增加,这一远期风
险愈加突出。

3．运营渠道狭窄导致收益率低

目前政策规定我国养老保险基金在运营上留足两个月的支付需求之后只能购买国债
和存银行,不得进行其他投资。辽宁省是养老保险制度改革试点省,目前辽宁省 100 多亿
元的个人账户做实基金投资回报率不到 2.5％,这样的投资回报在通货膨胀时期难以做
到保值增值。而在国外不少国家基金投资回报率达 10％左右。收益率低影响了养老基
金的长期价值,加大了远期支付压力。

2.4.3　支付环节的制度缺漏

1．现行退休年龄存在的问题

一方面,我国现行退休年龄偏低。我国现行法定退休年龄为男性职工 60 周岁,女性
工人 50 周岁,女干部 55 周岁,女职工加权平均的退休年龄为 52 周岁。对特殊工种的职
工,如从事井下、高空、高温、特殊繁重体力劳动或其他有害身体健康工作的工人,累计工
龄在 8～10 年的可以允许提前 5 年退休,不降低其退休待遇。这一法定退休年龄制定的
主要依据是新中国成立初期社会经济发展状况和当时的人口平均寿命。新中国成立 50

多年来,我国的人均寿命也从新中国成立之初估测的 35~50 周岁提高到 20 世纪 90 年代的 70 周岁左右,目前我国的人均寿命在世界各国中属于中等偏上水平,比一般发达国家低 6~8 岁,比许多发展中国家高 8~10 岁。显然,较低的法定退休年龄与持续延长的人均寿命同时并存,必然会加剧养老保险制度的费用负担程度。影响养老保险制度改革的顺利进行。

另一方面,非正常的提前退休日益普遍。20 世纪 90 年代中后期,非正常的提前退休现象日益普遍。据有关方面不完全统计,1998 年,全国 23 个省新增企业退休人员 133.9 万人,其中违反国家规定提前退休的为 27.5 万人,占总人数的 18.9%。其中以病退为由提前退休的有 16.9 万人,占违规提前退休的 66.7%;以特殊工种为由提前退休的有 2.1 万人,占违规总数的 1.59%。海南、新疆、黑龙江省份违规提前退休人数占当年退休人数的比例分别高达 57.46%、53.89% 和 46.62%。

日益加剧的提前退休现象,一方面,是由于经济转轨过程中,多数国有企业经济效益持续下降,下岗人员"买断"工龄提前退休,成为企业化解冗员、减员增效的最佳途径;另一方面,养老保险自身的缺陷为提前退休行为提供了可能性并成为直接诱因,现行的养老保险制度中,尚未在养老保险待遇与退休时间之间建立有效的利益调整机制,行业统筹并轨,养老保险制度改革的不稳定性和多变性,人们对养老保险社会化政策缺乏理解等因素也促使相当数量的职工提前退休,以避免待遇损失,从而将失业保险、社会救济的负担转移给养老保险制度。

以上两个因素导致了我国退休人员大量增加,造成了赡养比的不断增高,基金的支付风险加大。

2. 基金余缺不均导致支付困难

养老基金统筹层次低且条块分割,基金调剂功能不强,是养老金支付中的一大问题。到目前为止,我国养老基金统筹层次还较低,调剂范围还比较窄,基金使用率不高,大多数还仅限于县级范围或地市级范围。由于经济发展的不平衡,各地养老基金的供给能力与需求压力各不相同,在经济发达,人口年龄结构年轻的地区,积累的基金较多。但经济落后,人口年龄结构老化的地区则积累的基金较少,少数地区入不敷出。这样,就造成一部分地区基金积累较多,而另一部分地区退休人员不能按时足额领取养老金的局面。

3. 退休金支付中的漏洞

尽管养老保险经办机构通过网络化管理掌握了退休人员的部分信息,但仍存在着信息不完全、信息滞后以及管理系统缺少效率的现象。

有的退休人员已经死亡,但经办机构并未及时获取信息,存在信息时滞,产生死亡冒领的现象。

个别企业虚报退休人员名单,多报人数,非法获利,尤其在旧制度向新制度转变过程中,经办机构不充分掌握退休人员信息的情况下,这种现象更为严重。

管理系统缺乏效率,不能保证养老保险基金及时、足额发放,并且存在错付情形。

通过以上分析可以看出,我国养老金给支付数额增大,且近年来,国有企业困难重重,减员增效措施实施减少了养老金的来源基数,使养老基金入不敷出,基金缺口逐年增大。1998 年养老保险基金缺口 100 多亿元,1999 年缺口 200 多亿元,2000 年缺口 300 多亿元。

4. 替代率过高直接加大了基金支付压力

世界各国通行养老金替代率水平大约在 40%~60% 范围,我国实际的养老金替代率达到 80% 左右,有些贫困地区高达 100% 以上,这么高的给付水平,带来了一系列的不良后果,其中最直接的后果就是养老基金当期收不抵支。

2.4.4　基金监督环节的刚性不足

我国养老保险基金监管存在着严重的隐患和问题。例如,地方政府违规现象频繁,部分地方没有将养老基金当作公共资金,对基金的重要性认识不够,将其作为地方性资金,局部地方存在养老保险基金被挪作财政支出和违规投资现象。2006 年 11 月国家审计署公布的审计结果表明,审计涉及的 2 918 亿元基金中,查出全国有 71.35 亿元社保基金被挪用,占同期基金的 2.4%。造成基金被挤占挪用的主要原因是我国养老保险基金监督体系出了问题,具体分析如下。

1. 监督主体错位

养老保险经办机构是劳动保障部门的下属事业单位,人、财、物都归劳动保障行政部门管理,而养老保险基金行政监督的主体却是劳动保障行政部门,也就是说基金经办和监督同归一个大家长管理,经办和监督主体之间有着千丝万缕的利益关联,难以起到独立、公正的监督作用。

财政监督主体和审计监督主体与保险经办机构同属当地政府的职能部门,而当地政府在现在的养老保险制度中,有它自身的局部和短期利益存在,所以财政监督和审计监督也难以起到应有的监督作用。从上海社保案中可以明显的看出这一监督体系的弊端。上海市劳动和社会保障局局长就可以完成对基金的转移,而在财政监督和审计中即使发现问题,在当地政府的干预下,也可以视而不见,使监督名存实亡,显然监督主体不能置身事外以独立行使监督权,也就是主体出现了错位,是基金监管中的一大症结。

2. 监督责任不清

基金监督按我国目前的监督体制可分为行政监督、专门监督、社会监督和内部监督四个方面。其中,行政监督是指劳动保障行政机构实施的监督。专门监督是指财政监督、审计监督和金融监督等。社会监督是指社会保障监督委员会的监督和群众监督。内部监督是指社保经办机构内部监督。我国虽然颁布了《社会保障基金行政监督办法》《社会保险审计暂行规定》等一些部门规章,但这些规章对监督主体的责任规定得空泛而模糊。责任不清,实施监督者就没有压力。同时对基金监督又没有激励机制,监督者监督起来就没有动力。所以在具体实施监督过程中工作不负责任,往往流于形式,轻描淡写,起不到足够的监督作用。

3. 监督信息不对称

在前述四种监督中,都存在着监督信息不对称的问题。社保基金的监督,贯穿于基金的征收、支付和管理运营各个环节,这些环节既有较强的专业性,又包含繁多的数据信息。监督机构要想掌握较全面的信息需要较大的成本,而我国现行体制又难以付出如此大的监督成本。所以各种监督往往都是触及皮毛,不能深入挖掘问题。例如社会监督中,各地社会保障监督委员会是一个虚设机构,甚至好多地方没有成立。委员会成员根本没精力没机会了解各种基金管理信息,起不到监督作用。群众监督中信息的获取更困难,所以社会监督在我国是有名无实。职工的养老保险由企业代扣代缴,缴没缴,缴多少,以及缴费时间长短、个人账户金额,职工很难得知,所以其合法权益得不到应有的自我保护,监督就缺少了重要的一个环节。特别对于一些落后地区,办公自动化程度不高,社保基金的信息量又特别巨大,查询起来相当困难,监督起来成本巨大,困难重重。

2.5 我国养老保险基金管理改革对策

2.5.1 完善社会养老保险基金制度的法规条例

1. 强化社会养老保险基金筹集的法律规范

强化社会养老保险基金筹集的法律规范主要包括下列法律内容:划分国家、企业和个人的缴费责任,明确规定三方在体制转轨时的债务与责任划分,并逐步做实个人账户基金。以法律手段强制性地将筹资范围拓展至所有城镇的一切企业,尽量减少道德风险和逆向选择行为,通过扩面降低风险。实施强有力的有效行政执法和司法保护措施,对筹资过程中的违法行为予以严厉惩罚。

2. 强化社会养老保险基金管理的法律规范

强化社会养老保险基金管理的法律规范主要包括下列法律内容:确立"省级统筹、省级管理"的法律地位,严惩挤占、挪用社会养老保险基金的行为,严禁社会统筹账户支出侵蚀个人账户基金。

3. 强化社会养老保险基金投资的法律规范

强化社会养老保险基金投资的法律规范主要包括下列法律内容:以信托法为依据,制定社会养老保险基金(主要指个人账户基金)的投资原则与目标。确定选择基金投资管理公司的原则与标准。建立完善的行业准入制度和有效的行业退出制度,促进公平竞争,保证预期收益。

4. 强化社会养老保险基金给付的法律规范

强化社会养老保险基金给付的法律规范主要包括下列法律内容:用法律保证落实制

度设计的目标替代率,降低一切形式的实际偏高替代率。严格规定退休年龄,禁止提前退休行为。明确规定社保经办机构的工作效率与工作责任,并制定相应的法律措施,明确社保经办机构和经办人员的行为异化的法律责任。

2.5.2　增加政府责任和提高行政效率

1. 加大政府对转制成本的责任

稳定的资金来源是社会保障良性发展的基础。政府是社会保障资金的主要承担者之一。长期以来,社会保障资金不足一直是制约其发展的一个难题,资金来源是社会保障的核心内容。虽然,养老保险由现收现付制转向了个人账户积累制。但并不意味着政府不再承担社会保障的财政出资责任,如果一味提倡减轻政府责任,加强自我保障,就会使社会保障无异于营利性商业保险,社会保障的社会性、互助性与公平性将不复存在。

近年来,由于我国社会保障制度改革的进程加快,国家对它的投入逐年增加。尽管如此,但投入比例仍然明显偏低。因此,政府必须调整各级财政的支出结构,提高社会保障在中央财政总支出中的比重。

政府必须承担养老保险的历史债务,支付"转制成本"。我国城镇职工养老保险制度由此从过去的现收现付制转向了社会统筹与个人账户相结合的部分积累制,由此产生了所谓的"老人"、"中人"和"新人",新制度实施前已经退休的"老人"无资金积累,而新制度实施前在职、新制度实施后退休的"中人",其个人账户资金积累严重不足,由于这部分"老人"和"中人"绝大部分工作时间都是处在低物价、低工资的计划经济时期,他们所创造的剩余价值以企业利润的方式上缴给了国家,形成了当时相对较高的国家积累。因此,这部分"老人"和"中人"在旧制度下国家给他们承诺的养老金"权利",形成了旧制度废止时国家对这些人的"债务",世界银行称之为养老保险隐性负债,即转制成本。从根本上讲,转制成本是由于旧制度向新制度过渡时,政府对老一代积累的社会保险权所含价值的承诺和认可,从责任归属上来讲,是由政府完全负责制向部分负责制,或者说是由政府承担无限责任向有限责任过渡所致,属于制度安排的缺陷,应该由政府偿还和负责。

2. 提高行政效率

从各种文献来看,无论是公共选择理论、组织理论还是公共管理理论,都指出优化官僚机构运行的最基本方法,是强化官僚机构解说责任与外在控制。解说责任是指由社会保险经办机构向有关单位如上级政府及人民代表大会、政治协商会议、上级主管部门、劳动者协会和新闻媒体解释自己已做、正在做和将要做的事情,并证明其是正确的。解说责任实际上是使社保经办机构承担提供信息的义务,从而使自己的活动公开,易于为主管部门及其他部门监督。解说的内容应包括政治利益性、法律可行性、财务安全性、实施效率与实施效果。解说责任的实施是促进社保经办机构提高效率的一个必要条件,因为一旦社保经办机构的行为违背了公众利益,人们就会表达自己的不满或索取赔偿,进而该种信息在相关部门和机构中扩散,以加强对社会保险经办机构的监督。

外在控制的主要对象是社保经办机构提供社会养老保险公共产品的数量、质量与满足需求的方式。实施外部控制需要采取有效的手段以监督社保经办机构的行为表现,重视外界对社保经办机构行为反映的敏感性变化。提高社保经办机构效率的第二种方法是改进其行为方式与组织形式,目的是控制其扩大预算从而扩大部门规模的倾向。为达到此目的,可行的方案有四种:

第一,在社保经办机构提供服务过程中,引入竞争因素,打破劳务供给垄断与生产成本信息垄断,这样既可限制机构规模的扩大,又可促进效率的提高;

第二,适度引入市场机制;

第三,引进利润动机;

第四,加强监督,成立专家委员会定期评审社保经办机构,但专家委员会应随机组成、经常调整,以免专家委员会与社保经办机构形成相同利害关系。

2.5.3 改变筹资模式

1. 降低费率

首先,我们来看降低费率的必要性。在由政府消化转制成本的基础上,适度降低费率,目前的做法是以扩大覆盖面和提高收缴率来解决收支不平衡问题。我们应该换个角度,以降低费率(税)作为扩大覆盖面和提高收缴率的前提,只有费率(税率)的降低,扩大覆盖面和提高征缴率才是可行的,否则的话,最有可能出现的局面就是征缴率提高了,覆盖面又缩小了;覆盖面扩大了,征缴率却下降了。降低费率(税率)的意义还不只如此,降低费率(税率)就意味着减轻企业负担,提高企业活力和竞争能力。由于受到产品市场激烈竞争的制约,企业养老保险费用的增加很难通过价格途径进行转嫁,而通过企业成本结构调整来消化这部分费用又无法在短期内实现,所以,企业养老保险费用的增加更多地作用于企业利润。以辽宁省为例:2004 年辽宁省企业养老保险费率为 22.57%,在全国 32 个省份中仅次于天津和西藏位居第三,且高于全国 21.35% 的水平。企业 2000—2003 年期间平均利润为 3.46%,低于同期全国企业平均 4.24% 的水平。若按试点要求将养老保险缴费率降至 20%,则在其他条件不变的情况下,辽宁省企业平均利润可以达到 3.92% 的水平,仍低于全国平均水平,若要实现全国企业平均利润率的水平,辽宁省企业养老保险缴费率仍应继续下调 1.77 个百分点,即降至 18.23% 的水平。

当然,企业总体利润率的提高不应单纯依靠缴费率的降低来实现,但在其他条件变化难度大、时间长的情况下,在能满足基本养老金需求的条件下,尽可能降低企业缴费负担也是提高企业竞争力的可行措施。企业活力是经济增长的基础,而经济不断增长又是社会养老保险制度的基础,从整体来说,对于保费率(税率),我们从收支平衡的角度考虑的多,而从企业负担能力考虑得少。前些年的一些经验表明,一旦出现收支不平衡,许多专家学者和政策制定者的首剂药方就是提高保费率(税率),中国近些年来高失业率的原因之一是企业投资需求不旺,企业缺乏活力,投资需求不旺的原因是利润率低,费率(税率)过高不能不是利润低下的原因之一。

费率(税率)降低的直接结果是覆盖面扩大,征缴率提高,同时在核定工资总额上讨价还价的诱因减小,逆向选择和道德风险倾向降低。可以说适当降低费率,可以从多个方面增加社会养老保险基金的收入,收入效应大于替代效应,是社会养老保险制度可持续发展的关键。

其次,我们再来看降低费率的可行性。制度赡养率的降低可以减少企业缴费率。以辽宁省为例:辽宁省 2004 年制度赡养率为 0.738,是在现有养老保险制度覆盖面仅为65%的情况下得出的,而以青壮年为主的民营企业和个体工商业者基本都被排除在制度之外,实际赡养率和制度赡养率存在一定的差异,假如将这部分人群包括在基本养老保险制度中,则辽宁省 2001 年总休赡养率仅为 34.27%,按照试点方案规定的 30% 的替代率,如果制度实现全面覆盖,企业缴费率仅为 10.28%,虽然辽宁省的人口老龄化趋势不断加重,但只要将制度赡养率控制在 60% 以内,在统筹账户 30% 的替代率水平不变的情况下就可以实现企业缴费率 18% 的水平。

因此,在制度外人群年龄结构相对较轻的情况下,扩大制度覆盖面是缓解企业缴费压力的有效措施之一。

提高统筹层次,实现养老保险的全国统筹也可以使制度赡养率保持在一个较低的水平。我国各省市自治区制度内人群的年龄结构不尽相同,广东省的制度赡养率为 0.19%,而辽宁省制度赡养率为 0.738%,若能实现全国统筹,辽宁省制度赡养率可由 0.738% 降至 0.441% 的全国平均水平,在 30% 的替代率水平下全国企业平均缴费率可大幅下调至13.23%。当然,提高统筹层次的难度较大,短期内不具备实现条件,但制度建设的长期目标预示着老工业基地企业缴费率下降的必然趋势。

推迟退休年龄也是降低制度赡养率的途径之一。中国目前的退休制度规定:男职工统一 60 周岁退休,女职工 50 周岁退休而女干部 55 周岁退休。就全国而言,当前平均赡养率为 44.1%。如果将女职工和女干部的退休年龄统一推迟至 60 周岁,而男职工退休年龄仍保持 60 周岁不变,那么,当前制度赡养率可降至 15.66%,在此退休年龄下,即使在老龄化高峰的 2050 年,全国平均制度赡养率也仅为 46.65%,而如果维持当前退休制度和养老保险覆盖面保持不变,则 2050 年全国平均制度赡养率将达到 73.4%,基本养老保险制度将在全国范围内面临严重的支付危机。所以,在就业压力适度缓解时着手统一男女职工退休年龄,既不会对我国就业形势构成较大威胁,又能够对减轻企业养老保险压力起到实质性作用,措施的可行性较大。

财政养老保险责任的加大可降低企业缴费率。我国财政对转轨成本所应承担的责任至今尚未明确,"统账"模式的设计初衷就是要通过提高新体制中统筹部分的缴费水平以及扩大养老保险覆盖面的办法让企业来消化这部分转轨成本,也就是说,企业目前不仅要承担新制度缴费责任,还要偿还原有现收现付制度下的养老金债务。企业当前承担的双重缴费责任不仅不合理,而且也无力承担。如果说制度赡养率的不断攀升是导致缴费负担长期居高不下的主要原因的话,那么,造成企业缴费负担过重的主要因素则是财政对转轨成本应承担责任的缺失过大,因此,降低企业缴费率就必须尽快解决企业和财政对转轨成本的责任分担问题。如果能够将转轨成本从企业缴费责任中剥离出来,企业只承担新制度下的现实责任,而政府负责原制度下养老金债务的偿还,那么企业缴费负担将大大减轻,缴费率必然下降。

2. 实行社会保险税

保险基金是以社会保险税还是以社会保险费的形式征收,是对筹资管理方式的选择。当今的社会保险筹资手段和技术,已不同于昔日的社会保险筹资手段和技术,其重要趋势之一是,社会保险费与一般税收制度趋于一致,通过社会保险税的开征,使社会保险筹资手段与技术同社会保险的作用和目的之间的关系更加紧密。

社会保险筹资无论在筹资的计算依据和方法上,还是在社会保险费用的负担上,都类似于税收,它是由政府依法强制推行的、具有法律强制性特征,对企业和个人来说都将构成直接的征收,与非目的的税收并无很大区别。因此,为了提高管理效率,一些国家出现将征税与征集社保基金合并在一起的现象。美国是最早开征社会保险税的国家,到目前,国际上已建立社会保障制度的140多个国家中,有80多个国家开征社会保险税。

在我国,通行的社会保险筹资方式是社会统筹。这种方式存在的问题很多,突出的问题是基金收缴存在非常大的困难。以养老保险基金为例,1997年全国地方养老保险基金平均收缴率90.07%,比1996年略有下降。1998年上半年,养老保险基金收缴率仅为82.69%,有16个省、自治区、直辖市的收缴率不足80%,其中青海省和新疆生产建设兵团仅为51%。到1998年第三季度,全国地方统筹基金收缴率继续下滑到77%。

造成养老保险基金收缴率下降、收缴困难的原因,既有客观原因也有主观原因。

在严峻的宏观经济形势下,一部分企业经营困难,效益滑坡。在狭隘的部门利益驱动下,一部分企业拒缴、滞缴和漏缴。一些经营效益好的企业将部门单位利益置于国家和社会利益之上,错误地认为社会统筹是搞"变相平调",千方百计地逃避缴费的责任。在社会保障缴费水平不断攀升中,企业压力过大,不堪重负。目前企业有关社会保障缴费率一般都在30%左右,而有的老龄化程度高的城市情况更严重。如上海,1997年企业缴纳的三项保费就已达32%左右,加上其他险种的费用和住房公积金等福利支出,企业负担率接近工资总额的50%;强制性的法制手段不健全,致使养老保险基金收缴工作存在随意性。目前,我国社会养老保险基金采取缴费而非纳税的方式收缴,在一些地区、部门、企业和个人看来,这种方式不具有强制性的权威。企业没有意识到欠缴是一种违法行为。

除了以上突出的问题外,社会统筹缴费方式在实际执行中还导致了下列问题。

第一,社会保险的覆盖面窄。到 1998 年年底,全国参加基本养老保险的职工占职工总人数的 56%。参加社会保险的企业以国有企业和部分集体企业为主,而一些效益好、负担轻的集体企业、外商投资企业、私营企业和个体工商户却没有加入到社会保障行列。

第二,征费方式不能统一规范。目前部分地区还存在"协议缴费"的现象,同时对企业还采取"差额结算"的缴拨方式,即根据企业应缴养老保险费,与社会保障基金拨付给该企业的离退休金的差额,实行多退少补,虽然这是没有办法的办法,对社会保险部门收缴困难暂时起到点缓冲的作用,但也使不少困难企业因此而不能按时、足额地发放退休金,影响了这些企业离退休人员生活。同时,这种不是收支两条线的做法,实际上一定程度上否定了社会统筹。对于社保基金收缴困难问题不仅没有起到缓解作用,相反还可能使企业保障现象回潮。

第三,基金管理缺乏制约机制。由于社保基金由同一部门收支,挤占挪用现象时有发生。1998 年,劳动和社会保障部在对全国社保基金的清查中,共查出违纪金额 174 亿元。

第四,社会化管理和服务水平不尽完善。由于工作重点放在收缴和资金管理上,本应由社会保障承担的工作,如企业离退休人员待遇的审核、养老金的发放、离退休人员的管理与服务等工作不得不由企业或单位承担,社会保障经办机构实际上成了一个"只管钱不管事"的部门。

将社保基金的筹集由"缴费"改为"征税",可以改变上述的状况。原因如下。

(1) 征税与缴费相比,更具强制性和法律行为特点,对于一些企业的拒缴、拖缴、少缴社保基金的行为有制裁的法律手段和依据,这样就可以保证基金的足额筹措。

(2) 养老保险基金纳入国家的财政预算,强化了对基金收支状况的监控管理,从而避免了基金被主管部门或经营机构挤占、挪用情况的发生。

(3) 基金通过税务部门征收,通过财政预算方式拨付,通过国家统一机构管理,有利于减少管理费用的支出,节省管理成本。

(4) 因征税方法是建立在扩大税基的基础上统一标准向社会征收基金,这样就可以将目前游离于社会保险制度之外的"三资"企业、私营企业、个体劳动者等纳入保障体制中,从而扩大了社会保险制度的覆盖面。

3. 扩大养老保险覆盖面

养老保险基金的筹集能力、保障能力和调剂能力直接受制于保险对象的范围和数量。因此,完善我国社会保障基金筹集制度的首要措施是尽可能的扩大养老保险的覆盖面。扩大养老保险覆盖面是促进企业平等竞争、减轻国有企业负担、推动国企改革的前提保障,也是解决目前养老保险基金不足、相对缓解隐性债务压力的重要渠道。目前我国企业参保职工只占职工总数的 60% 之多。大多数民营企业和个体工商户都游离于养老保险制度之外。因此,当前扩大覆盖面的重要措施就是将城镇各种性质的企业劳动者,包括各种所有制形式的企业、事业单位、社会团体和机关的工勤人员、民办非企业单位、城镇个体工商户及其职工全部纳入到养老保险范围。显而易见,保险范围增大可以扩大缴费基数、增加征缴额、降低实际赡养比和增加基金的抗风险能力。

4. 建立基金调剂机制

建立基金调剂机制,加大基金调剂力度乃至实行省级统筹。加大调剂力度和养老保险基金实行省级统筹,可以在全省范围内统一筹集资金,统一调度使用,这样就加大了养老保险基金的统筹和平衡使用,极大地提高了养老保险的抗风险能力。养老保险基金省级统筹也是基于大数法则原理建立的,只有参保人员数量尽可能最大化,才能在最大程度上实现养老保险基金在数额上的动态平衡,也只有参保人员数量最大化才能充分发挥社会养老保险基金的统筹调剂作用,使处于不同经济发展水平、不同区域和不同条件下的老年人口享受一样的养老保险待遇。

但是从目前的市级统筹来看,将有条件参保的从业人员分割开来,又由于某一单一市的地域行政管辖区域局限性,参保人员只能在本市参保并参与本市统筹,所以当参保人数达到一定数量后就很难再有所扩大。以全国试点的辽宁省为例,人口数量相对较多的大城市如沈阳情况还好一些,那些人口不多、经济欠发达的资源枯竭型中小城市(如阜新、抚顺、本溪),参保人数根本达不到大多数法则所要求的最大化。因此,市级统筹大大限制了大范围筹集与支付养老金的现实可能性,基金只能在本市范围内自我调节、自我周转,基金的调剂功能大大降低。这并非是一种社会化、现代化的保险,而更像是自我封闭的自给自足的自然经济的保险。养老保险实行省级统筹,可以清除养老保险基金市级统筹的体制性障碍,是实现养老保险制度可持续发展的必要手段。

2.5.4 改善管理运营模式

通过前面的分析可以看出,我国养老保险基金运营存在着许多问题。主要有统筹层次低、管理分散带来的高成本和挤占挪用、个人账户空账运行、运营渠道狭窄等,针对这些问题,要想提高我国养老保险基金的管理水平,消化我国养老保险基金所面临的风险,可以从以下几个方面完善管理运营模式。

1. 实行省级统筹

实行养老保险省级统筹是改善基金管理运营效果的重要途径,是养老保险基金管理制度改革的重要环节,在这里加以重点论述。

第一,可以提高养老保险基金运营效率。养老保险基金要想获得更好的运营收益,首先要解决统筹层次问题,即由目前的市级统筹过渡到省级统筹。在市级统筹情况下,省一级管理机构无法集中全省各个市的养老保险基金,这样在有些城市养老保险基金存在缺口的情况下,就无法集中资金对其进行补充,这种低层次统筹造成积累的基金过于分散,难以发挥资金整体效益,难以最大限度地减少风险,同时也增加了基金的投资管理成本。因此,要解决好基金积累的运营问题,就必须实现省级统筹,通过省级统筹将结余基金归集到省一级集中管理、集中投资。

养老保险基金有效运营需具备一定条件:一是有可供运营的养老保险基金,即有一定规模的积累基金。实行省级统筹,可以把全省各个市的养老保险基金集中统一起来进行整体运营,这样社会养老保险基金就可以达到相当规模,从而为基金的有效运营创造规模条件;二是有健全的资本市场,即资本市场发育成熟、运行规范,这是确保社会养老保险基金运行安全的基础性条件。市级统筹由于基金规模有限,投资场所相对狭窄,资本市场未必规范健全,则会直接影响到基金运营回报率,而实行省级统筹,可以集中全省相当规模的基金,通过省一级管理机构投资于健全规范的资本市场或投资于回报率更高的其他投资渠道,从而获得更高的运营效率和更稳定的投资回报;三是有有效率的运营机制。包括合适的基金运营机构,高素质的投资专业人才及科学的基金运营策略。实行省级统筹可以更好地选择和利用运营机构及人才等社会资源,从而发挥这些资源的优势来促成基金的保值增值;同时,实行省级统筹不仅可以从全省的高度上更加科学合理地制定基金运营策略,还可以更为有效地提升运营效率,而这些是市级统筹所办不到的。通过省级统筹,利用基金规模优势,还可以探索更多更新同时保值增值潜力大的新的投资管道,以保证基金保值增值的运营效率。

第二,可以改善养老保险基金的管理流程。在市级统筹中,社会养老保险基金是一种本市行政区域管理体制而非省级垂直管理体制,各市之间由于各自相对独立的原因,不可能直接相互关联着运作,养老保险基金的运转必须经过本市政府相关部门的审核,这样,本来需要直接、快速、及时的资金缴拨,变成了各级政府财政之间繁杂的行政办公行为。省级统筹制度所需的省级调剂金,要从社会养老保险基金有结余的地方上解,在目前市级统筹各自为政、分灶吃饭的情况下,由于各市自身利益的牵绊,从社会养老保险基金有结余的地市上解基金至省里作为调剂金并非易事。因此,目前市级统筹的这种“小圈子里自己玩”的游戏,是低效率的,更多是行政性、形式上的。因此,要对社会养老保险基金实行省级统筹并在管理流程上实行省级垂直式管理,这样,社会养老保险基金在全省范围内由省级管理机构统一企业缴纳基本养老保险费比例,统一支付标准,统一待遇水平,统一管理和使用基本养老保险基金,实行社会养老保险基金垂直管理,可以在全省范围内充分整合基金管理机构资源,充分发挥资源优势来高效地管理基金运作,这样既可减少管理和改革成本,又打破了各市财政、分灶吃饭的体制弊端。总之,只有加快省级垂直管理步伐,在组织上保证社会养老保险政策的畅通,增强养老保险基金抗风险能力,才能更有效地从实际情况出发,解决局部与整体的矛盾,地方利益与全局利益的矛盾,县官不如现管的矛盾;只有在体制上垂直领导,才能维护省级统筹权威,为完善社会保险体系奠定基础。

养老保险基金由市级统筹提升为省级统筹,有利于加强养老保险基金的收缴和使用的监控,可以保证基金应收尽收,在更高层次上进行统筹管理,可更好地保证养老保险基金的安全,发挥社会保障功能。

第三,可以抵御养老金给付不足的风险。建立养老保险基金省级统筹的目的就是通过在省内的适度调剂,养老保险基金由市级统筹过渡到省级统筹,可以在更大范围内统一制度、统一标准,同时也可以在更大范围内实现社会共济,风险共担。实行省级统筹,可以解决各市间养老保险负担不均衡问题,确保全省范围内养老金的按时足额发放,保障离退休人员生活。在市级统筹中,单靠本市自身养老保险基金往往是无法达到养老金按时足额发放的,但是又由于条块分割的原因,其他有基金结余的市的养老保险基金又不能在省级管理机构统一调度下很自由地补充到养老金发放不足的市,这样就出现了养老金给付不足的风险,这将直接影响社会的稳定,而这一情况在省级统筹下将得到很大改观。在省级统筹中,省一级管理机构可以统筹和综合利用全省的养老保险基金,可以从全省的角度来确定养老金发放标准及征缴和给付比率,从而避免了市级统筹下各地基金的分散使用,保证了基本养老金的按时足额发放,抵御了养老金给付不足的风险。

2．构建多元化投资模式

我国严格的养老保险基金投资政策虽避免了投资风险对养老保险基金的冲击,但造成了基金的实际收益率比较低,减少了养老保险基金的收入。同时这种严格的投资政策也不利于资本的形成,阻碍了养老保险基金对经济增长的促进作用的发挥。而对人口老龄化浪潮的挑战和规模巨大的隐性债务,如何拓宽养老保险基金投资渠道、进行科学的多元化投资组合,提高养老保险基金投资回报率是目前亟须解决的问题。

养老保险基金可以根据不同时期具备的不同条件,如养老保险基金规模、国内资本市场的成熟度、国内经济发展现状、国际资本市场现状、基金的时间跨度、投资者的风险—收益偏好、政府对养老保险基金投资的限制等,再参考借鉴其他国家的经验,在投资工具中选择适合自己特点和目标的方式进行科学投资组合。

养老保险基金的投资组合取决于养老保险基金本身的成熟度和该国资本市场的发达情况。在养老保险基金方面,首先要看它有多大的承受风险的能力;其次要看持有多大比例的流动性资产,以此确定待选的投资工具。在资本市场方面,则要根据每一个投资工具的信用等级而决定对它的取舍,并根据资本市场的整体状况决定基金组合中可以接纳的投资工具的种类。那些养老保险基金建立时间较长、资本市场发达的国家,其国内、国际投资品种相当丰富,债券、股票等流动性资产占据主要地位;而大部分发展中国家,由于其社会保障制度建立较晚,养老保险基金规模不是很大,资本市场还不是很发达,各方面制度也不完善,因此,政府债券、定期存款在投资组合中占据很大比例,而股票、贷款等没有或占很小比例。

　　近年来,我国市场经济与资本市场的高速发展,为养老保险基金实现保值增值提供了良好的经济与市场基础,这里借鉴国际经验,结合中国国情,提出中国养老保险基金投资组合的设想,具体内容如下:

　　(1) 银行存款 20%～40%;

　　(2) 债券,包括国债、特种金融债券、信用级别在 AA 级以上的企业债券 20%～50%;

　　(3) 股权投资,包括新股申购,二级市场股票买卖 20%～25%;

　　(4) 项目投资,主要是一些稳健的、市场化运作的大型项目 20%;

　　(5) 贷款,主要是住宅抵押贷款、委托银行的信托贷款等 10%;

　　(6) 海外投资 5%。

构建多元化投资模式的积极意义有:

　　(1) 多元化投资模式会使基金制的成本低于现收现付制。由于单一的投资工具的规定,不能保证国债或银行利息率高于工资增长率,因而不能保证积累制度是一个经济的制度。而根据 100 多年以来世界经济发展的经验表明,在一个有效的经济下资本收益率会高于工资增长率。只有采用多元化投资模式才能使养老保险基金享受市场资本收益率,从而保证基金收益率高于工资增长率,最终保证部分积累制度是一个低成本的制度。

　　(2) 多元化投资模式更能保证养老保险基金的实际安全性。投资的安全性有两重意思:一是指投资的名义安全性;二是指实际安全性。前者指到期还本付息,后者指对本和息要保值。就像名义收益率和实际收益率一样,当人们使用"实际"一词时,通常是指扣除通货膨胀因素后的保值价值。国债或银行存款的资金运营模式强调的只是投资的名义安全性,而投资的实际安全性则被忽视了。中国的经历和其他国家的经历证明,强调名义安全性的投资并不能保证基金的实际安全性。只要经济是增长的,市场的资本收益率应该高于银行利息率。只有多元化投资模式能使基金的投资收益率获得市场利率,从而更可能保证基金的实际安全性。

　　(3) 多元化投资模式能减轻养老保险制度的负担或增加退休收入。在基金积累制度下,基金的预期收益率和实际收益率对养老保险制度的负担和退休人口的收入的影响极大。在供款率厘定过程中,预期利率是一个非常重要的参数,在其他参数一定时,预期收益率越高则供款率越低,预期收益率越低则供款率越高。中国目前养老保险供款率过高的原因之一就是基金的预期利率为银行利率。而我们知道,一个增长中的经济资本的市场利率一定会高于银行利率的。只有多元化的投资模式才能使养老基金的利率市场化,在退休金水平一定时,市场化的利率可以降低供款率,减轻养老保险制度的负担。在供款率既定后,基金的实际收益率越高则退休金水平越高。智利养老保险制度以职工工资 10% 的供款率为退休人口提供了工资替代率为 84% 的退休金,这是它的多元化投资模式在 15 年内使基金实际收益率年均 14% 的结果。

2.5.5 改革退休和支付制度

1. 提高退休年龄改革给付办法

我国人口众多,生产力不发达,短期内低龄退休可缓解年轻人的就业压力,但随着我国老龄化程度的日益加深,低龄退休制度对养老保险和经济发展的负面影响将日益显露。因此,在充分考虑人口、社会、经济等因素基础上,推迟法定退休年龄问题应尽早提上议事日程。

(1)逐步提高法定退休年龄。我国现行法定退休年龄是在 20 世纪 50 年代初,根据当时的生产力水平与人口预期寿命制定的,当时我国人口的预期寿命仅为 50 岁左右,随着社会经济及人们的健康水平的提高,预期寿命已达 70 多岁,2050 年预计我国人口预期寿命将达到 80 岁,已经具备了逐步、适当提高退休年龄的客观条件。同时提高法定退休年龄可以增加养老保险的资金供给,减少养老保险资金的需求,对我国现行养老保险制度的可持续发展是一个极为关键的政策调整变量。目前,美国规定 67 岁退休,法国、意大利规定 65 岁退休,瑞典将原退休年龄 60~65 岁延长到 65~67 岁。我们应借鉴国际经验,结合我国国情,充分考虑到人口老龄化进程的时间、空间分布特征,逐步提高法定退休年龄。

(2)建立激励相容的养老金给付机制。不同的养老保险制度模式选择和制度构架对退休行为产生不同的影响,以现收现付为基础的养老保险制度,职工缴费与待遇之间缺乏紧密的联系,其给付结构直接影响人们的退休行为并诱发退休。欧美国家 20 世纪 80 年代以来老年劳动力市场参与率一直呈下降趋势,在一定程度上说明了欧美国家养老保险的基本模式和制度构架,对劳动力市场和退休行为产生了重大影响。在我国的养老保险制度构建中,并没有在养老保险待遇与退休时间选择之间建立有效的利益调整机制,直接诱发了提前退休的道德风险和企业逃费的逆向选择行为。应进一步完善养老保险制度,建立激励相容的养老金给付机制,根据不同的退休时间调节养老金给付,体现公平与效率的结合。

2. 严控领取资格,防范道德风险

死亡冒领和骗取养老金的现象在我国相当普遍,造成了我国基金的大量流失,危及基金的安全。所以扼制冒领和骗取养老金现象在当前支付压力大,隐性债务多的现实下,就显得格外重要,关键在于建立一个合理的激励约束机制,规范基金给付行为,增加工作透明度和工作可监督性。主要包括如下几方面。

(1)社会保险经办机构应该提高工作效率和增强工作责任感,要及时了解退休职工的真实状况,主动地防范道德风险。

(2)社会保险经办机构应该加强与民政、卫生、税务等部门联系,共享退休职工信息,对退休职工的数量、退休职工的生存状况等信息要充分了解。

(3)在省级统筹的基础上,防止市(县)级经办机构与单位或个人合谋、骗取社会养老

保险基金。

（4）既采用声誉等非正式制度安排，又采用"预防、发现、威慑"等正式制度安排，来控制道德风险。

2.5.6　构建相互制衡式的监督体制

针对我国养老保险基金在监督方面存在的问题，构建相互制衡式的监督体制，是我国养老保险基金管理制度改革的重要组成部分，也是改善我国目前基金监督不力的重要途径。

1. 建立日常监督制度

日常监督是我国基金管理的一个薄弱环节。基金管理中的许多问题光靠突击检查是很难发现的，而日常监督又跟不上，没形成制度，有的即使有制度往往也都流于形式。所以造成基金违法案件频发。建立日常监督制度是基金监督体系中的重要内容。加强对基金的日常监督包括清理规范社会保障基金的缴费基数、支出范围、项目和标准等。目前，我国一方面对社会保障基金的筹集监督不严，存在企业少报、漏报企业职工工资总额和应缴社会保险费总额的现象，使一些应该征缴的社会保险费没有全部收缴上来；另一方面社会保障基金经办机构对社会保险金的发放项目、标准和发放对象审核不严，出现了较为严重的冒领和骗领现参保人员的共同利益遭到侵害的恶性案件。此外，部分地区和企业违反国家规定，允许大量职工提前退休，也增加了社会保障基金的支出压力。对于这些问题，都要加强日常收缴和发放的监督，通过清理基金的应缴金额、支出范围、规范基金的支出标准等措施加以制止，以确保社会保障基金的安全和完整。

2. 完善行政监督体系

行政主管部门实行的自上而下的严密行政监督体系是我国目前社会保障基金行政监督体制的基本架构。行政部门可以在更大程度上防范由于信息不对称和系统性金融风险所导致的社会保障基金风险。因此，目前必须对现行管理体制进行完善，进一步优化和整合行政监督资源。

首先，建立社会保障基金行政职能与社会保障基金具体事务管理职能分离制度。目前，我国社会保障基金管理体制上存在一定程度上的管理者和经营者交叉重叠现象，也就是监督主体错位的现象。由于缺乏有效的制约和监督，社会保障基金常常被随意挤占、挪用，甚至被贪污。因此，社会保障基金经营和管理职能必须彻底分开，社会保障基金管理事务应由具有独立的法人地位的社会保险经办机构负责，劳动和社会保障行政部门只对社会保障基金的运行行使行政管理和监督职能。

其次，建立社会保障基金行政监督协调机制。在我国，社会保障基金的行政监督涉及劳动和社会保障部门、财政部门、审计部门、公安部门、档案管理部门等多个部门。在对社会保障基金的监督造成了许多浪费和不便。因此，为了整合行政监督，必须建立社会保障基金行政监督协调机制。基本方法是在政府中设立一个常设的、由有关行政部门主要负责人组成的社会保险监督委员会,来协调社会保障基金监督中遇到的问题。

3.建立专职监督机构

在西方国家,一般都建立了社会保障基金专门监督机制,如英国的职业养老保险委员会、德国的社会保险民间管理机构和"社会法庭"、荷兰的社会保险委员会、澳大利亚的保险与养老金管理委员会等。专门监督可以有效地行使监督权利,提高行政监督部门决策的科学性、民主化和透明度,增强监督的针对性,提高监督效率;专门监督机构代表企业和参保劳动者的利益,可以充分调动用人单位和劳动者对社会保障基金监督的积极性。因此,研究和建立社会保障基金监事会制度,强化对社会保障基金的社会监督,应是今后社会保障基金管理工作的一项重要任务。

为了加强社会保障基金的监督,我国有必要根据自己的实际情况,建立一个包括政府代表、企业界代表、参保职工代表、工会代表、社区代表、法律专家、社会保险专家、财务专家等有关专家参加的统一的社会保障基金监督理事会,对整个社会保障基金的筹集、管理、投资、支付等进行全面的监督。1996 年,我国海南省成立了一个社会保障基金监事会,对社会保障基金的征缴、管理和支付进行监督。今后应在全国各地进行制度推广和完善。

社会监督方面,首先,要形成社会团体监督的网络。其次,明确规定用人单位和参保劳动者有权就社会保障基金的征缴、管理、投资和支付享有查询、调查、批评、检举、控告和要求赔偿的权利。最后,赋予新闻媒体对社会保障基金进行监督的权利,充分发挥新闻舆论对社会保障基金运行的监督作用。

4.完善法律监督体系

为了加强对社会保障基金的监督力度,确保劳动者的权益,我国应在对社会保障基金行政责任和刑事责任制度进行完善的基础上,增加社会保障基金民事责任,逐步完善现行相关法律制度,做到社会保障基金管理有法可依。在司法方面,由于有关社会保障基金的纠纷和违法行为的大量出现,对社会保障基金造成了很大的危害和侵蚀现象,因此,我国应逐步建立和完善相应的司法制度。如建立专门的劳动与社会保障法院或审判庭。

5.完善内部监控体系

内部监控主要是指社会保障基金经办机构和投资运营机构内部实行的自我约束和管理制度。加强内部监控的措施主要有:

(1)各有关机构各司其职,收支分理。社会保险经办机构负责编制社会保障基金收支计划;劳动和社会保障部负责对社会保险经办机构报送的社会保障基金收支计划进行审核;财政部门负责核批社会保障基金收支计划,汇总社会保障基金预算、决算,报政府审批,负责制定社会保障基金财务、会计制度,并对其实施情况进行监督;有关机构,如商业银行、邮局或税务部门接受社会保险经办机构的委托,具体负责社会保障基金的征收和社会保险金的支付。

(2) 建立严格的内部管理制度。各有关机构应建立严格的章程、管理制度、管理措施,对违反规则的相关机构实施严格的惩罚手段,内部工作人员相互加强监督和管理,及时发现和纠正违规行为。

本 章 小 结

养老保险基金是国家或者用人单位为了实施养老保险制度,通过一定的程序,依法建立起来的、用于养老保险给付的货币资金,养老保险基金是老年人丧失劳动能力后的重要生活来源。我国养老保险基金主要包括三个组成部分:基本养老保险基金、补充养老保险基金和全国社会保障基金,这三种基金分别具有各自的特点。

我国的养老保险基金管理制度经历了计划经济阶段、改革发展阶段和趋于完善阶段的演进过程。当前我国养老保险基金管理在筹集、运营、支付、监督四个环节面临着人口老龄化加速、制度转轨成本沉重、统筹层次低等一系列的挑战,需要进一步完善法律法规体系、改善筹资模式、拓展投资渠道、加强监督管理。

扩 展 阅 读

1. 郑功成. 中国社会保障改革与发展战略:养老保险卷. 北京:人民出版社,2011.
2. 刘江军. 基本养老保险个人账户基金投资管理制度研究. 武汉:武汉大学出版社,2010.
3. 宋晓梧. 中国养老保险个人账户基金管理运营和监督. 北京:中国财政经济出版社,2005.
4. Olivia S. Mitchell. Public Pension Governance and Performance:Lessons for Developing Countries. Policy Research Department,The World Bank,1993.

关 　 键 　 词

养老保险(old age insurance)　养老保险基金(pension funds)

思 　 考 　 题

1. 什么是养老保险?
2. 什么是养老保险基金?
3. 养老保险基金具有什么特征?
4. 我国养老保险基金主要包括哪些内容?

5. 我国养老保险基金的制度框架是怎样的？

6. 我国养老保险基金管理中存在着哪些问题？如何去解决？

到哪里领取我的养老金？

2002年1月1日，蒋乃群开始盘算领取养老金的事情。2002年4月7日，他将正式退休。身为高级工程师的蒋乃群，从1962年开始在大型国有企业南京汽车厂（以下简称南汽）工作。20世纪80年代，他是南汽常驻意大利的业务代表，负责南汽依维柯有关技术的引进工作。1989年，蒋乃群以"停薪留职"的方式离开南汽，成了无数到深圳淘金的新移民中的一员。几经辗转，于1995年应聘到深圳的一家民营企业，直到退休。但是，接下来的事情出乎他的意料。深圳和南京两地的社保局都拒绝向蒋乃群支付养老金。

深圳市社保局告诉他：根据《深圳经济特区企业员工社会养老保险条例》第23条规定，非深圳户籍员工必须实际缴费年限累计满15年，才能享受按月领取养老金的待遇。而蒋乃群在深圳的实际缴费年限只有7年，因此，不具备在深圳市按月领取养老金的条件。南京市社保局的理由似乎也很充分：按照国务院1997年26号文件的规定，在哪里缴纳社保金就应该在哪里领取养老金。所以蒋乃群应该在深圳领取养老金，因为南京没有他的社保号。

蒋乃群开始上访。连续两年的时间里，蒋乃群奔波在南京和深圳两地，"不懂行业法规，非常被动"。在南京市劳保局监察室金主任的提醒下，蒋乃群从南汽开出一纸证明："蒋乃群自1962年10月至1989年4月期间任南京汽车制造厂全民固定工，1992年9月调入南京市人事局人才服务中心。"内容并强调，南京市1987年起实施企业养老统筹时，南汽"同步加入，并按规定缴纳养老保险费"。这表明，蒋乃群从1987年就已经进入了养老金统筹序列，加上政策规定的"视同缴费"年限，蒋乃群即使从1989年留职停薪算起，也应该有27年的社保年限。但是，由于蒋乃群辞职多年，南京已经没有他的社保账号，而且已经过了退休年龄，无法办理退休手续。他被拒之门外。

蒋乃群无法理解："我在国企干了30年，全都缴纳社保金了，又在民企按规定缴纳了7年社保。一辈子都在交社保金，合起来总共交了37年，怎么老来还是没有退休金？"蒋乃群没有屈服，支持他继续抗争的最大理由，便是他的缴费年限远远超过法定的15年，他坚信自己应该享受属于自己的养老金。

上访期间，蒋乃群从互联网上搜集到一条让他欣喜若狂的政策依据：2002年5月30日，原国家劳动和社会保障部办公厅在给上海社保部门的《关于对户籍不在参保地的人员办理退休手续有关问题的复函》中明确表示：一、参保人员因工作流动在不同地区参保的,不论户籍在何处,其最后参保地的个人实际缴费年限,与在其他地区工作的实际缴费年限及符合国家规定的视同缴费年限,应合并计算,作为享受基本养老金的条件;二、参保人员达到法定退休年龄时,其退休手续由其最后参保地的劳动保障部门负责办理,并由最后参保地的社会保险经办机构支付养老保险待遇。

2002 年 11 月,深圳市社保局给他的书面答复说:按照《立法法》的规定,特区法规在经济特区范围内适用,而该文件仅是劳动和社会保障部办公厅对上海社保部门发出的一个复函,并非具有普遍约束力的法规,在法律效力上远远低于作为特区法规的《深圳经济特区企业员工社会养老保险条例》。因此,对于蒋乃群的养老保险待遇问题,只能适用条例。

希望转眼间又破灭了。无奈,蒋乃群决定转战户籍所在地南京。他说,既然各地政策不统一,那么,找到江苏省或者南京市自己制定的规则,或许能够找到突破口。果然,蒋乃群找到了江苏省原劳动和社会保障厅 2000 年下发的一个通知,规定参保人员缴纳基本养老保险费满 15 年后,到达法定退休年龄即可享受基本养老保险费,不足退休年龄而中断缴费的,补交后依然享有养老保险费。

南京市社保局拒绝了蒋乃群补交的要求。2004 年 3 月,蒋乃群向南京市白下区法院提起行政诉讼,以南京市社保局不履行法定职责为由,将其告上法庭。同年 6 月 9 日,白下区法院作出一审判决:驳回蒋乃群的诉讼请求,因为他“没有证据证明他及相关企业按规定为其缴纳了养老保险费用”。蒋乃群不服,上诉到南京市中级法院,依然未能挽回败局。

2005 年,《南京市跨统筹区流动就业人员社会保险关系转移接续实施办法》出台。按照这个规定,曾在南京市参保的本市户籍人员,不管跨统筹区到什么城市、什么企业就业,只要在流动就业地参保并建立了个人账户,南京市企业职工养老保险结算管理中心应当依法转移接续申请人的个人账户返回南京市。无论如何,对蒋乃群而言,这是一根救命稻草。他在行政途径走不通的情况下,第二次将南京市社保局告上法庭。一审、二审一败涂地,理由与第一轮诉讼几乎如出一辙。2007 年,镇江中院根据江苏省高级法院的指定,对蒋乃群不服一、二审判决的申诉案进行再审,维持原审判决。在地方法院接连败诉后,蒋乃群移师京城,他认为,根据 1997 年国务院颁布的《关于建立统一的企业职工基本养老保险制度的决定》,他属于“本决定实施前参加工作、实施后退休且个人缴费和视同缴费年限累计满 15 年的人员”,有权享受养老保险金。因此,应当追究原劳动与社会保障部行政不作为的责任。2007 年,屡战屡败的蒋乃群出现在北京市二中院,与原劳动与社会保障部对簿公堂,最终仍然败诉。

在地方的抗争似乎已经山穷水尽,从 2007 年起诉原劳动与社会保障部败诉后,蒋乃群仍不屈不挠,不断地向中央相关部门邮寄信访材料,至少每月寄一次,从不间断。如今,在蒋乃群的家里,依然保存着一米多高的书面资料。正是由于各自为政的社保制度无法协调,使得蒋乃群苦苦抗争了 7 年的养老金问题,最后也未能从制度层面上解决。

2008 年 11 月,国家人力资源和社会保障部派人找到蒋乃群,协商解决他的问题。从 2009 年 1 月 1 日开始,蒋乃群可以每月从南京社保局领取 1 500 元的养老保险,并享受医保待遇。"数不清的行政申请、复议?或者人大代表的重视?"直到现在,蒋乃群也不知道到底是哪个环节起了作用。

2009 年 12 月 29 日,由国务院制定的《城镇企业职工基本养老保险关系转移接续暂行办法》规定,从 2010 年 1 月 1 日起,包括农民工在内,参加城镇企业职工基本养老保险的所有人员,均可自由转移养老金账户。

(本案例资料来源:张友红. 养老金新政背后的辛酸史.中国周刊,2010(1).)

请思考:蒋乃群个案中,造成他的养老保险关系不能顺利转移接续的根本原因是什么?通过什么样的措施可以缓解类似问题的发生?

第 3 章

社会医疗保险基金管理

本章主要介绍社会医疗保险基金管理的内容。要求读者通过本章的学习,掌握社会医疗保险基金的概念和特征,了解社会医疗保险基金在社会保障制度中的重要地位和加强医保基金管理的必要性,熟悉社会医疗保险基金管理的主要内容,医保基金的征缴、支付、运营等流程。正确认识当前我国医疗保险基金管理中存在的问题和未来进一步改革发展的方向。

3.1 社会医疗保险基金概述

社会医疗保险是传统农业社会向近现代工业社会转变中最早出现的一种社会保险,也是当今市场经济国家中,消耗资金最多、与劳动者个人关系最为密切、结构和关系最为复杂的一类社会保险,是社会保障体系作为"社会安全网"的不可缺少的组成部分。如何高效率地筹集和使用社会医疗保险基金,是社会医疗保险制度能否可持续发展的根本问题。

3.1.1 社会医疗保险基金的定义

社会医疗保险基金指通过法律或合同的形式,由参加医疗保险的企事业单位、机关团体或个人在事先确定的比例下,缴纳规定数量的医疗保险费汇集而成的、为被保险人提供基本医疗保障的一种货币资金。社会医疗保险基金的筹集和管理带有强制性,不以营利为目的。

医疗保险基金与社会保险中其他基金具有明显的区别,比如社会医疗保险基金与社会养老保险基金的区别在于社会医疗保险基金具有现收现付的性质,而社会养老保险基金却具有时间的递延性和储蓄的性质。同时,社会医疗保险基金与商业医疗保险基金也有很大区别,表现在社会医疗保险基金以社会保障为主,其利润不进行分配和资本转化,而商业医疗保险基金以经济效益为主,具有营利性,其利润可转化为企业资本。

社会医疗保险基金管理,是指根据国家关于社会保险的方针政策、法律法规、规章制度,按照医疗保险基金运行的客观规律,对基金的筹集、支付、使用、运营进行计划、组织、协调、控制、监督等工作的总称,是整个医疗保险管理的重要组成部分。

3.1.2　社会医疗保险基金的特征

1. 强制性

医疗保险作为社会保障的一项重要内容,不同于商业保险,不带有自愿性质,它由国家立法,采取强制手段实施。国家通过法律或法规的形式,规定医疗保险基金筹集的范围、对象、费率和周期等,运用经济、行政等手段强制执行,所有参保对象都应按期足额缴纳医疗保险费,拒缴、欠缴医疗保险费都属违规甚至是违法行为。

2. 互助共济性

医疗保险基金虽来源于社会上不同性质的参保单位和个人的分散资金,但只用于补偿参保对象中少数人因病就医时所发生的医疗费用,因而具有互助共济性。就参保单位而言,有企业之间、企业与行政事业单位之间的互助共济;就参保职工而言,是多数人共济少数人、年轻人共济老年人、无病者共济有病者、得病少的人共济得病多的人;就个人而言,年轻健康时帮助别人,到年老有病时则受别人帮助。社会医疗保险就是以其能在全社会范围内分摊疾病风险,弥补疾病给个人带来的部分经济损失来实现社会安定的目的。

3. 公益福利性

医疗保险制度中基金的筹集由国家、集体和个人合理分担,这既有利于增强消费者的费用意识,实行自我控制,减少浪费;又体现医疗保险基金的公益性,"取之于民,用之于民"。此外,国家、集体为职工缴纳了大部分医疗保险费;医疗保险机构按事业单位管理,免缴税利,向银行贷款时可获得利息优惠待遇;企业在税前缴纳医疗保险基金,国家预算可以根据需要和可能向医疗保险机构提供补助,委托代办有关的保险业务等均体现了医疗保险基金的公益福利性。

4. 给付的社会性

医疗保险基金的给付能够使劳动者的医疗保障社会化,个人、企业间互助共济,有助于增强抵御疾病带来的经济风险的能力。

5. 基金运行的自我平衡性

社会医疗保险基金是医疗保险制度的物质基础,但其又不同于社会养老保险基金,只有做到收支平衡,才能做到既能确保参保者的基本医疗消费需求,又能不增加国家财政和参保者额外的经济负担,从而促进社会的稳定和经济的发展。社会医疗保险基金的运行应遵循"以支定收"的原则,借助于保险精算等手段调整收支,达到自我平衡的目标。

3.1.3　社会医疗保险基金管理的意义

社会医疗保险基金管理对医疗保险制度稳定运行和可持续发展,促进社会经济发展都具有重要意义。

1. 保证社会医疗保险制度的正常运行

医疗保险制度的正常运行,具体体现在基金的运行上。

(1) 基金管理通过建立一系列的规章制度,来保证基金的征收和支出。

(2) 通过建立方便快捷的业务流程来实现医疗保险费用的征缴和老百姓看病就医后医疗费用的支付。

(3) 通过对医疗服务提供方进行有效管控,建立和完善风险管控机制,提高基金的使用效率,维持基金的收支平衡。

(4) 通过建立有效的监督机制,如内部控制、社会监督等,维护基金安全。

只有上述几方面的工作做好了,医疗保险制度的正常运行才不会是一句空话。

2. 保证医疗保险制度的可持续发展

医疗保险制度可持续发展的前提是在实现基金收支平衡的同时,人民群众的基本医疗需求得到满足,个人负担在承受范围之内,医疗机构的合法利益得到足够补偿。社会医疗保险基金管理就是要通过协调医疗保险需方(参保人员)、供方(医疗服务提供方)、保方(医疗保险管理方)三方利益,来实现医疗保险制度的可持续发展。对需方来讲,医疗保险基金管理保证他们能及时得到基本医疗服务,通过加强医疗机构的管理,降低个人负担,并在医疗技术和信息不对称的情况下,保护他们的医疗权益。对供方来讲,医疗保险基金管理必须通过定点服务协议和相应管理措施,来促使他们提供合理的诊断和治疗,防止过度医疗、诱导医疗,提高医疗保险基金的使用效率,同时对医疗机构的合法利益进行补偿。对保方来讲,要维护基金的收支平衡,做医疗保险需方、供方利益的协调者,就是要充分发挥医疗保险基金的经济杠杆作用,加强医疗保险费用的征集管理和医疗费用的支出管理,从"开源"和"节流"两方面下功夫,平衡医疗保险各方利益。

3. 减轻政府的经济负担

许多国家医疗保险制度的经验教训表明,医疗保险发展到一定阶段,均会出现保障面扩大、待遇水平不断提高、医疗费用高涨的情况,使得社会医疗保险支付出现缺口。为了弥补医疗保险基金的不足,政府不得不出巨资补贴,这已成为近年来西方国家,尤其是一些高福利国家财政赤字的一个重要原因。对于我国的医疗保险基金,政府也是最后的责任承担者,一旦基金出现赤字,政府也必须进行财政补贴。因此,实施医疗保险基金管理,力求做到基金平衡,注重基金的投资运营,有利于增强基金的实力,减轻政府的经济负担。

4. 促进社会经济发展

(1) 社会医疗保险基金管理通过保障参保人员的健康,保障劳动者的劳动能力,促进社会经济的发展。

（2）做实医疗保险基金管理工作，对社会的稳定起着重要作用，也对社会经济发展作出了贡献。

（3）通过强化医疗保险基金管理、注重投资方向和投资结构，将在宏观上促进经济发展。2006年我国的医疗保险基金收入已达到1 728亿元，统筹基金累计结存1 056亿元，如此规模的资金对我国经济的发展有着不可忽略的作用。

3.1.4　社会医疗保险基金管理的原则

1. 社会医疗保险基金的筹集原则

社会医疗保险基金筹集总的原则是"以支定收，量入为出，收支平衡，略有结余"。"以支定收，收支平衡"是保证社会医疗保险平稳运行的必然要求；"略有结余"是医疗保险所承担的疾病风险具有很大的不确定性，以备大规模疾病发生时使用决定的。量入为出即根据需要，量力而行，既要保证筹集到足够的基金以满足基本医疗保障的实际需要，又要求基金筹集水平与社会经济发展水平相适应，适合国家、集体和个人三方的经济承受能力。具体原则如下。

（1）法制化原则。社会医疗保险基金是医疗保险制度的物质基础，所以基金的筹集至关重要。由于参与社会医疗保险系统的保险方、被保险方、医疗服务提供方以及投保方各自的利益追求目标不同，所以国家应当通过立法、行政等手段实施强制性的政策来筹集社会医疗保险基金。也就是说，社会医疗保险基金的筹集应做到以健全的法制为基础，保障基金的筹集和管理都有法可依、有章可循，以便于操作和提高制度的稳定性。

（2）共同负担原则。医疗保险费由国家、参保单位或个人合理负担，这是由社会医疗保险的性质和特征决定的，也是世界上大多数国家的通常做法。我国实行由国家、单位、个人三方共同负担社会医疗保险费用的原则，既有利于扩大医疗保险基金的来源，减轻国家和企事业单位的经济负担，又有利于明确三方责任，提高职工对医疗保险的责任感，增强个人的自我保障意识，避免医疗资源的浪费。共同负担原则体现了社会医疗保险权利和义务的一致性，符合我国的国情和社会经济发展水平，促进了社会医疗保险制度的不断完善和发展。

（3）基本保障原则。即保障劳动者及其他社会成员的基本医疗需求，社会医疗保险基金支付的主要项目是基本的诊疗服务、基本的药品和基本的医疗设施服务，因此社会医疗保险基金的筹集应以保证能够满足基本的医疗需求为重要前提。

（4）统一费率原则。基本医疗保险基金在统筹地区内按统一的费率筹集，实行统一的使用和管理。其益处在于能够保证社会基本医疗保险广泛覆盖的需求，有利于在一个统筹地区内均衡所有参保人的负担、促进企业间的公平竞争，有利于增强社会基本医疗保险互助共济的功能。

（5）相对稳定原则。单位与个人缴纳的医疗保险费基数可根据经济发展职工工资水平、物价水平以及医疗保险费用支出的实际情况进行适当的调整，但费率一旦确定，在短期内应保持相对稳定的状态，不要频繁变动或大幅度调整，以免影响医疗保障制度的稳定发展。

2. 社会医疗保险基金的管理原则

社会医疗保险基金的管理目标是在维持社会医疗保险基金平衡的同时确保基金的保值增值。根据此目标的内容社会医疗保险基金的管理应遵循以下原则。

（1）集中管理原则。社会医疗保险基金应集中统一管理，由专门的医疗保险经办机构统一征缴、分别列账、统一运营，这样可避免多头管理造成的混乱，不让基金有机会从其他渠道流出。集中管理使基金抗风险能力增强，也是基金专业化管理的前提。目前，我国的医疗保险基金管理主要由劳动保障部门下属的医疗保险经办机构进行管理。

（2）收支平衡原则。社会医疗保险基金的平衡主要指在一定时期、一定范围内（如城市、地区、国家等）医疗保险基金收支上的平衡。在基金管理上应加强基本医疗保险统筹基金的支出管理，既要保障基本的医疗需求，又要量入为出、合理有效地使用医疗统筹基金。

（3）专款专用原则。严格界定社会医疗统筹基金和个人账户基金的支付范围和责任，分开核算，专款专用。要根据本地基本医疗保险基金的筹资水平、当地的经济状况等因素，科学合理地确定统筹基金的起付标准和最高支付限额。统筹基金和个人账户基金需分开核算，各自平衡，专款专用，不得相互挤占。

（4）保证基本医疗需求原则。严格执行医疗保险基金支出的相关规定，不得擅自扩大支出范围、随意增加支出项目和提高支出标准。

（5）收支两条线原则。如果社会医疗保险基金进行收支一条线管理，就缺乏内部制约机制，极容易发生挪用、转移基金等违规行为。因此，必须将医疗保险基金收支分开，实行收支两条线管理。为了保证收支两条线得到落实，医疗保险经办机构内部设立基金征缴部门，负责基金的征收，设立支出部门，负责医疗费用的审核支付。更重要的是，基金的银行账户应设立收入户和支出户，两个账户应分开管理，分别做账。

（6）医疗保险基金管理与行政管理分离的原则。医疗保险经办机构负责基金的管理，受政府的委托，根据政府发布的有关法规，依法独立行使职能，负责医疗保险工作的正常运转。医疗保险行政管理主要是制定政策、法规，并对医疗保险事业进行规划、调控、监督等，不涉及具体的医疗保险经办业务。医疗保险基金的运作通过医疗保险业务来实现，而业务经办则由医疗保险经办机构负责，因此，医疗保险经办机构是负责执行医疗保险政策，依法独立行使职能，保持医疗保险基金正常运行的法人机构的地位。

（7）保值增值原则。医疗保险管理机构为维护和提高医疗保险偿付能力，确保医疗保险基金的安全和长期持续运转，会利用基金支付的时间差、空间差和数量差，遵循相应的投资原则和采取有效的投资手段,将一部分沉淀的基金进行安全有效的投资,以达到基金保值增值的目的。

(8)效率原则。效率原则就是要使有限的医疗保险基金发挥最大的效益。和其他社会保险相比,社会医疗保险基金的效率原则更加重要。医疗保险支付医疗费用是通过医疗机构来实现的。由于医疗费用的弹性和医疗技术的垄断性,以及参保人员医疗需求的无限性,导致过度医疗服务、医疗欺诈行为最容易滋生。因此医疗保险基金合理利用,是医疗保险基金管理的重点和难点。

3. 社会医疗保险基金分配与使用的基本原则

社会医疗保险基金是一种集强制性、互助共济性、社会性、公益福利性、自我平衡性于一体的专项资金,仅用于保险机构偿付参保人就医时的医疗费用以及支付开展保险业务所需的管理费用。它在分配与使用时依据"互助共济"的原则,以保障参保人的基本医疗需求。其基本原则如下。

(1)保障参保人的基本医疗需求的同时,与社会经济发展及人民生活水平逐步提高相适应。

(2)坚持量入为出,收支平衡,略有结余。

(3)基金的收支管理必须严格执行财务规章制度,并接受基金监督机构及财政、审计部门的监督检查。社会医疗保险经办机构需建立健全基金预决算制度、财务会计制度、审计制度和各项内部管理制度,加强内部管理监督;同时加大对基本医疗保险基金的行政监督、审计监督和社会监督力度。劳动保障部门和财政部门要对职工基本医疗保险基金预算、决算等进行审核,审计部门要定期对社会保障基金的收支情况、社会保险经办机构的管理情况进行监督。

(4)设立医疗保险专户,专款专用,不得挤占、挪用。

(5)基金业务的各种应收、应付款应分别记账,及时核算。

(6)基金投资必须以安全有效为前提,投资收益应补充医疗保险基金的不足和因物价上涨带来的基金贬值。

(7)基金投资带来的收益应单独核算,确保基金的保值增值。

3.1.5 社会医疗保险基金管理的主要内容

社会医疗保险基金管理从业务上来讲包括征缴管理和支付管理,从财务上来讲包括基金的计划、预算、决算,从风险上来讲,包括基金运行分析,基金预警报警和相关的监督管理。

1. 基金征缴和稽核

基金征缴和稽核即根据医疗保险征缴的相关条例法规,向单位、个人征收医疗保险费。由于大多数国家医疗保险缴费是以工资收入一定比例缴纳的,为了保证应保尽保,应收尽收,基金征收管理还涉及参保和缴费基数的稽核。

2. 医疗费用的支付

医疗费用的支付即按照医疗保险报销医疗费用的政策规定支付参保人员就医后发生的医疗费用。支付医疗费用除了要进行审核外,还需要对医疗机构、药店是否遵守医疗保险、卫生、物价、药监等相关部门的规定进行医疗稽核。

3. 财务管理

财务管理即社会医疗保险基金在财务上除了要遵守相应的财经制度、社会保障基金的一般规定外,还要体现医疗保险管理的特点,如医疗保险费用给付方式,医疗费用大部分支付给医疗机构而不是受益人等,同时,基金的保值增值也是财务管理的重要任务。

4. 风险管理

风险管理即在医疗保险基金运行过程中,要及时进行分析,实施监控,一旦发现不安全的行为,基金可能出险时,就必须查找原因,采取相应措施。社会医疗保险基金的风险管理一般要求建立医疗保险运行分析制度,尤其是医疗费用分析制度,建立医疗保险基金预警系统予以实现。

5. 监督管理

监督管理即对医疗保险基金要建立有效的监督机制,包括内部监督和外部监督。内部监督指在医疗保险基金的管理上,医疗保险经办机构内部各部门建立起相应的制约和协调机制。外部监督包括行政监督、社会监督等。

3.2　社会医疗保险基金征缴管理

医疗保险经办机构对医疗保险基金征缴,是社会医疗保险制度运行的前提条件,是医疗保险经办业务中的重要组成部分,做好医疗保险基金的征缴管理是实现医疗保险基金管理的必要条件。

3.2.1　社会医疗保险基金征缴管理的基本要求

医疗保险基金的征缴管理,就是通过快捷方便的服务,依据医疗保险费用征缴的相关规定,按时足额进行征收,保证医疗保险基金准时到位,以便及时支付医疗费用。

在医疗保险基金的实际征缴过程中需要达到以下的基本要求。

1. 按时足额征缴

按时足额缴纳医疗保险费是每个参保单位和个人应尽的职责,对医疗保险基金进行征缴也是国家赋予医疗保险经办机构的神圣职责,体现了社会保险制度的强制性和严肃性。按时征缴是与医疗待遇相联系的,是权利和义务相对应的体现。只有在按时征缴了医疗保险费用后,才能享受相应的医疗保险待遇。这就要求医疗保险经办机构要依法及时做好医疗保险的征缴计划,及时向缴费单位和个人发出缴费通知,并实施和监督执行。

足额征缴就是要做到应保尽保,应收尽收。凡是符合参保条件的个人和单位都要依法参保,依法缴纳医疗保险费用。医疗保险经办机构必须及时与统计部门和人事部门进行沟通,掌握社会经济的发展状况,社会人口的变化,加强稽核和监督,防止逆向选择参保和少报、漏报工资基数等投机行为。

2.服务方便快捷

在征缴的业务流程上,要求方便快捷,可以通过以下几方面得到保证:一是要根据医疗保险征缴政策和本地的实际情况设计征缴流程。征缴流程既要满足按时足额征缴的需要,又要体现以人为本的精神,尽可能简单,每一个征收环节都要有时限要求;二是借助计算机信息系统处理征收业务,减少工作量,达到快捷高效的服务;三是加大征收业务的宣传,明确参保和缴费需要的申报资料和办理的程序。

3.划拨准确及时

如果参保人员和单位及时足额缴纳了医疗保险费,但由于没有及时准确划拨到位的话,将影响到参保人员的看病就医。因此对缴纳到位的医疗保险基金,要根据医疗保险的管理模式进行及时划拨。在统账结合模式制度下,就要求征收到位的医疗保险基金及时按照统筹基金和个人账户的规定,准确划入个人账户和统筹基金,并要求做好征缴台账,将缴费标记做到参保人员个人头上,以保证参保人员门诊费用和住院费用的支付。

4.协调医疗支付

征缴的医疗保险基金,最终是要用在参保人员看病就医上,因此,医疗保险基金的征缴管理必须与医疗费用的支付相协调。这主要体现在征缴时限上。由于医疗保险多数是现收现付制,以自然年度作为保险年度和决算年度,这就要求上年年底做好下年度的征收计划,按月征收的须在上月月底之前做好下一月的征收工作,按季度征收的须在上季度末做好下季度的征收工作,以免出现保险费征收还未到位,参保人员又发生了医疗费用而无法支付的情况。

3.2.2　社会医疗保险基金征缴程序

社会医疗保险基金征缴的程序,是指单位和个人从申报参保到基金划拨到位的全过程,单位参保和个人参保的征缴程序有所不同。在目前我国城镇职工基本医疗保险制度运行中,医疗保险费用的征缴管理分为参保和缴费,参保是征缴的基础工作。

1.参保管理

(1)参保登记。按照属地管理原则,单位在依法成立之日30天内,持相关证件和材料到当地医疗保险经办机构的征缴部门进行登记,填报医疗保险参保单位申请登记表。单位在办理参保手续时,需提供三类材料:一是单位合法性证明,一般要求提供机构编制委员会的批文,单位法人证书,组织机构代码证原件;二是提供单位财务情况,尤其是人员支出情况,即上年度的《财务决算报表》和《劳动情况》年报;三是提供在职职工和退休人员名册,及其相对应的工资收入和退休金收入情况,实行计算机管理的须提供相应的电子文档。个人申请参加医疗保险时,需持个人的户口登记簿与身份证复印件,如果是接续参保人员还应提交原参保关系有关证明材料。

(2) 医疗保险经办机构受理。经办机构在接到参保单位或个人的登记表后,需要对申报资料进行相关性和完整性检查。对于符合参保条件的单位,经办机构将发放参保和缴费信息登记表或计算机软件,由单位填写或录入本单位及其参保人员的基本信息,报经办机构核对无误后生成应收台账,并发放医疗保险证,制作医疗保险卡。对于不符合参保条件的申请则书面或电话通知不予受理。

(3) 参保信息变更。参保信息涉及医疗保险费用的征缴和医疗保险待遇,因此人员信息的变更须通过一定的程序进行办理。一般要求单位提供相应的变更申报表,提供有关部门的证明材料,按规定的时限要求(月或季度)到医疗保险经办机构办理。经审核符合条件的变更纳入基础信息管理中。参保信息变更一般包括个人信息变更,如任职、退休、调入、调出、死亡、出境和单位变更等,如更名、分立、合并、破产、终止等。

2. 缴费管理

(1) 核定缴费基数。医疗保险经办机构根据参保单位职工的工资和退休人员退休金额领发花名册以及信息变更情况,按月或季度核对参保人数;按照统计口径核实参保单位和个人的缴费基数,计算缴费金额,并在规定时间内向参保单位提供基本医疗保险缴费数据,包括参保单位参保人数、参保单位和个人缴费基数以及本季度(月)单位应缴费数额及其职工应缴医疗保险费。对于个人参保人员:缴费基数即为统筹地区上年度职工社会平均工资。

(2) 明确缴费时限。对于单位参保,一般采取按月或按季度征收医疗保险费,因此在缴费时限上,要求下月或下季度的医疗保险费,在上个月末或季度末就应征缴到账。对于个人参保人员,一般要求上年年底一次性缴纳次年全年的医疗保险费。

(3) 征缴医疗保险费。医疗保险费的征缴可通过银行托收,也可直接缴纳。个人缴费部分一般由单位代扣代缴,在单位缴费时一并缴纳。经办机构要密切注意单位和个人缴费到账情况。对于未按时足额缴纳基本医疗保险费的,医疗保险经办机构要及时采取措施催收,必要时发出催收通知书。经过反复催收仍然不按时足额缴纳的,将按照医疗保险的相关规定停止计入个人账户,统筹基金停止支付,并加收滞纳金予以处罚。

(4) 确定医疗保险待遇。单位和个人按时足额缴纳医疗保险费后,按照医疗保险政策规定,计算并划拨计入个人账户,确定个人享受的医疗待遇。

3.2.3　社会医疗保险基金征缴稽核管理

1. 征缴稽核的意义

社会医疗保险的缴费是以工资收入作为缴费基数。在实际操作中,缴费基数一般以单位上报的统计部门年报工资数额为准,个人缴费基数原则上以上年度本人工资收入总额为准。这些政策就给单位提供了可乘之机,时有单位通过少报、漏报缴费基数和逆向选择参保,达到少缴医疗保险费的目的。医疗保险基金征缴稽核,就是医疗保险经办机构依据社会保险稽核的相关法规,对参保单位的参保情况和申报工资基数的情况进行核查,以防止逆向选择参保,保证医疗保险费足额征收,切实维护广大参保人员的合法权益。因此稽核有助于提高医疗保险费应收率和征缴率,做到依法征收、应保尽保,应收尽收。从源头上防范和化解风险,确保医疗保险基金的安全。

2. 征缴稽核的内容

医疗保险征缴稽核主要针对单位参保而言,一般根据单位在参保缴费中可能存在的违规事实确定稽核内容。基金征缴稽核内容主要包括参保稽核和缴费稽核两方面。

(1) 参保稽核。单位为了自身的利益不按照规定参加医疗保险,以逃避缴纳医疗保险费,或将消耗医疗费用大的人群转嫁给医疗保险,这样损害了职工依法享受基本医疗保障的权利,增大了医疗保险的风险。参保稽核的内容如下:一是稽核参保单位不参保行为,即参保单位是不是按照对医疗保险的规定整体性参保,参保人数是否准确;二是稽核参保选择性参保行为,如隐瞒职工人数,少报年龄小的职工人数,多报年龄大的职工人数,没病的健康职工不申报参保,有病、年迈、体弱、多病的职工申报参保等;三是稽核投机性参保行为,如参保单位出现有重病大病患者时才积极办理参保手续。未参保职工突然发生大病时,单位才积极地进行补报、参保;四是核实有关参保信息和人员变更的真实性,如参保单位职工的新增、调出、退休、停保、再次参保、死亡等信息是否准确,有无原始文档等。

(2) 缴费稽核。参保人员的基本医疗保障水平与缴纳保险费的多少无关。一些单位为了自身的利益,达到少缴纳医疗保险费的目的,往往就在申报工资基数上做文章。缴费稽核就是对单位申报的工资和退休金进行准确性核查,具体内容有:一是稽核单位工资收入的真实性,如不按照实际工资收入申报工资,或者不按照国家规定核定个人的工资收入,把一些本应属于工资收入的资金列入申报工资之外等少报漏报的情况;二是稽核退休人员的资格和退休金的准确性,如把一些没有退休的人员按退休人员来申报,把退休人员的退休金不切实际地加大后申报;三是稽核用人单位是否按时足额缴费,包括单位缴费和单位代扣职工个人缴费部分是否准确,缴费是否及时等;四是核实单位欠缴和补缴医疗保险费的情况。

(3) 其他稽核内容。如是否定期向职工公布本单位医疗保险费缴费及个人账户明细情况;是否存在将非参保人员纳入到医疗保险范围内,冒名享受待遇的情况;以及参保单位或参保单位医疗保险经办人员拖欠、截留医疗保险费,造成职工医疗保险待遇不落实等。

3. 稽核程序

依据劳动和社会保障部 2003 年颁布的《社会保险稽核办法》的规定,我国医疗保险征缴稽核的程序如下。

（1）送达通知。提前三日将《医疗保险稽核通知书》送达被稽核单位，将稽核的内容、要求、方法和需要准备的资料等事项告知被稽核单位。特殊情况下的稽核也可以不事先告之。

（2）稽核工作的实施。由两名或两名以上的稽核人员共同进行，并出示有关证件；要求参保单位提供与医疗保险有关的资料；根据工作需要，可通过录音、录像、照相和复制、摘录等方式获取与稽核事项有关的资料和数据；可要求参保人员进行面询；实地稽核完成后，要求被稽核对象签名并加盖单位印章。

（3）稽核审理。对经稽核未发现有违规现象的单位，在稽核结束后 5 个工作日内向其发出《稽核告知书》；对经稽核发现有违规现象的单位，在稽核结束后 10 个工作日内向其发出《稽核整改意见书》。在规定的时间内若被稽核单位没有反馈送达回执，则视为无异议。

（4）稽核整改。被稽核对象有违规现象的，医疗保险经办机构将责令其改正。在规定的时限内拒不整改的，医疗保险经办机构将报请劳动保障行政部门依法进行行政处罚。处罚的内容包括：按照《社会保险费征缴暂行条例》的规定，除按应补缴金额补缴医疗保险费外，从工资申报之日起到稽核完成时间止计算，按日加收 2‰ 的滞纳金；对单位直接负责的主管人员和其他直接责任人员可以处以 1 千元以上 5 千元以下的罚款，情况特别严重的，可以处以 5 千元以上 1 万元以下的罚款。

4．稽核方法

（1）按稽核形式分为日常稽核、重点稽核、举报稽核。日常稽核，指经办机构根据工作需要，不定期对参保单位的参保、工资申报、缴费、待遇领取情况等进行的常规性稽核，稽核已成为日常征缴工作的一部分；重点稽核，指根据征缴工作中发现的突出问题，对特定的内容进行专项稽核；举报稽核，是根据举报线索进行的特定稽核。

（2）按实施地点分为实地稽核和书面稽核。实地稽核，指由稽核人员到被稽核对象所在地进行稽核；书面稽核，指被稽核单位将与本次稽核有关的账簿、报表、凭证、人员档案等各类资料及数据，送交医疗保险经办机构指定的场所进行稽核。

3.3　社会医疗保险基金的分配和使用

在进行基金的分配时，应明确社会医疗保险基金的使用范围，即提取多少比例用于支付运营管理费和作为风险储备基金，多少比例用做医疗费用补偿。一般来说，社会医疗保险基金的分配主要用于：社会医疗保险统筹基金、个人医疗账户基金、管理费、风险储备基金和预防保健费。

3.3.1 社会医疗保险统筹基金

社会医疗保险统筹基金是指由社会医疗保险管理机构统一支配,用于偿付被保险人生病就医医疗费用的基金。社会医疗保险统筹基金主要用于住院费用,亦可用于门诊费用,也可住院和门诊共用,具体支付比例和范围与所采取的医疗保险模式相关。目前,我国实行的城镇职工基本医疗保险采取的是社会医疗保险统筹基金和个人医疗账户基金相结合的模式。按照《职工医疗保险基金财务制度》的规定,职工医疗保险基金收入按使用方式分别形成社会统筹基金收入和个人账户基金收入。国务院有关政策规定:职工个人缴纳的基本医疗保险费全部计入个人账户;用人单位缴纳的基本医疗保险费分为两部分,一部分用于建立统筹基金;一部分划入个人账户。社会统筹基金的用途具体包括以下内容。

(1)被保险人因病住院的住院费用。

(2)社会医疗保险机构批准被保险人因病接受的一些特殊检查或治疗所花费的费用。如心脏彩超、磁共振、CT 和 ECT 及高压氧舱等特殊治疗,这部分费用在个人承担一定比例后余下的部分由社会统筹基金支付。

(3)特殊疾病费用。被保险人因长期患病,个人经济收入无力支付过多的门诊及常规检查费用,由个人申请,并经医疗保险部门批准,由社会医疗保险统筹基金支付一定比例的医疗费用,如糖尿病、白血病等;还包括其他特殊情况下发生的医疗费用,如非定点医院急诊抢救费用,异地安置,异地转诊、转院等发生的医疗费用;一些特殊慢性病、肾透析等也予以支付。

(4)参加基本医疗保险的行政事业单位的职工因公受伤的工伤医疗费用,若在实行工伤保险的地区,则此项费用不在支付之列。

(5)参保育龄妇女的分娩医疗费用,若在建立生育保险的地区,则此项费用不在支付之列。

(6)参加基本医疗保险的老红军、二等乙级革命伤残人员及一些保健对象因病治疗的基本医疗费用。这部分人的费用按基本医疗保险政策支付,通常支付的费用仅是其中的很少一部分,其余的费用通过其他途径予以解决。

基本医疗保险社会统筹基金不予以支付的项目主要有以下内容。

(1)服务项目类。如挂号费、病历工本费等。

(2)非疾病治疗项目类。如各种美容、健美、非功能性整容手术、减肥、增高、健康体检、医疗鉴定等项目。

(3)诊疗设备及医用材料类。如各种自用的医疗设备和器材等。

(4)治疗项目类。如各种器官或组织移植的组织源、近视矫正等。

(5)其他。如各种不育症及性功能障碍的诊疗项目、各种科研性及临床试验性的诊疗项目等。

3.3.2　个人医疗账户基金

个人医疗账户基金的主要来源是：个人缴纳的医疗保险费；用人单位(雇主)缴纳的社会医疗保险费的一定比例；一些用人单位为个人缴纳的个人账户启动资金；个人账户基金运营的利息收入。我国城镇职工基本医疗保险基金中，个人缴纳本人工资总额的2%以及用人单位缴纳本人工资总额的6%中的30%划归到个人账户，即个人医疗账户中的资金达到本人工资的3.8%。在具体的实施过程中，缴费比例由统筹地区根据个人账户的支付范围和职工年龄等因素确定。退休人员参加基本医疗保险，个人不缴纳基本医疗保险费。一般来讲，参保人年龄小疾病少，医疗费用支出低，个人账户中基金积累多，用人单位划入个人账户的比例也就可以适当降低；参保人年龄大，则疾病和医疗费用支出相对较多，个人账户积累较少，因此，划入个人账户的比例可适当提高。另外，因为退休人员个人不缴费，相比在职职工减少了缴费的来源，因此，对退休人员个人账户的计入金额和个人负担医疗费用的比例应给予适当照顾。个人账户的支付范围主要用于参保职工的门诊费用和住院费用中的个人支付部分。

3.3.3　管理费

管理费指医疗保险业务管理所必须开支的费用，是为了保证社会医疗保险事业正常运行的必要费用。一般包括如下内容。

(1) 社会医疗保险管理机构人员的薪水、奖金、福利开销等，有的还包括直接提供医疗保险服务的医生的薪水及医疗设备的添置和更新费用等。

(2) 医疗卫生服务的监督、管理机构人员的出差、劳务支出。

(3) 广告宣传、人员培训、会务、资料报表等公务支出。

(4) 考察调研费用。

(5) 对先进单位和个人的奖励。

(6) 社会医疗保险机构资产的折旧及维护费用。

管理费用的高低主要取决于医疗保险机构所采用的保险模式和管理手段，同时，管理体制、领导方式也是其重要的影响因素。

一般说来，可根据上年度的实际管理费用估算本年度的管理费用，估算公式为

$$管理费用 = 上年实际管理费用 \times 估计本年物价上涨指数$$

这里假定估计的本年物价上涨指数不超过上年，为了保险起见，可考虑加上一定的安全系数，一般为5%。西方发达国家管理费用的提取比例较高，主要包括医疗保险机构管理人员的工资、奖金、福利以及保险机构的设备设施、办公业务费用等，如美国25%，德国13%，印度10.2%。我国目前城镇职工基本医疗保险经办机构大多属于财政全额预算的

管理单位,由于工作人员的工资、奖金、福利以及保险机构的设备设施安置费用、办公业务费用等均是由财政划拨,而不是从基本医疗保险基金中直接提取,故管理费用所占比例较低,大部分地区控制在 2％～5％ 的范围内。实施差额预算管理的医疗保险机构,管理费用所占比例稍微高一些。实施自收自支、企业化管理的医疗保险机构,管理费用所占比例较高。

3.3.4　风险储备基金

风险储备金主要用于偶然突发性的传染病、流行病等超常风险爆发时以及在某一时期内因特定原因出现的社会医疗保险基金入不敷出的情况。依靠这笔基金,仍能保证参保人的基本权益,支付参保人的部分医疗费用。风险储备金的提取比例可根据社会医疗保险的参保规模而定,参保规模越大,依据大数法则,保险系统抗风险的能力就越强,风险储备金的提取比例就可低一些;反之,参保规模较小,则风险储备金的提取比例就要高一些。具体而言,风险储备金的提取方法是根据历年出现的赤字费用与参保人数总和的比值再加上 5％ 的安全系数。风险储备金一般占保险费收入的 4％～8％,进行专户储存。

3.3.5　预防保健费

预防保健费主要提供以下服务。

(1) 0～7 岁的儿童,按国家规定程序要适时接种卡介苗、百白破、麻疹、骨髓灰质炎疫苗的费用。

(2) 产前检查、分娩接生、难产手术、产后探视、婴儿体检等费用。

(3) 适时对有些地方病,如疟疾等疾病进行预防的费用。

预防保健费用的支出主要包括上述三个方面服务内容的成本费、管理费、劳务费以及由于服务不当和不及时所引起的感染、后遗症、死亡等情况的治疗费、赔偿费。由于分娩接生、难产手术及所有治疗费用都可以视为医药费,且可统一支付管理费用,因此预防保健费用的支出实际上只包括成本费、劳务费和赔偿费。

3.4　社会医疗保险基金支出管理

医疗保险承担的抵御疾病风险的功能,是通过基金支出,即支付参保人员的医疗费用来实现的。医疗费用支付是指参保人员因病发生医疗费用后,医疗保险经办机构按照相关的医疗保险政策和操作办法支付保险费用的过程。

3.4.1　社会医疗保险基金支出管理的基本要求

社会医疗保险基金支付医疗费用应按时、足额、合理,体现快捷方便的特点。

1. 严格医疗保险基金支付范围

医疗保险基金支付费用，须限定在医疗保险保障范围内所发生的费用，超出医疗保险保障范围以外所发生的医疗费用，不予偿付。

在我国基本医疗保险制度下，属于医疗保险基金支付范围的费用如下。

(1) 参保人员在定点医疗机构的就医费用和定点药店购药费用；急诊急救，因病情紧急在非定点医疗机构发生的医疗费用；参保人员办理了异地就医手续后，在异地医疗机构发生的医疗费用。

(2) 参保人员就医、购药费用在基本医疗保险药品目录、诊疗项目目录和医疗服务设施目录范围之内的。

(3) 参保人患病就医发生的直接医疗费用。对于非疾病直接造成的费用，如就医交通费、伙食费或医疗事故产生的费用等，医疗保险基金不负偿付责任。

2. 严格医疗费用的支付水平

医疗保险基金支付医疗费用的水平，应严格按照医疗保险的政策规定予以支付，绝不容许超水平支付。

第一，应严格执行医疗费用的报销政策，如起付线、共付比例、封顶线、乙类药品和部分支付诊疗项目个人首付的政策。不得轻易降低起付线，提高封顶线和报销比例。

第二，医疗保险的报销政策，尤其是相关的支付参数（如起付线、报销比例、封顶线）和药品目录、诊疗项目目录等，必须通过计算机软件予以固化，防止报销上的人为因素干预。

第三，加强医院和药店执行医疗保险政策的监督管理，防止诸如将自费药品计入报销药品，将乙类药品按甲类药品处理等变相提高支付水平的行为发生。

第四，医疗费用的支付，以参保人员实际所发生或支出的医疗费用为限，即支付费用不超出参保人员实际发生的医疗费用。

3. 制定方便快捷的支付流程

根据本地实际情况，本着以人为本的精神，制定方便快捷的医疗费用支付流程，提高医疗保险报销效率。

(1) 参保人员医疗费用结算端尽可能前移。参保人员发生医疗费用都是在定点的医院和定点药店，因此，参保人员最好先与医院和药店结算个人需要负担的医疗费用，由医疗保险基金支付的费用，由经办机构和医院、药店进行结算以实现参保人员医疗费用报销的零周期。同时尽量减少参保人员直接到经办机构报销费用，或通过单位申报报销，这不仅报销周期长，个人有经济压力，而且不利于医疗费用的管控。

(2) 支付凭证和手续尽量简化。医疗保险基金支付医疗费用需要相应的凭证，如处方、检查治疗单、住院费用清单、出院证明、发票收据等。由于医疗技术的复杂性，为了有效防止欺诈行为，医疗保险对于报销医疗费用的凭证要求较高，但如果过分追求医疗凭证的完整性，就会导致手续过多，报销繁杂，让参保人员感觉限制条件太多。

（3）涉及多险种报销的尽可能采取一单结算。如果一笔医疗费用由基本医疗保险、补充医疗保险、公务员医疗补助等多个险种支付时，最好一次性完成报销，即常说的一单结算制。

（4）明确医疗费用的申报时限、报销周期。不管是个人申报，还是参保单位、医院药店申报医疗费用都要明确申报时限。如一般本地发生的医疗费用要求在两个月内申报，异地发生的在三个月内申报。对于报销周期，医疗保险经办机构应考虑审核需要，申报费用种类特点（如住院、门诊），资金流转的实际情况，合理确定支付时限要求。

4. 充分反映权利与义务对等

医疗保险基金支付费用，应充分反映权利和义务对等原则。基金不能支付给那些未参加医疗保险的人。不属于医疗保险覆盖范围，或属于覆盖范围但没有参保，或参加医疗保险但没有按时缴纳保险费的，没有理由和权利享受医疗保险待遇。因此医疗费用的支付应与征缴管理进行有效衔接，保证畅通征收和支付渠道。医疗保险经办机构要建立有效的机制，保证征收部门及时更新参保信息，并能实时传输到医疗待遇支付部门。

5. 有利于医疗保险基金的风险控制

医疗保险基金支付医疗费用的各个环节都要有利于风险控制。从参保人员到医疗机构和药店就医购药发生费用，到医疗保险经办机构支付医疗费用的终结，这一过程涉及众多环节和因素，每一环节和因素如果管理不到位都将威胁到基金的安全。因此医疗保险的支付业务要与风险管控同步进行，相互融合，协调推进。在制定支付流程时，要认真分析各环节的风险及其相关因素，并采取措施予以控制。如在参保病人住院时，容易发生冒名住院，为防止这些行为发生，就应在这个环节建立有效的身份识别机制。又如在药店购药容易发生串换药品，开甲药拿乙药的现象，针对这些情况，就应建立核查药店库房进出货记录机制。

3.4.2 医疗费用支付流程

1. 医疗费用支付流程的复杂性

医疗保险基金支付费用的流程，比其他社会保险更为复杂，主要表现在医疗费用支付对象的多样性和医疗服务管理的复杂性。医疗费用支付对象包括参保个人、参保单位，以及定点医院和药店。医疗费用直接支付给参保个人、参保单位，往往是个人看病就医全额垫支医疗费用后，由个人直接或通过单位向医疗经办机构申报，即人工报账过程。由定点医院和药店到医疗保险经办机构申报医疗费用者，这属于一种记账式的结算，医疗保险支付的费用往往由医院和药店先行垫支，再与医疗保险经办机构进行结算。从医疗保险对医疗服务的管理来看，医疗费用的支付包括普通门诊费用、特殊疾病门诊费用、住院费用和异地就医费用等。其中普通门诊费用由个人账户予以支付，相对比较简单，但是特殊疾病门诊费用和住院费用往往涉及多个险种的支付，异地医疗费用涉及异地医疗机构，因此支付流程比较复杂,管理监控难度较大。

2. 常见的医疗费用支付流程

目前在我国基本医疗保险经办中,医疗费用的支付流程有以下几种形式。

(1) 人工结算。参保病人在未连接医疗保险计算机网络系统的定点医院就医和定点药店购药时,由个人全额垫付现金,就医后将支付凭证交所在单位汇总后,向医疗保险经办机构申报,也可以直接由个人申报。医疗保险经办机构审核后,符合医疗保险支付范围的医疗费用支付给单位,由单位支付给参保人,或直接支付给个人。目前部分门诊费用、住院费用、特殊疾病门诊费用,以及异地就医,急诊急救在非定点医疗机构就医的费用,需采用人工结算的方式报销。

(2) 医疗保险卡结算。参保病人在连接了医疗保险计算机网络系统的定点医院就医和定点药店购药时,发生的符合医疗保险范围的诊疗费用和购药费用,可通过医疗保险信息管理系统在定点医院和定点药店收费处设置的读卡设备直接刷卡记账,核减个人账户,由医院或药店先垫支,然后再与医疗保险经办机构结算。医疗保险卡结算方式方便、简捷,但一般无法进行费用审核,目前主要用于个人账户支付门诊医疗费用或药店购药费用的结算。

(3) 住院费用记账结算。通过医疗保险经办机构和医院之间达成协议,参保人员就医发生的医疗费用中由医疗保险支付的部分由医院先垫支,然后医院再与医疗保险经办机构结算。这种方式主要用于住院费用的结算。一般要求参保人员入院时,定点医疗机构验明其参保身份,出院时定点医疗机构按照医疗保险政策计算医疗保险支付费用和个人支付费用,在付清个人支付部分后,病人就可以出院。然后医院将有关的支付凭证(出院证明、住院费用清单、医疗费用结算表、收据等)报送医疗保险经办机构,按定点服务协议约定条款审核后将由医疗保险支付的大部分费用(一般为90%)支付给医院,留下小部分作保证金。通过清单审核和住院病历抽查发现的违规费用一般在保证金中扣除。

(4) 网上实时结算。一些地区在医疗保险计算机网络系统的支持下,建立了医疗保险的网上支付系统,医疗费用可以在网上实时结算。网上结算包括两方面:一是医院将每次的门诊费用或住院费用,按照要求提交网上支付系统进行处理,并通过银行转账方式将支付费用从医疗保险经办机构的银行账户上直接划拨到医院的银行账户;二是一些必须进行人工审核的医疗费用的支付,也可以通过网上支付系统将医疗保险支付的费用直接划拨到个人的工资卡或存折上。医疗费用网上结算更为方便快捷,且具有实时效应,但需要强大的医疗保险网络系统的支持。

3.4.3　医疗费用支付的审核

医疗保险费用支付的审核,是医疗保险经办机构通过一定的方式和手段,对医疗服务和医疗费用的真实性、准确性、合理性进行审查,以最后确定医疗费用支付额度的一种行为,它是医疗保险支付过程中的一个重要环节,是医疗保险经办机构的主要业务内容之一,其目的是既要保障参保人员的基本医疗服务,保证医疗服务供方获得合理的经济补偿,又要杜绝参保人员不合理的医疗需求,控制医疗机构提供过度服务,最终保证医疗费用的合理公平支付。

1. 医疗费用支付审核的依据

(1) 医疗保险行政部门制定的有关医疗保险的法规、条例和管理办法等规章制度。这是医疗费用审核的基本依据。具体来说包括:一是"三个目录",即医疗费用是否属于医疗保险药品目录、诊疗项目目录和医疗服务设施标准规定范围内的费用;二是"两个定点",即医疗费用或购药费用是否发生在定点医疗机构和定点药店;三是"一个结算办法",即是否按照医疗保险规定的结算办法和操作流程结算的医疗费用。如规定按病种付费、按单元付费的费用,如按项目进行了结算,医疗保险就不予支付;四是医疗费用支付政策,如起付线、封顶线、报销比例,以及乙类药品和部门诊疗项目等;五是单位缴费情况和个人的参保信息,如参保人员享受的险种,是否属于医疗照顾对象;六是定点服务协议,对于定点医疗机构和药店报送的医疗费用,还必须按照定点服务协议的约定条款进行审核。

(2) 医疗保险相关部门的规章制度和管理要求。一是卫生行政管理部门的规定,如处方管理办法、病历管理办法、常见病的基本诊疗规范,以及医疗服务流程、医院等级评定资料、医疗机构内部科室管理等相关规定;二是物价部门的规定,医疗服务收费是以物价部门制定的收费标准为依据的,这包括医疗服务收费项目的内涵,收费的最高标准。因此虚报医疗费用、重复收费、自定标准收费、分解收费、超标准收费等违规行为都必须以物价收费标准为依据;三是药品监督部门的规定,如有关药品的质量和安全、处方药品和非处方药品、规范使用药品名称等相关规定。

2. 医疗保险费用审核的主要内容

(1) 支付责任审核。主要审核医疗费用是否该由医疗保险承担支付责任,审核内容包括一些不合规定就医的医疗费用和其他责任承担方应支付的费用,具体有:非本统筹地区参保人员,或未参保人员的医疗费用;参保人员在非定点机构就医购药费用;异地参保人员在非备案的异地医疗机构发生的费用;由其他责任承担方支付的医疗费用,如交通事故、工伤事故及职业病、医疗事故等引起的医疗费用;其他非医疗保险承担责任的医疗费用,如性病、美容整形发生的医疗费用等。

(2) 基本情况审核。主要是对参保身份、报销凭证、患病的基本情况进行审核,以判定发生医疗费用的真实性。包括患者的基本情况,如姓名、性别、年龄、身份证等基本资料是否属实,是否与参保信息一致;报销凭证是否完整真实。如收据发票、处方、检查报告、治疗报告的合法性及真实性,需要审批使用的药品和诊疗项目是否有审批报告;入院出院基本情况,如出入院标准是否与病情相符,出入院诊断符合情况,住院天数是否与出入院时间吻合;医疗费用是否按医疗保险的要求进行分类,如自费费用、乙类药品费用等。

(3) 医疗费用合理性审核。医疗费用的合理性可以通过一些费用指标进行判断。这要求计算单笔医疗费用的相关指标,确定异常判定标准。一般通过费用指标可初步判定医疗费用是否异常,是否需要进一步的清单审核。这样做的目的在于抓住审核重点,提高审核效率。常用的医疗费用合理性的判断指标有:总费用指标,如病情严重程度与住院总费用的一致性,住院天数与总费用的一致性,是否高额医疗费用等;费用构成指标,如药品费用比例、检查治疗费用比例、特殊检查或治疗费用比例等;医疗保险分类指标,如乙类药品、部分支付诊疗项目费用比例,自费药品和自费诊疗项目费用比例;其他指标,如重复住院率、每床日费用、床位费超标情况,特殊检查的阳性情况等。

(4) 费用清单和原始医疗记录审核。通过清单审核或者费用清单与原始医疗记录的对照来检查每一药品、检查治疗项目的合理性和真实性。做到:第一,检查费用清单是不是详细完整,是否存在清单不清的现象;第二,检查费用清单与原始医疗记录是否一致,是否存在虚记医疗费用的情况,医疗记录档案是否完整规范;第三,审核每一诊断治疗项目(包括检查、治疗、药品、材料)是否应该使用,使用次数频率的合理性;第四,检查每一诊断治疗项目的收费是否符合物价收费标准,费用记录是否准确;第五,审核每一诊断治疗项目的医疗保险分类是否准确,是否有自费费用纳入到医疗保险支付范围的情况;第六,审核一些限制性使用的药品、诊疗项目是否按规定使用;第七,审核其他一些可能违规的现象,如挂床住院、分解住院等。

3.5　社会医疗保险基金财务管理

通过医疗保险征缴部门征缴的医疗保险基金,以及医疗审核部门审核需要支出的医疗费用,最终都要通过财务部门来完成。对于医疗保险基金的安全,基金征收是否到账,费用支出是否能畅通,基金保值增值,基金风险控制,基金财务都起着重要的作用。

3.5.1　社会医疗保险基金财务管理的主要内容

社会医疗保险基金财务管理是指对社会医疗保险基金的征缴、医疗费用支付、投资运营等资金活动进行操作和控制的行为。我国社会医疗保险基金的财务管理,以财政部、劳动和社会保障部于 1999 年颁发的《社会保障基金财务制度》为依据。社会医疗保险基金的财务管理除了一般财务管理的内容外,还有其自身的特色。

1. 社会医疗保险基金运行情况监控

为了保证基金的收支平衡,基金财务管理必须对医疗保险基金收支情况进行静态和动态分析,严密监控和预测,建立健全基金赤字的预警机制,及时发现问题,然后采取措施和对策,重要情况要及时报告政府。

2.管理社会医疗保险基金的财务账户

医疗保险基金实行单独的社会保障基金财政专户管理,实行收支两条线,专款专用,任何部门、单位或个人均不得挤占、截留和挪用,也不得用于平衡财政预算。财务管理须做好账户开设、收款、拨款、记账和基金结余管理等财政专户的管理工作。按照统账结合模式,分开核算和管理统筹基金和个人账户资金。严格基金的划拨到位,严格各项医疗保险基金的支付范围和责任,互不挤占。

3.社会医疗保险基金年度收支预算和决算工作

财务管理要求制定医疗保险基金年度预算支出计划或方案,并提出相应措施,保证落实。同时要求对过去年度的医疗保险基金的收支情况,进行决算和分析,发现存在的问题,以便来年采取相应的对策。

4.监督医疗保险基金的征收和审核

部门的医疗费用支出在医疗保险经办机构内部,财务管理是医疗保险基金征收和支出管理的最后一个环节,是医疗保险基金内部控制的一部分。这种监督控制包括收支程序、凭证、审批等是否符合财务制度,符合社会保险财务管理的要求,是否按照医疗保险基金支出范围和标准进行支付等。

5.社会医疗保险基金财务分析

包括医疗保险保障水平、统筹基金征缴率、基金赔付率、基金流向、基金结余率的分析,以及对基金累积率、保值增值率的分析。这些分析将有利于基金财务预测和财务决策。

3.5.2　社会医疗保险基金账户管理

社会医疗保险基金的财务账户涉及基金收入户、财政专户和基金支出户。基金收入户主要用来管理医疗保险基金的收入,基金支出户主要用来管理支出的医疗费用,二者之间通过财政专户予以关联,即基金收入户的资金按规定拨入财政专户,根据经办机构的申请,财政专户的资金拨入基金支出户,用来支出医疗费用。

1.基金收入户

医疗保险基金的收入需存入基金收入户。我国社会保险财务制度规定,医疗保险基金管理和其他社会保险在同一经办机构管理的,经办机构可以根据工作需要在同级财政和劳动保障部门共同认定的国有商业银行设立社会保障基金收入户,在医疗保险管理机构独立设置的地区,设立社会医疗保险基金收入户。实行税务机关征收社会保险费的地区,不设基金收入户。基金收入户的用途是暂存医疗保险基金的各项收入和向财政专户划转基金,不得发生其他支付业务。医疗保险基金收入按规定分别计入统筹基金和个人账户基金,因此基金收入账户暂存统筹基金收入和个人账户收入。统筹基金收入包括按规定计入统筹账户的缴费单位缴纳的基本医疗保险费收入、统筹账户基金利息收入、财政补贴收入、上级补助收入、下级上解收入、其他收入;基本医疗保险个人账户基金收入包括按规定应计入个人账户的缴费单位缴纳的基本医疗保险费收入、个人缴纳的基本医疗保险费、个人账户利息收入、转移收入等。税务机关或经办机构必须定期或定额将基金收入户上的资金缴存财政专户,未按规定执行的,财政部门委托各开户银行于月末将全部基金收入划入财政专户,因此基金收入账户月末无余额。

2. 基金支出户

医疗保险基金的支出通过基金支出户来实现。我国有关的财务制度规定,医疗保险经办机构须在同级财政和劳动保障部门共同认定的国有商业银行设立社会保障基金支出户。基金支出户的主要用途是:接受财政专户拨入的基金;暂存保险支付费用及该账户的利息收入;支付基金支出款项;划拨该账户资金利息收入到财政专户;上缴上级经办机构基金或下拨下级经办机构基金。基金支出账户除接受财政专户拨付的基金及该账户的利息收入外,不得发生其他收入业务。基金支出户的支出包括:保险待遇支出、转移支出、补助下级支出、上缴上级支出、其他支出。医疗保险基金的补助下级支出、上缴上级支出和其他支出在统筹账户中列支,转移支出在个人账户中列支。保险待遇支出项目按规定分别形成统筹待遇支出和个人账户待遇支出。统筹待遇支出是指按统筹基金支付政策的医疗费用支出,个人账户待遇支出是指按个人账户支付政策的医疗费用支出。基金支出户的支出按预算和计划进行。一般要求经办机构根据财政部门核定的基金年度预算及月度收支计划,按月填写财政部门统一印制的用款申请书,并注明支出项目,加盖本单位用款专用章,在规定的时间内报送同级财政部门。对不符合规定的凭证和用款手续的,财政部门有权责成经办机构予以纠正。财政部门对用款申请审核无误后,在规定的时间内将基金从财政专户拨入基金支出户。

3. 财政专户

财政专户是财政部门按照国务院有关规定设立的社会保障基金专用计息账户,在同级财政和劳动保障部门共同认定的国有商业银行开设。财政专户、收入户和支出户在同一国有商业银行只能各开设一个账户。

财政专户的用途:一是接收各种与医疗保险基金相关的收入,包括税务机关或经办机构转入的保险费、税务机关或收入户暂存的利息收入及其他收入,基金购买国家债券兑付的本息收入,该账户资金的利息收入以及支出户转入的利息收入,财政补贴收入,上级财政专户划拨或下级财政专户上解的基金;二是按规定拨付支出资金,包括根据经办机构的用款计划向基金支出账户拨付基金,向上级或下级财政专户划拨基金。财政专户发生的利息收入直接计入财政专户,基金支出账户的利息收入定期转入财政专户。

3.6　医疗保险基金管理制度现状及存在的问题：
以上海为例

截至 2006 年年底,上海市城镇职工基本医疗保险的参保单位已超过 14 万家,覆盖机关、事业、社会团体和各种所有制企业,参保人数超过 1 100 万人。通过几年的运行,医保基金总体收支基本平衡,基本满足了不同人群的基本医疗服务,得到了企业和参保人员的认可,也得到了社会各方的认同。

3.6.1　上海市医疗保险基金概况

上海市医疗保险将城镇全体劳动者都纳入到保障范围(简称城保),所有参保人员每年都要缴纳一定的医疗保险费,基本医疗保险费由用人单位和职工双方共同负担。医疗保险基金由基本医疗保险基金和地方附加医疗保险基金构成,其中基本医疗保险基金由统筹基金和个人账户两部分组成。用人单位缴纳费率为职工工资总额的 10%,职工缴费率为本人工资收入的 2%。此外用人单位按照职工工资的 2%缴纳的地方附加保险费,构成地方附加医疗保险基金。参保人员生病时,医保统筹基金支付医疗费的 80%以上,个人支付的占总体费用的 20%以内。他还在"个保"、"镇保"、"特殊人员医疗保险"等医保方面均有相应政策。回顾上海医保改革历程,按照市委市政府提出的改革原则,从基本国情出发,积极推进上海职工医疗保险制度改革,不断扩大医保覆盖人群,不断扩大医保覆盖项目,使广大人民群众切实从医保的改革中得到实惠。医疗保险的改革和完善主要从以下几方面入手。

(1) 以劳保医疗制度改革为切入点,基本实现了医疗保险覆盖全体城镇职工的目标,并且不断扩大医疗保险覆盖面,努力实现医疗保险全民覆盖目标。

(2) 以建立社会医疗保险机制为重点,在较短的时间内实现了由政府财政或企事业单位单一出资到用人单位和职工共同缴纳医疗保险费的转变和由政府或企事业单位管理职工医疗费用向社会统筹和个人医疗账户相结合的转变。

(3) 以适应社会主义市场经济体制需要为目标,做好医疗保障配套改革,初步形成了以基本医疗保险为主体、地方附加医疗保险为辅助、多种医疗保障方式为补充、社会医疗救助为托底的多层次医疗保障体系。

(4) 以现代科学技术为依托,在一年多时间内,建立了国内覆盖人群最大、联网结算的服务点最多、系统反应最快的医疗保险费用结算审核计算机管理系统。

3.6.2　上海医保基金管理机构和组织结构状况

上海市医疗保险基金管理机构是按照"政事分离"原则进行设计的,将政府管理、政策制定和具体的事务操作分开设立,以利于医保事业的发展和加强对医保基金日常运转的监管。医保局是负责本市职工医疗保险工作的行政机构,其主要职责是制定医疗保险的地方性法规、规章的草案和政策,并负责医保基金的日常运作与管理。它在行政上是一个二级局,即隶属市劳动保障局,但其业务上完全独立,由市政府直接管理。医保局下设十个职能处室,其中业务部门有:监督管理处、职工医疗保险处、社区居民医疗保障处、法规处、计划财务处、福利保障处及总控办。

医保局下属的四个中心负责政策执行和基金管理的具体操作性事务,负责基金的日常运作和管理。四个中心的主要职责如下。

(1) 上海市医疗保险信息中心

开发、维护与管理上海市基本医疗保险费用结算审核计算机管理系统,制定医保定点医药机构与医疗保险管理机构之间的数据规范及技术标准,监管医保定点医药机构计算机系统的安全运行,开发医保定点医药机构的费用结算系统,保证定点医药机构的费用联网结算、收集。整理,统计和分析上海市基本医疗保险运行信息,对医药费用的结算实施网上监控。承办上海市医疗保险局交办的其他事项。

(2) 上海市医疗保险实务管理中心

制定个人医疗账户管理和结算操作规范,管理本市职工基本医疗保险个人账户,按时记录、调整本市职工医疗保险个人医疗账户资金,结算本市职工基本医疗保险统筹基金,向参保职工提供基本医疗零星报销费用的审核结算等服务,定期向社会保险管理机构采集与交换信息。承办上海市医疗保险局交办的其他事项。

(3) 上海市医疗保险监督检查所

根据上海市医疗保险监督检查的有关文件和操作规范,以及年度与专项医保监督检查计划,开展医保监督检查工作。负责对各类医保定点医药机构违规行为、本市基本医疗保险门诊高额费用和就诊次数异常的人员以及医保举报、投诉事项进行监督检查,并向上海市医疗保险局提出处理建议。指导,协调各区县医保监督检查业务。承办上海市医疗保险局交办的其他事项。

(4) 上海市医疗保险咨询服务中心

负责上海市医疗保险的电话咨询服务。通过 021—962218 特服号提供本市医保政策和经办事务的咨询服务;直接或协调处理来电中有关医疗保险政策及其相关事宜,并将结果及时答复来电人;汇总、统计和分析来电人反映的医疗保险方面的问题与意见,并向上海市医疗保险局提出建议。承办上海市医疗保险局交办的其他事项。

医保局还负责管理各区县医保机构,各定点医院的医保办公室,指导其在医保方面的具体业务。

3.6.3　上海医保基金支付流程和控制手段状况

从基金运作管理的整体来说,基金的筹资,支付和保值增值是基金管理的重要组成部分。医保基金的支付,从支付对象来看,主要分为两大类:支付医药机构和支付参保人员报销费用,其中支付给医药机构占到 97% 以上。对医药机构的支付结算目前采取"预算管理"的方式,即年初对各个定点医药机构制定预算,结算时实行"按月预付、按季通报,半年考评、年终清算"的办法;对个人报销则有医保管理部门的社会服务窗口来完成。下面介绍不同支付对象的支付流程。

(1) 对医疗单位的支付流程

对定点医药机构、定点药房、单位内部医药机构的支付,在上海约占整个医保基金的支付的 97%,因而对该支付流程的控制也尤为重要。医保的支付虽然通过"总控"制度得以实施,但是每月医疗单位需要将其实际业务向医保机构申报,通过申报的费用才能在最后的"总控"支付中得以体现。

其具体流程如下。

定点医药机构、定点药房、单位内部医药机构的实际发生业务量首先向所在地的区县医保办公室申报结算医保费用,经过区县医保办初审汇总后由区县医保办填写汇总表报送市医保事务中心。医保事务中心审核部在收到区县医保办初审通过的结算报表和支付凭证后,根据基本医疗保险有关规定进行审核,作出准予支付、暂缓支付或者不予支付的终审决定,并上报市医保局计财处。市医保局计财处决定每月实际发放金额,要经相关局长批准后,通知事务中心基金结算部再发放。

值得注意的是终审过程会对发生高额费用的人员进行专门审核;事务中心基金结算部需依据允许拨付金额向计财处申领基金。

(2) 个人零星报销程序

零星报销主要指参保人员因急救,医保卡报损、报失等原因未能使用医保卡实施医疗消费,或就医关系在外省市参保人员在当地定点医院发生医疗费用的,需要由医保支付而造成的报销业务。个人零星报销业务在整个医保支付中所占的比例虽然不高,但是由于采用现金报销形式,因此,变得非常重要。

其具体流程描述如下。

零星费用报销人首先要到市、区县的事务中心的报销窗口提交零星费用报销申请。由预审人员核对申请人及委托代办人的就医凭证及身份证的有效性和合法性,当金额超过一定限额,就需要预约主管领导进行审核。经过审核,结算人员在计算机内记录相应的审核信息,确保结算信息的准确性。最后由出纳人员核对信息后办理现金收支业务。值得注意的是在每天的窗口服务结束后,应当由专人负责与出纳人员核对现金收支汇总金额,完成日对账工作。

3.6.4　上海医疗保险基金管理中存在的问题

1. 来自参保人员的压力增大

(1) 参保人员多。由于我国人口众多,对我国社会医疗保险来说,来自参保人员的压力与世界其他许多国家比较起来显得更为重大。

(2) 人口老龄化。据 2006 年人口统计资料,上海 60 岁以上人口占总人口的比重为 20.1％,达 275.62 万人,老龄化程度相当高。

由于 20 世纪五六十年代的高出生率及 20 世纪 70 年代以来生育率的快速下降,也加速了我国老龄化的进程。伴随人口老龄化出现的一个事实是:疾病的主要类型和死亡的主要原因已由过去的以传染病为主转向以非传染性的慢性病为主。这样就使得社会整体对医疗保险的需求进一步增加,医疗保险成本也将进一步增加。同时人口老龄化的另一个直接影响就是由于退休后人们的生存时间延长,不用缴纳保险费而享用医疗保险的时间也就延长了,因此社会医疗保险的压力也随之增大。

2. 医疗费用增长速度快

医疗费用占 GDP 的比重逐年上升,其增长速度等于甚至超过了经济和财政的增长速度,也超过了医保基金筹资的增长速度,这毫无疑问将引起医保基金收支平衡的问题,而收支平衡是医保基金亟待解决的一个重要问题。此外,在医疗费用的增长中起关键作用的是药品费用的增长。

3. 医保基金浪费情况严重

由于传统医疗保险制度对供需双方缺少约束机制,职工节约医疗费用的意识淡薄,加上改革给人们带来的阵痛,使得一些参保人员无病呻吟、小病大养、盲目追求高标准医疗消费;还有些参保人员将医保卡借给非参保人员用,或者假装有病,开出药品给家人使用。同时一些医疗单位在利益驱动下,为追求业务收入,大量经销贵重药、进口药、高档营养药。医生给病人开"大处方"、"人情方"的现象相当普遍,甚至开出日用消费品的现象也屡有发生。

4. 医保基金使用效率低

医保基金的使用效率是指社会医疗保险的成本效率,即单位医保费用所提供的医疗服务的数量和质量。卫生费用和医疗保险覆盖率的国际比较表明,我国医疗保险制度的成本效益较差。20 世纪 90 年代中期,我国卫生总费用占 GDP 的比重为 4.0％左右,但这只覆盖了 20％的人口,而且患者共付的比例相当高。相比之下,英国用相当于 GDP 的 5.8％的卫生总费用实现了全民免费医疗,新加坡与日本分别用 3.4％和 7.4％的 GDP 实现了低共付水平的广覆盖,我国的台湾省则以 5％的 GDP 实现了全民健康保险。

本 章 小 结

本章介绍了我国现行医疗保险制度的形成和发展状况,医疗保险基金及其征收和支付方式,医疗保险费用的分摊和支出项目,以及城镇职工基本医疗保险和农村合作医疗保险基金未来收支的测算方法等。

我国当前的社会医疗保险包括城镇职工基本医疗保险制度和新型农村合作医疗保险制度。城镇职工基本医疗保险采取社会统筹与个人账户相结合的模式,保险费由单位和个人按工资的一定比例缴纳,分别计入社会统筹基金和个人账户基金。新型农村合作医疗保险是由政府支持,农民自愿参加,以大病统筹为主的农民医疗互助制度,地方和中央政府对参保者给予一定的缴费补贴。医疗费用采取被保险方和保险方共保的方式,在规定的最低限额和最高限额范围内,医疗保险基金按一定比例支付医疗费用。医疗费用的支出项目分为医药补偿费、风险储备金和管理费。我国城镇职工基本医疗保险的管理费按规定由财政预算解决,不从医疗保险基金中支出。医疗保险的年度收入包括单位和个人的缴费及其投资收入,取决于制度覆盖范围、参保率、参保者工资水平、缴费率、医疗保险费收缴率、投资回报率等因素。

扩 展 阅 读

1. 程晓明. 医疗保险学. 上海：复旦大学出版社,2010.
2. 郑功成. 中国社会保障改革与发展战略：医疗保障卷. 北京：人民出版社,2011.
3. 索特曼,布赛,菲盖拉斯. 社会医疗保险体制国际比较. 北京：中国劳动社会保障出版社,2009.

关 键 词

医疗保险(medical insurance)　医疗保险基金(medical insurance funds)

思 考 题

1. 什么是医疗保险基金?
2. 医疗保险基金与其他基金相比具有哪些特殊的性质?
3. 医疗保险基金的筹集方式主要有哪些?
4. 医疗保险基金的支付方式主要有几种?
5. 当前我国医疗保险基金的管理中存在着哪些问题? 如何解决?

严格查处骗保行为　维护医保基金安全

因涉嫌卷入"2·1 诈骗医保基金案件",一些贪图小利的医保参保人追悔莫及,他们的 200 多张医保卡因违规出借给别人被医保管理部门暂停使用。对此,市医保管理部门提醒广大参保人员,对于将医保卡出借给他人并进行贩卖药品的行为,情节严重,构成犯罪的,以诈骗罪定性,将依法追究其刑事责任。同时也欢迎广大市民对上述行为积极举报,共同维护参保人员的权益。

据上海市医保管理部门相关负责人介绍,医保基金是广大参保人员的救命钱,利用医保卡滥配药、贩卖药的行为,不仅会造成医保基金浪费,最终损害的是参保人员自己的利益。参保人员一旦由于上当受骗等原因出借或借用医保卡,不仅面临停止医保卡结算、退回违规医疗费用的后果,而且情节严重的可能会面临法律的制裁。

据了解,为保障参保人员合法权益和医保基金安全,上海市医保管理部门自医保制度实施以来不断加强监管,采取了一系列措施严厉查处各类违规违法行为。仅 2009 年,经上海市医保监督检查所查实,要求违规出借、冒用医保卡或使用医保卡滥配药的个人退回违规费用达 2 118 人次,对其中情节严重的还同时处以行政罚款。截至 2010 年 3 月底,医保管理部门移送司法机关查处的案件共 32 起,涉案人员 39 人,判处刑罚的有 31 人。随着网上监控日益完善,上海市医保管理部门将对有出租、出借医保卡等违规行为的参保人员采取更为严格的监控和限制医保卡结算等措施。今后,上海市医保管理部门还将进一步完善门急诊委托代配药制度,探索实行代配药凭证制度,通过要求代配药人员提供相关的身份证明、规范代配药程序等措施,加强对医保的监督管理。

根据《上海市城镇职工基本医疗保险办法》规定,个人违反医保规定,造成医疗保险基金损失的,医保管理部门将追回已经支付的医疗费用,并可处以警告、100 元以上 1 万元以下罚款,医保管理部门可以停止参保人员医保卡网上结算功能,因患病发生的医疗费用通过现金予以报销,增加其违规成本。为保障广大参保人的利益,2001 年,上海市医保管理部门和上海市公安局联合发布《关于依法惩处骗取医疗保险基金行为的通告》,明确指出,对于将医保卡出借给他人并进行贩卖药品,骗取医保基金的行为,构成犯罪的,将依法追究其刑事责任。2002 年,上海市医保管理部门出台《上海市城镇职工基本医疗保险门诊费用和就诊次数异常的审核管理试行办法》,明确规定对参保人员就诊次数及门诊费用异常的行为进行重点审核,对违规人员除予以追回违规款项、行政处罚外,涉嫌犯罪的还要移交司法机关进行处理。

目前,上海市、区各级医保管理部门在对参保人员门急诊就医行为的监管中已形成定期审核、网上监控和宣传预防的系统管理模式,并与公安、药监等部门建立了联合执法机制。通过几年的努力,上海市对一批违法违规人员进行了依法查处,异常就诊的情形得到了一定的遏制。

上海市医保管理部门提醒参保人员,一旦发现自己的医保卡遗失时,可立即拨打挂失电话(社保卡:962222,医保卡:962218)挂失,一旦发现有人在定点医院和定点药店从事滥配药、贩卖药品的违法行为,可及时通过拨打服务热线(021—62723106)向市医保监督检查所举报。

(本案例资料来源:上海医保网. http://www. shyb. gov. cn/ybdt/201009/t20100927_1121062. shtml. 2010.)

请思考:为什么在医疗保险基金管理中更容易出现所谓"骗保"、"套保"等行为?针对这种情况,应该通过何种方式加以解决?

第 4 章

失业保险基金管理

 本 章 提 要

通过本章学习,读者要掌握失业保险基金的概念、特征及其作用。了解我国失业保险基金制度的基本框架及其运行情况,了解国外的失业保险基金管理制度实践及对我国的启示,并认识当前我国失业保险基金管理中存在的问题和完善失业保险基金制度的方向。

4.1 失业保险基金概述

失业保险是指国家通过立法强制实行,由社会集中建立基金,对因失业而暂时中断工资收入的劳动者提供一定时期的物质帮助及再就业服务的制度。失业保险制度的存在,既能够保障失业者失业期间的基本生活,使其免遭失业带来的贫困,促进失业人员再就业,也能够调节经济需求,调节收入分配,保持经济健康发展。同时,作为社会的"安全网"和"减震器",为社会平稳运营保驾护航。而实现这些目标,就必然要求有比较完善的失业保险基金管理制度与之相配套。

4.1.1 失业保险基金的概念

失业保险基金是指国家通过立法强制实行的,由社会集中建立基金,对因失业而暂时中断生活来源的劳动者提供物质帮助的制度。

我国失业保险基金由下列各项构成的:

① 城镇企业、事业单位职工缴纳的失业保险费;

② 失业保险基金的利息;

③ 财政补贴;

④ 依法纳入失业保险基金的其他资金。

4.1.2　失业保险基金的特征

1. 普遍性

失业保险基金主要是为了保障有工资收入的劳动者失业后的基本生活而建立的,其覆盖范围包括劳动力队伍中的大部分成员。因此,在确定适用范围时,参保单位应不分部门和行业,不分所有制性质,其职工应不分用工形式,不分家居城镇、农村,解除或终止劳动关系后,只要本人符合条件,都有享受失业保险待遇的权利。我国失业保险适用范围的变化情况,呈现逐步扩大的趋势,从国营企业的四种人①到国有企业的七类九种人②和企业化管理的事业单位职工,再到《失业保险条例》规定的城镇所有企业事业单位及其职工,充分体现其普遍性原则。

2. 强制性

失业保险基金是通过国家制定法律、法规来强制实施的。按照相关法律规定,在失业保险制度覆盖范围内的单位及其职工必须参加失业保险并履行缴费义务。根据有关规定,不履行缴费义务的单位和个人都应当承担相应的法律责任,体现了其强制性原则。

3. 互济性

失业保险基金主要来源于社会筹集,由单位、个人和国家三方共同负担,缴费比例、缴费方式相对稳定,筹集的失业保险费,不分来源渠道,不分缴费单位的性质,全部并入失业保险基金,在统筹地区内统一调度使用以发挥互济功能。覆盖范围包括城镇的国有企业、集体企业、外商投资企业、港澳台投资企业、私营企业等各类企业及事业单位都必须参加失业保险并按规定缴纳失业保险费。上述单位的职工也要按规定缴纳失业保险费,失业后可以享受失业保险待遇。社会团体及其专职人员、民办非企业单位及其职工、城镇中有雇工的个体工商业主及其雇工是否参加失业保险,这是由省级人民政府确定。

4.1.3　失业保险基金制度的积极作用

我国建立失业保险基金制度至今已有20多年,其发挥的积极作用主要表现在以下方面。

1. 有效地保障了失业人员的基本生活

如果没有失业保险基金制度,仅仅靠失业者个人在失业期间维持自己和家人的生活,同时寻找新的工作是非常困难的。通过施行失业保险基金制度,为失业者定期发放失业

---

①　即国务院1986年颁布的《国营企业职工待业保险暂行规定》(已废止)中规定的:宣告破产的企业的职工、濒临破产的企业在法定整顿期间被精减的职工、企业终止或解除劳动合同的职工和被辞退的职工。

②　国务院1993年颁布的《国有企业职工待业保险规定》(已废止)中定义的待业职工,除上述四种人之外,还包括:按照国家有关规定被撤销、解散企业的职工、按照国家有关规定停产整顿企业被精减的职工、企业除名或开除的职工、按照法律、法规规定享受待业保险的其他职工。

保险金及相关待遇,从而使失业者及供养人口的生活得到保障,帮助他们渡过了难关,特别是近几年来,使用失业保险基金每年救助的人员都在 300 万人次以上,对维护社会稳定发挥了积极作用。

2．促进了失业人员再就业

按照我国有关规定,从失业保险基金中支出部分资金,用于"职业培训、职业介绍补贴",使失业者在失业期间能够有机会提高自己的能力素质和技术水平,有利于劳动者既有能力的充分发挥,帮助其中大多数人员重新走上就业岗位,实现了再就业。

3．有助于支持企业改革,提高经济活动效率

实施失业保险制度,保障了失业人员的基本生活:一方面减轻了国有企业的就业压力和改革的压力,推动了改革措施的顺利出台和实施;另一方面通过为非国有企业的从业人员提供失业保险,有利于劳动力向这些企业流动,促进非国有企业更快发展。由于有了失业保险制度,减轻了企业向外排放冗员时的社会经济压力,减轻了经济波动的剧烈程度,也有助于提高经济资源配置的合理性,有助于提高经济活动效率。

4．推进了事业单位的改革

为深化事业单位人事制度改革,建立适应社会主义市场经济需要和符合事业单位特点的人事管理制度,保障事业单位和职工的合法权益,事业单位人员实行聘用制,按照市场原则优化人员结构,减员增效成为事业单位的必然选择。因此,将事业单位人员纳入失业保险制度范围,对事业单位特别是国有事业单位按照市场用人机制进行人事管理,对促进其自身发展具有重要意义。

4.2　我国失业保险基金的收支管理

4.2.1　失业保险基金的筹集管理

《失业保险条例》(中华人民共和国国务院令第 258 号 1999 年 1 月 22 日)规定了我国失业保险费由缴费单位及缴费个人按缴费基数的一定比例分别缴纳,包含了筹集范围、缴费基数、缴费比例和缴费方式等内容。

1．失业保险基金的筹集范围

我国失业保险费的征缴范围是:城镇企业、事业单位及其职工。城镇企业包括国有企业、城镇集体企业、外商投资企业、城镇私营企业和其他城镇企业。《社会保险费征缴暂行条例》规定,省、自治区、直辖市人民政府根据当地实际情况,可以规定将社会团体及其专职人员、民办非企业单位及其职工以及有雇工的城镇个体工商户及其雇工纳入失业保险的范围。

2．失业保险基金的缴费基数

失业保险费的缴费基数(即费基)是指计算缴费单位或者缴费个人缴纳失业保险费的

资金起点数目。在我国,缴费单位的缴费基数是该单位的工资总额,职工的缴费基数是本人工资。按照《失业保险条例》规定,城镇企业事业单位以本单位工资总额作为缴费基数。缴费单位的工资总额按照国家有关工资政策认定其构成和计算方式。它是指单位在一定时期内直接支付给本单位全部职工的劳动报酬总额。职工个人工资是指由单位支付的劳动报酬,一般包括基础工资、职务工资、级别工资、工龄工资和奖金,各种补贴和福利不计入职工个人的工资当中。我国现行工资总额的口径按国家统计局发布的《关于工资总额组成的规定》执行。城镇企业事业单位职工以本人工资作为缴费基数。个体工商户本人、私营企业主等非工薪收入者,可以以当地上一年社会月平均工资作为缴费基数。

3. 失业保险基金的缴费比例

失业保险基金的缴费比例(即费率)是指缴费单位或者缴费个人缴纳失业保险费占其缴费基数的比例。按照《失业保险条例》规定,城镇企业事业单位按照本单位工资总额的2%缴纳失业保险费;城镇企业事业单位职工按照本人工资的1%缴纳失业保险费。定率征收失业保险费是我国失业保险制度建立以来一直采用的做法,也是国际通行做法。

失业保险费的费率高低,直接影响到失业保险基金的支付能力。因此,有必要确定科学合理的缴费比例,并建立相应的费率调整机制。即如果根据已确定的费率,在保证一定收缴率的情况下,失业保险基金能够支付失业人员的失业保险金、有关人员的其他失业保险待遇及其他应当从失业保险基金中支付的项目,这时,已确定的失业保险费率就无须调整。如果根据已确定的费率,在保证一定收缴率的情况下,失业保险基金在支付失业人员的失业保险金、有关失业人员的其他失业保险待遇以及其他应从失业保险基金中支出的项目时,出现资金困难,在省级调剂和地方财政补贴后仍解决不了问题的,失业保险费率就应适当提高,反之,失业保险费率也应适当降低。

4. 失业保险基金的缴费方式

企业缴纳养老保险费按照劳动和社会保障部下发的《社会保险费申报缴纳管理暂行办法》的有关规定执行:第一,缴费单位应在每月5日前,向社会保险经办机构办理缴费申报,报送社会保险费申报表、代扣代缴明细表以及社会保险经办机构规定的其他资料;第二,缴费单位必须在经办机构核准其缴费申报后3日内以货币形式全额缴纳失业保险费。缴费方式可采取到其开户银行缴纳,也可以由缴费单位与社会保险经办机构约定的其他方式缴纳。由于个体工商户本人、私营企业主等非工薪收入者的缴费基数在一年内没有变化,因此,其缴纳的失业保险费既可以采取按月缴纳的方式,也可采取按季、按年缴纳的方式。具体缴费方式由各地根据实际情况自行确定。

4.2.2　失业保险基金的支付管理

1. 失业保险基金的支付原则

失业保险基金的支付应遵循以下原则。

（1）确保失业者及其赡养者的基本生活需要原则。对于失业者来说,失业保险金是其主要收入来源,因此,失业者及其家属的生活水平就由失业保险金给付水平确定。为了维护失业者的基本生活需要,失业保险金要起到保障作用,最低生活水平是失业保险的最低界限,失业保险给付标准不应低于也不应等于最低生活水平所需的收入。因为失业保险的目的是保障失业者享有基本的而不是最低的生活水平,否则,若其标准是最低生活水平,则是失业救济的功能,而非失业保险的功能。

（2）给付标准应适当低于失业者原有工资水平的原则。这是因为,给付应以奉献为准绳。在失业期间,失业者对单位、国家和社会都无所奉献,理应获得低于就业时的收入水平,并限制一定的给付期限。超过此期限者,则按社会救助的标准给付,这样有利于促进就业。否则,若给付标准等于原有的工资水平,既会增加失业保险的财政负担,也会混淆就业与失业的区别,使失业者坐吃失业保险,不愿意重新就业。

2. 失业保险基金的支付条件

我国《失业保险条例》规定,具备下列条件的失业人员,可以领取失业保险金。

（1）按照规定参加失业保险,所在单位和本人已按照规定履行缴费义务满一年的。这是最主要的条件。按照规定参加失业保险,是指失业人员原来在城镇企业、事业单位工作,并非新生劳动力,如果缴费时间不满一年,失业后不能领取失业保险金。

（2）非因本人意愿中断就业的。一般来讲,中断就业分为两种:非自愿中断就业,即失业人员不愿意中断就业,但因本人无法控制的原因而被迫中断就业;自愿中断就业,即失业人员因自愿离职而导致失业。只有非自愿失业才能领取失业保险金,这是国际上大多数国家在失业保险立法中所遵循的一条基本原则,也是为了杜绝有的职工故意失业而获取失业保险金。我国借鉴国际通行做法,也将自愿中断就业人员排除在享受失业保险待遇的范围之外。

（3）已办理失业登记,并有求职要求的。办理失业登记是失业人员领取失业保险的必经程序,目的是掌握失业人员的基本情况,确认其资格。失业登记是失业人员进入申领失业保险待遇程序的重要标志。失业人员享受失业保险待遇,还须有求职要求。这是考虑到失业保险的一个重要功能是促进失业人员再就业。为了实现这一目的:一方面需要加快经济发展,创造更多的就业岗位,同时,还需要发展和完善就业服务事业,为失业人员实现再就业提供服务;另一方面也要求失业人员积极主动地利用各种就业机会和就业服务设施,不断提高自身素质,增强竞争就业的能力,尽快实现再就业。在认定失业人员是否有求职要求时,应以其是否在职业介绍机构登记求职,并参加再就业活动为衡量的标准。如果失业人员在享受失业保险待遇期间,重新就业或者在此期间其生活待遇可以通过其他的途径和来源得到保障,在这种情况下,就应当停止其享受失业保险待遇。

根据我国失业保险的实际情况,我国规定失业人员在领取失业保险金期间,按照规定同时享受其他失业保险待遇。失业人员在领取失业保险金期间有下列情形之一的,停止领取失业保险金,并同时停止享受其他失业保险待遇:重新就业的;应征服兵役的;移居境外的;享受基本养老保险待遇的;被判刑收监执行或者被劳动教养的;无正当理由,拒不接受当地人民政府指定的部门或者机构介绍的工作的;有法律、行政法规规定的其他情形的。

3. 失业保险基金的给付期限

失业保险负有保障失业人员的基本生活和促进就业的双重任务。规定失业津贴的给付期限,是为了发挥失业保险的整体作用,既保证暂时的生活,又强调再就业。确定失业津贴的给付期限,应以使大多数失业者重新就业前不过多地减少收入为原则。失业保险的给付期限实际上包括两方面的期限:一是确定失业保险待遇开始给付的期限,即等待期限;二是确定失业保险待遇的享受期限。

等待期限即失业者在领取失业保险金之前经过等待的一段时间。此项规定,有利于减少小额给付的烦琐工作,并可以控制给付数量。对于等待期限,根据 1988 年国际劳工大会第 75 届会议的决议,失业者领取保险金的等待期限,原则上不得超过:

(1) 每次失业后 3 天;

(2) 12 个月内失业后 6 天;

(3) 两者的结合。

每次失业,失业保险金的等待期可以延长至 7 天。目前,世界各国的立法一般都将失业保险给付的等待期限定在 7 天之内。新西兰、日本规定为 7 天,英国规定为 3 天,一些发达国家如德国、西班牙、葡萄牙、法国等则完全取消了等待期限。而一些发展中国家由于受财政能力的束缚,其等待期一般较长,如加纳为 30 天,厄瓜多尔是 60 天。

失业保险的享受期限是失业者享受领取失业保险金的最长时间。关于失业保险待遇的享受期限,国际劳工组织第 44 号公约规定,无论是津贴还是补助,支付期应为每年至少 156 个工作日,在任何情况下,也不能少于 78 个工作日;据此确定的最低水平失业津贴至少支付 13 周;或者意外事故期间收入不超过限定条件的居民都得到保护时,失业津贴在 12 个月中至少应支付 26 周。世界各国对失业保险待遇享受期限规定也相差很大,少则 8 周,多则 36 周。在具体的立法过程中,存在着失业保险的待遇享受期限长短与缴纳失业保险费的期限挂钩(如西班牙)、与失业者的年龄挂钩(如日本)、与失业率相挂钩(如美国)等多种复杂的操作形式。

4. 失业保险的支付项目和标准

根据我国《失业保险条例》(以下简称《条例》)规定,《社会保障基金财务制度》列示了失业保险基金支付项目,主要包括失业保险待遇支出、转移支出、补助下级支出、上解上级支出和其他支出。

(1) 失业保险待遇支出。失业保险待遇支出是指用于参加失业保险职工个人待遇方面的支出,支出项目包括失业保险金支出、医疗补助金支出、丧葬抚恤补助费支出、职业培训和职业介绍补助支出、国有企业下岗职工基本生活保障补助支出和其他费用支出。

① 失业保险金支出是支付给失业人员在失业期间的基本生活费用,这是失业保险基金支出的主要部分。支出的范围和标准主要是根据失业职工失业前在企业连续工作时间及企业缴费年限确定的。《条例》对此做出了具体规定:失业人员失业前所在单位和本人按照规定累计缴费时间满 1 年不足 5 年的,领取失业保险金的期限最长为 12 个月;累计缴费时间满 5 年不足 10 年的,领取失业保险金的期限最长为 18 个月;累计缴费时间 10 年以上,领取失业保险金的期限最长为 24 个月。重新就业后,再次就业的,缴费时间重新计算,领取失业保险金的期限可以与前次失业应领取而尚未领取的失业保险金的期限合并计算,但是最长不得超过 24 个月。失业保险金的标准,按照低于当地最低工资标准、高于城市居民最低生活保障标准的水平,由省、自治区、直辖市人民政府确定。

② 医疗补助金支出是按《条例》规定,支付给失业人员在领取失业保险金期间的医疗费用。《条例》规定:失业人员在领取失业保险金期间患病就医的,可以按照规定向失业保险经办机构申请领取医疗补助金。医疗补助金的标准由各省、自治区、直辖市人民政府规定。

③ 丧葬抚恤补助费支出是按《条例》规定,支付给在领取失业保险金期间死亡的失业人员的丧葬补助费用,及由其供养直系亲属的抚恤金,是一次性费用支出。《条例》规定:失业人员在领取失业保险金期间死亡的,参照当地对在职职工的规定,对其家属一次性发给丧葬补助金和抚恤金。

④ 职业培训和职业介绍补助支出是指按照《条例》规定,支付给失业人员在领取失业保险金期间接受职业培训、职业介绍的补助支出。此项补助支出既可用于劳动就业部门所属的职业介绍机构、职业培训机构的补贴,也可用于失业人员在领取失业保险期间的职业介绍和职业培训补贴。其具体补贴办法和标准由各省、自治区、直辖市人民政府规定。

⑤ 国有企业下岗职工基本生活保障补助支出是指按《中共中央、国务院关于切实做好国有企业下岗职工基本生活保障和再就业工作的通知》(中发〔1998〕10 号)规定,失业保险基金主要用于保障失业人员和下岗职工的基本生活。此项支出是目前失业保险基金支出的主要部分,按《条例》的规定,此项支出应列入其他支出,考虑到此项支出数额较大,因此,在支出项目的设置上,予以调整。但随着我国经济形势的好转和企业改革的逐步深化,此项支出将逐步取消。

⑥ 其他费用支出包括农民合同制工人一次性生活补助金及国家规定的其他费用。《条例》规定:单位招用的农民合同制工人连续工作满 1 年,且单位已缴纳失业保险费,劳动合同期满未续订或者提前解除劳动合同的,由失业保险经办机构根据其工作时间长短,对其支付一次性生活补助。补助的办法由各省、自治区、直辖市人民政府规定。

(2)转移支出。转移支出是指失业保险对象跨统筹地区流动划出的失业保险基金支出。《条例》规定,城镇企事业单位成建制跨统筹地区转移,失业人员跨地区流动的,其失业保险关系随之转移。

（3）补助下级支出。补助下级支出是指失业保险经办机构拨付给下级失业保险经办机构的失业保险基金的补贴和调剂支出。

（4）上解上级支出。上解上级支出是指失业保险事业机构上解上级失业保险经办机构的失业保险基金调剂支出。

（5）其他支出。其他支出是指除上述项目以外，经国务院批准、财政部门核准开支的其他与失业保险有关的其他费用支出。

上述基金支出项目构成了失业保险基金支出。

5. 失业保险基金的支付方式

目前，失业保险金的支付方式主要有两种：一是由经办机构直接发放，即由失业人员凭有效证件直接到经办机构领取失业保险金；二是委托银行发放，即由失业人员凭有效证件到社会保险经办机构指定的银行领取失业保险金。

6. 失业保险基金的支付管理

失业人员申领失业保险待遇，应当按照一定的程序进行。

当职工失业后，应由其失业前所在的用人单位及时出具终止或解除职工劳动关系的证明。证明应当注明失业人员的姓名、年龄等基本信息情况及解除或终止劳动关系的时间、原因等内容，并告知失业人员失业后，可按照有关规定享受失业保险待遇，应在多长时间内，向哪个经办机构提出申领失业保险金的申请等。同时，用人单位还应将失业人员的名单，自终止或解除劳动关系后七日内报所在地的社会保险经办机构备案。

失业人员应持本人身份证明、原所在用人单位出具的终止或解除劳动关系的证明等材料及时到失业保险关系所在地的社会保险经办机构办理失业登记手续。

社会保险经办机构对申领失业保险待遇的申请进行审核，内容包括：申请人提供的证明材料是否真实可靠、申请人参加失业保险和缴纳失业保险费的情况、是否进行过求职登记等。

我国规定，符合享受失业保险待遇的失业人员，其失业保险金自失业人员办理失业登记之日起计算，失业保险金按月发放。因此，失业人员应在办理失业保险金的有关手续后，按规定的日期，凭有关证件及时到社会保险经办机构领取失业保险金，或由社会保险经办机构开具单证，到指定的银行领取失业保险金。

4.3　我国失业保险基金的管理现状

4.3.1　我国失业保险基金制度的建立与发展

伴随着 20 世纪 80 年代中期国有企业的改革，我国的失业保险建立过程经历了一个从无到有的发展过程。在这期间主要经历了三次大的变革。

1986 年,国务院颁布了《国有企业职工待业保险暂行规定》,该规定保障国有企业职工在待业期间的基本生活需要。资金来源主要是企业的缴费,企业按照全部职工标准工资总额的 1% 缴纳待业保险基金,基金存入银行后由银行按照国家规定支付利息。当时失业保险的实施范围包括国有破产企业的职工、濒临破产企业在法定整顿期间被精减的职工、终止或者解除劳动合同的职工和被辞退的职工。另外,还确定了失业保险领取的水平和缴费时间相挂钩的原则。1989 年 4 月,劳动部又颁布了《国营企业职工待业保险基金管理办法》。

1993 年,国务院又颁布了《国有企业职工待业保险规定》。该规定把覆盖的人群扩大到了七类九种人员。待业保险基金主要来自企业缴纳的保险费和利息收入,支付不足的由财政补贴。企业按照全部职工工资总额的 0.6% 缴纳待业保险费。待业保险基金主要用于支付待业职工的待业救济金,待业职工领取待业救济金期间的医疗费、丧葬补助费,其供养的直系亲属的抚恤费和救济费,待业职工的转业训练费、扶持待业职工的生产自救费、待业保险管理费等。待业救济金的发放标准为相当于当地民政部门规定的社会救济金额的 120%～150%,具体金额由省、自治区、直辖市人民政府规定。

1999 年 1 月,国务院颁布了《失业保险条例》。该条例规定失业保险基金的资金来源由城镇企、事业单位和职工缴纳的失业保险费及其利息、财政补贴以及其他依法纳入失业保险基金的资金构成。城镇企、事业单位按照本单位工资总额的 2% 缴纳失业保险费,城镇企、事业单位职工按照本人工资的 1% 缴纳失业保险费。失业保险基金主要用于支付失业保险金、领取失业保险金期间的医疗补助金,领取失业保险金期间死亡的失业人员的丧葬补助金和其供养的配偶、直系亲属的抚恤金,以及领取失业保险金期间接受职业培训、职业介绍的补贴等。领取失业保险金最长的时间延长到 24 个月。失业保险金的标准按照低于当地最低工资标准、高于城市居民最低生活保障标准的水平,由省、自治区和直辖市人民政府确定。

4.3.2　我国失业保险基金的现状

1. 基金征缴范围不断扩大,基金收入金额不断增长

从实际征缴情况来看,随着失业保险制度覆盖面的扩大,参保人员人数呈现增长势头;从收入金额来看,失业保险基金的目标是收略大于支,保证不作赤字预算,但现有的数据表明,从 1999 年至今,失业保险基金总额在不断增加,年均增长率为 17.3%,增长速度较平稳。

2. 失业保险基金的支出金额和领取人数增速趋缓

失业保险基金的支出金额和支出人数均呈现增长的趋势,但两者的增长速度都在降低,增长趋势趋于平稳。数据显示,从 1999—2006 年,领取失业保险的人数从 1999 年的

101 万人,到 2006 年的 327 万人,基金支出金额和支出人数不断增加,一方面表明失业保险基金的保障能力在不断提高;另一方面则隐藏着对失业保险基金的依赖性危机。

3. 基金的滚存结余不断增加

从整个失业保险基金的滚存结余情况来看,基金总体运行良好,收略大于支,年年略有结余,具有累积效应,总的结余数额越来越大。1999 年的基金滚存结余额为 159.9 亿元,之后每年不断增加,到 2006 年达到 708 亿元。基金滚存结余金额每年不断增长给基金的支出提供了空间,同时也对基金的保值增值提出了要求。

4. 基金支出以保障生活和促进再就业为主

失业保险基金的基本功能是确保失业人员的基本生活,并充分发挥预防失业和促进就业的作用。对企业而言,有了失业保险,职工失业时就能获得物质帮助,解除后顾之忧,使其发挥生产和创造能力;对政府而言,对参加失业保险的劳动者在失业时给予一定的补贴,等于对再生劳动力的投资,缓和了社会矛盾,有利于整个社会的稳定,为经济发展创造了良好的外部条件;对个人而言,失业时能得到社会的帮助与补偿,从社会保障中得到好处。

4.3.3 我国失业保险基金及管理中存在的问题

1. 从参保率来看,我国失业保险的覆盖面太窄

《2008 年度人力资源和社会保障事业发展统计公报》显示,2008 年末全国参加失业保险人数为 1.24 亿人,相对于 2008 年年末全国 7.74 亿人就业人员来说,仅有 16% 的人参加了失业保险。在所有社会保险项目中,是除生育保险外覆盖面最低的。

2. 从领取范围来看,失业保险领取的人数非常少

统计数据显示,2008 年年末全国领取失业保险金人数为 261 万人,比上年末减少 25 万人。全年共 93 万名劳动合同期满未续订或提前解除劳动合同的农民合同制工人支付了一次性生活补助。同时统计数据显示,2008 年年末城镇登记失业人数为 886 万人,城镇登记失业率为 4.2%。也就是说,在城镇登记失业的人员中,仅有 29.45% 的人领取到了失业保险金。相对于全国 7.74 亿总就业人数,领取失业保险金和一次性生活补助的人数一共才 354 万人,只占到总就业人数的 0.46%,换言之,在全国为数 7 亿多的就业者中,能领取到失业保险待遇只是极少数的一部分。

3. 从领取水平来看,失业保险的待遇偏低

2008 年总支付 254 亿元,但是领取失业保险金和一次性生活补助的人数一共才 354 万人,用总额除以人数再除以 12 个月,失业者领取的失业保险为每月 597.9 元。这个数字远低于 2008 年一些城市的最低工资标准。如沈阳市为 700 元、北京市为 800 元、济南市 760 元、西安市 600 元、武汉 700 元、上海市 960 元、广州市 860 元。

4. 失业保险基金大量结存，基金运营效率亟待提高

2008 年全年失业保险基金收入 585 亿元，支出 254 亿元，失业保险基金收入是支出的 2.3 倍，年净收入为 331 亿元。失业保险基金的积累结存额高达 1 310 亿元，是 2008 年支出总额的 5.2 倍。也就是说，按 2008 年的支出水平和规模，现有结存失业保险基金在无进项收入的情况下可以承担起 5 年的支付。大量的资金不能有效使用，违背了收支平衡的原则。失业保险作为一项现收现付的社会保险项目，其基金筹集总原则是"以支定收，收支平衡"虽然失业保险追求的是周期平衡，但不是年度平衡。失业保险基金的大量结余表明失业保险费率偏高，待遇偏低，使用面过窄。

4.3.4　失业保险基金大量结存的原因分析

1. 我国失业保险制度相对严格的登记条件限制和掩盖了失业的真实信息情况，也使得部分失业人员不能享受到失业保险待遇

我国的城镇登记失业率不能有效反映我国真实的失业情况。2008 年年末城镇登记失业人数为 886 万人，城镇登记失业率为 4.2%。但昰由中国社会科学院 2008 年 12 月月底发布的《2009 年社会蓝皮书》称，中国 2008 年的城镇调查失业率为 9.6%。由于城镇登记失业率只登记户口在本地城镇的劳动力，城镇登记失业人员并未包括下岗工人、刚毕业但是未找到工作的学生、农民工。实际情况是大中专毕业生、农民工均是市场上失业比例最高的群体。

2. 失业保险给付待遇水平比较低

我国《失业保险条例》十八条规定："失业保险金的标准，按照低于当地最低工资标准、高于城市居民最低生活保障标准的水平，由省、自治区、直辖市人民政府确定。"西方发达资本主义国家因丰厚的失业保险待遇而出现"福利养懒汉"等现象，失业者缺乏再就业动机。考虑到我国的经济发展水平，我国的失业保险的待遇水平只能够保证失业人员本人和家庭一些必要的基本的生活安排和支出。

3. 失业保险给付受益时间短，失业人员领取失业保险金的期限最长为 24 个月

我国的失业保险规定，重新就业后再次失业的，缴费时间重新计算领取失业保险金的期限可以与前次失业应领取而尚未领取的失业保险金的期限合并计算，但是最长不得超过 24 个月。相比其他国家，我们失业保险金的给付期限是比较短的。

4. 我国《失业保险条例》中所规定的支出项目太少，支出范围过于狭窄

支出项目基本集中在保障参保人在领取失业保险金期间的救济，在促进就业方面的支出相对有限和不足。我国建立失业保险的初始目的是配合国有企业改革，安置国有企业庞大的冗余人员。其主要功能定位在保证失业人员的基本生活，对促进就业做了比较严格的限制。根据《失业保险条例》的相关规定可以看出，失业保险基金在促进就业方面可用于职业培训和职业介绍两项补贴，促进就业的资金支出非常有限，作用不大。据测

算,在失业保险基金支出中,管理费占 20%,用于失业救济的占 40%～50% 左右,而直接职业介绍和职业培训补贴费占 30% 左右。失业保险基金在抑制失业和促进就业方面的作用不突出,大大削弱了失业保险基金实际应该产生的效益。

4.3.5 完善我国失业保险基金管理的措施

1. 扩大和调整失业保险促进就业政策的受益范围

基于公共服务均等化,从维护社会公平和劳动者平等就业权利的理念和要求出发,失业人员只要具有再就业愿望和能力,而不论其失业原因、身份、户籍或是否参保,都应该有权利享受公共就业服务。现行的失业保险的享受对象仅限于领取失业保险金人员,范围狭窄。虽然失业保险待遇的领取是以参保为前提,其待遇水平与参保人的缴费期限、缴费水平等密切联系,强调社会保险中权利与义务相对等的原则,但是,作为失业保险延伸职能的促进就业措施属于公共服务范畴,其对象自然也应当按照公共服务均等化的原则来设定,而仅依据《失业保险条例》规定的三个条件来认定符合申领失业保险金的人员是不适宜的。政府通过实施公共就业服务均等化和就业扶持政策以扩大就业,帮助所有失业人员重新就业,才能更好地实现促进社会的和谐稳定、经济增长的目标。

2. 加大失业保险基金支出中用于稳定就业的比例

虽然失业保险的积极目的在于解除失业人员的后顾之忧,帮助和促进失业人员再就业,但是稳定就业岗位,抑制解雇是预防失业的一个重要措施,更有利于经济社会的良性发展。失业保险基金的支出,可以考虑用于稳定和创造就业岗位,稳定在岗人员,营造良好的就业和工作环境方面。通过规范和控制企业和事业单位经济裁员,规定企业裁员的范围、条件和程序,严格执行劳动法规,对吸纳下岗失业人员的用人单位减免税费和给予社保补贴。还可以大力发展小型企业,扶持下岗失业人员自主创业,对于他们给予一定补贴。如日本、韩国为稳定就业,对于不景气而被迫缩小经营规模的行业和企业,在不裁员的情况下予以资助和提供长期低息贷款,对于创造出大量就业岗位和在困难地区创办的企业予以补助。

3. 扩大在就业培训方面的支出

职业培训是失业保险工作的重点,也是国外失业保险支出的主要方面之一。通过为失业人员创造条件,提高职业技能,是顺利实现再就业的有效途径。可采用市场化的方式来提高就业培训效率和效果,如通过市场竞标的方式选择有资质和条件的培训机构对失业者进行再就业培训,鼓励各类培训机构依据劳动力市场需求实施定向和订单培训,以提高培训的针对性和有效性。也可以将具备培训能力的用人单位作为定向培训项目的重要实施主体之一,鼓励用人单位根据生产经营发展需要,自行组织或委托培训机构开展定向培训,努力形成为经济发展输送人力资源和促进就业的双赢局面。同时注意效率管理,为提高就业再就业培训补贴经费的使用效果,切实提高培训的有效性,推出针对培训机构的就业绩效考核奖励政策,建立定点培训机构优胜劣汰机制,加强对培训机构的评估和审核。还需要建立项目公示制度,提高资金使用的透明程度。

4．实施就业补贴,鼓励企业招聘失业人员

这方面日本的做法比较典型,其就业补贴项目包括对因经营不景气而被迫缩小经营规模的企业给予为期 1 年的工资补贴,以鼓励安置内部富余人员;对转产、重组企业提供一次性就业稳定特别补贴;对在就业特别困难地区开办的企业给予奖励性补贴;对创造出大规模就业岗位的企业给予岗位开发补贴。

5．尝试扩大预防失业方面的支出

对比国际通行的失业保险制度,我国现行的失业保险制度在预防失业方面相当欠缺。在预防失业方面可以采用积极就业政策,扩大预防失业的支出,一方面用于有效控制劳动力供给数量,同时提高劳动者的人力素质;另一方面,政府和企业应共同努力,发展经济,增加对劳动力的需求。通过发展经济来促进就业,是解决就业问题的根本途径。经济的快速发展、经济总量的增加和经济效益的提高,通常会对就业产生巨大的带动作用,创造出大量的就业岗位。但是失业保险基金作为专项的用于防范和帮助解除失业风险的专项基金,要体现其专有属性,不能把它当作财政资金来使用,相反需要政府的财政投入来配合失业保险基金的使用,以发挥更大的作用。

4.4　世界各国失业保险基金管理的经验借鉴

4.4.1　世界各国失业保险基金管理模式

1．关于参保范围

根据经济、政治条件及社会传统的不同,各国对于本国失业保险的参保对象规定是有差别的。

(1) 关于失业人员参保适龄规定。"适龄"含上限与下限,下限一般以各个国家或地区规定的最低就业年龄为准,如我国大陆为 16 岁,中国台湾地区为 15 岁;上限则通常以各国家或地区规定的退休年龄为限,如韩国与中国台湾地区就规定为 60 岁,韩国还规定60 岁以上再就业者不享受失业保险。

(2) 享受失业保险金者只能是依法参加了失业保险的失业者。各国具体规定,失业者失业之前所在单位与失业者本人必须都参加了失业保险并缴纳了一定时期的保险费(立法规定只需雇主一方缴纳或只需雇员一方缴纳的除外)。保险费的缴纳期限各国家与地区规定不一,有的是 1 年,有的是 6 个月,如我国规定 1 年,日本规定 6 个月,中国台湾地区则规定为 2 年。但是缴费期限有两点需要注意:一是劳动者转换工作应当连续计算;二是失业之后重新就业,再次失业的,如果前次失业之后已经领取了失业保险待遇的,再次失业之后缴费时间重新计算;如果前次失业之后尚未领取失业保险待遇的,再次失业之后缴费时间可以连续计算。

(3) 许多国家和地区基本都规定了失业之后要获得失业补偿必须进行专门的失业登记,这有利于国家统筹把握失业与失业保险状况,严格控制失业保险基金的无限制、无原则开支。

(4) 其他规定

国外许多发达国家除了规定提供一般性的失业保障以外,还建立起与本国的保障水平相适应的更多层次的失业保障制度。如瑞士 1982 年颁布的《瑞士联邦失业保险法》规定,雇员在以下四种情况下(失业、缩短工时、恶劣天气造成不能出勤和停业清盘)可从失业保险部门获得适当补偿。该法规定的第二种情况"缩短工时"是指由于经济原因、政府行为或雇主不能控制的原因,企业为了保全就业岗位而采取的暂时缩短部分工作时间或停工的措施。在此情况下,企业和雇员之间依旧保持劳动合同关系,但企业不再支付给雇员部分或全部工资。雇员可从失业保险部门获得 80% 的损失补偿。此外,有些国家和地区在对可享受失业保险的失业人员进行各种界定的同时,还往往单独规定了失业保险给付的除外条件。

2. 关于失业保险筹资模式

受政治、经济、历史和现实等多种因素的影响,世界各国在失业保险基金由谁筹集方面共有 6 种负担方式,即政府、企业、雇员三方负担方式、政府负担方式、劳企负担方式、政企负担方式、企业负担方式、被保险者负担方式。其中大部分国家失业保险金是由雇主、雇员和政府共同负担的,这种方式更好地体现了权利与义务对等的原则,也是应对高支付危机、分散支付风险的有效方式。

从资金筹措方式来考察,目前世界上将失业保险筹资模式大体分为三种:缴费制、储蓄制和缴税制。其中英美国家代表了靠失业保险税筹集失业保险金的模式,而德日模式则代表了靠雇主和雇员缴费筹集失业保险金的方式,储蓄制筹资方式在失业保险方面应用较少。

缴税制国家约占全部推行失业保险制度国家的一半,它是依靠政府的法律权威强制性筹措失业保险金的一种筹资方式,这种方式对收入、管理、支付都有严格的法律规定。20 世纪 70 年代以来,美国改变了不向失业者收费的传统,转而采取征税的办法。除了三个州(阿拉斯加、新泽西、宾夕法尼亚)向雇员征收失业保险税以外,其他州只向雇主征收。由于在失业保险税的收缴、管理、支出等方面作用机制明显,美国形成了一套独特的失业保险税制度。该国失业保险法规定雇佣 8 人以上人员的雇主需缴纳失业保险税,纳税工资一般为年工资 8 000 美元,超过部分不纳税。美国失业保险税收制度的设计不仅有利于激励雇主的缴税意愿,而且也有利于稳定雇员就业。同时对州失业保险预算也具有较强的激励作用。

英国的失业保险税征收制度相比美国要简单一些。失业保险资金来源是国民保险基金收入和政府拨付。国民保险基金由雇员和雇主双方缴纳,按雇员周工薪收入的一定标准比例缴纳,凡周收入在 17.5 英镑及以上的雇工均属参加保险的对象,给付由政府负担全部费用。相比美国,英国的失业保险税刚性更强一些,对失业者的保障水平较高,如该国除提供失业救济以外,还对失业者提供额外津贴和额外补助,这也导致失业者对保障的过度依赖问题。

缴费制是按统一的费率缴纳失业保险费,其利益约束和法律约束不如缴税制。德国和日本都是实行强制缴费的国家,其靠雇主和雇员缴费筹集失业保险金的做法有许多共同点。德国是世界上最早推行失业保险制度的国家之一,至今已有 100 多年的历史,已建立起比较完善的失业保险制度体系。德国失业保险金的收取量由预计当年保险金需求量来定,其来源有四个:雇员缴纳的保险金、雇主缴纳的保险金、联邦财政补贴和其他方面筹集的资金,所缴税率每年由法律做出规定。雇员的保险金由雇主从工资中扣除,连同雇主应缴的一份一起交到保险承办机构。作为失业保险金缴纳基数的工资有最高和最低限额,超过这一限额不缴税。冬季生产性施工补助,由所有建筑部门的雇主分别承担。企业破产倒闭时支付雇员的工资,由同行业联合公会承担。如果缴纳的保险金和分摊的款项不足以支付所需开支,那么联邦政府将给予补贴。德国失业保险的基本目标是向失业者支付失业补贴和失业救济,以维持生计。劳资双方缴纳的保险金占全部筹集额的 75% 以上,它主要用于支付失业保险金。

日本强制性失业保险制度建立于 1974 年,建立初期的名称为"失业保险",后因该名称有刺激失业者的可能,日本政府通过国会立法的程序,将名称改为"雇佣保险",且一直沿用至今。日本失业保险费主要由单位和被保险人双方共同负担,按年工资的一定比例缴纳,个人单位各负担一半,企业或团体的保费负担比例为计费工资总额的 1.95%,不足部分由国库予以适当补助。

3. 关于失业保险的给付待遇项目、待遇期限

失业保险的给付水准一般取决于一个国家的社会经济发展水平和社会生活水准,但原则上要达到既使受益者的收入损失得到部分补偿,又不能妨碍就业意志,通常规定了给付的最低和最高限额。除了保障失业者个人享有基本的生活水平以外,考虑到失业者的其他情况,还应设计失业基本津贴到期后仍未找到工作的失业救助标准及失业者担负的家庭抚养义务,顾及失业者配偶及其子女的基本生活保障,这样才能保证劳动力扩大再生产功能的实现。所以按以上原则欧美各国确定的失业保险待遇一般包括三个项目:基本津贴、家庭补助、其他补充失业津贴。基本津贴用于保障失业者的基本生活,也有的国家称为失业保险或补助津贴。有供养直系亲属义务的失业者提供额外给付,这是各国通行的做法。津贴标准与被抚养人数成正比,并经过严格的经济情况调查。如澳大利亚、丹麦、挪威、比利时等国也包括"供养亲属补助"、"附加补助"等其他项目。

对于失业保险给付水平的计算基准有以下几种：

（1）按近期社会平均工资或最低工资标准的一定比例统一给付，又叫等额津贴给付。如加拿大按以往平均投保收入的 55% 支付失业补助；美国一些州规定按收入的 50% 给付；智利则分三阶段且在每一阶段给付一个固定数额；波兰是最低工资标准的 95%；

（2）按本人失业前工资的一定比例给付。日本将失业者失业前的日工资额划分为区间，每个区间设定不同比例，从 60% 到 80% 不等，且一般为了体现公平原则，按失业前工资由高到低适用由低到高的给付标准；

（3）按本人失业前工资的一定比例加定额给付的混合支付办法。如法国按失业前工资 40% 的比例加定额 46.32 法郎/月给付失业救济金，这一方式兼顾了效率与公平原则。由于失业保险给付水平决定了失业者失业后的生活得到保障的状况，国际劳工组织经过大量调查研究，多次修订了失业津贴的建议标准，最近一次在第 75 届国际劳工大会上，又根据新的形势建议将失业津贴调整为至少不低于失业者原有工资的 60%。当前，发达国家能达到 50%~60%，发展中国家稍低，一般在 40%~50%，且有标准化的倾向。

对于失业保险给付期限，各国也都有具体的规定，大多数国家对连续领取失业补助金的时间限制为 8~36 周，在某些情况下可适当延长。另外，有些国家根据缴费期限或参保时间决定享受期限。在这些国家中，时间较长的是中国、比利时和西班牙 3 个国家，均为 730 天；较短的是芬兰，只有 56 天；荷兰视受保失业者的年龄、工龄，最多可享受 1 620 天；法国投保 24 个月，年龄为 55 岁者，则可享受 1 800 天失业保险待遇；加拿大根据受保失业者的就业历史与所在地区的失业率，最长可享受 1 500 天。德国享受失业保险待遇的期限为 78~832 天。在支付失业补助金前，许多国家规定有几天的等待期，各国等待期限长短不同，最多 60 天，最少 2 天。

4.4.2　国外失业保险基金管理的借鉴

1. 在法律强制保险原则指导下，欧美各国失业保险覆盖面比较高

如美国早在 1935 年就在《社会保障法案》中以联邦法律的形式确立了失业保险制度，随之美国各州开展了广泛的失业保险立法。自实施失业保险制度以来，其覆盖范围越来越大，目前已有 97% 的工薪收入者参加失业保险。

2. 失业保险税费筹资的征缴率比较高，保证了失业保险金足额征收

由于失业保障立法层次较高，法律约束性强，偷逃失业保险费现象得到有效遏制，从而使得国外保持较高的失业保险税费征缴率。1992 年以前的十几年，加拿大经历了高失业期和严重的经济萧条，政府一直为失业保险基金提供资助，资助的额度为雇主和雇员捐助总额的 25%，随着这种资助成为政府沉重的负担，加拿大政府从 1992 年以后就完全退出了对失业保险的投入。但是，得益于加拿大的失业保险高覆盖面和高统筹层次，加拿大的失业保险基金在政府退出后仍然处于良性运行中。

3. 将扩大就业作为缓解失业压力的根本措施

解决失业问题,经济增长是根本途径,只有经济不断发展才可能达到实质性的就业增加。因此,国家为扩大就业制定的政策目标应始终立足于促进经济的良性发展,并保持一个符合客观规律的正常发展速度。工业化市场经济国家的普遍做法是,针对一定时期的就业状况,政府通过增拨财政预算,降低企业税费,提供优惠贷款等政策,促进就业岗位的增加。经合组织国家每年都安排一定比例的公共支出用于劳动力市场项目费用。例如:西班牙政府针对本国的高失业率就业局势,用于劳动力市场各项目的支出总额占其 GDP 的 3.2%。法国、德国、英国用于劳动力市场各项目的公共支出占其 GDP 的比重分别是:2.90%、2.32% 和 2.14%。1995 年,法国政府安排的就业经费达 600 亿法郎(约合 122 亿美元),从而有力地保证了各项就业政策的实施。

失业率较高的过渡经济国家近年来增加了促进就业的经费预算和失业给付。例如,波兰、匈牙利 1992 年用于就业的经费和失业给付占其国家预算支出的 7.8% 和 8.6%。一些发展中国家近年来也采用不同方式增加了对促进就业的经费投入。如墨西哥 20 世纪 90 年代以来增加了 15% 的就业经费;玻利维亚建立了用于劳动密集型项目的紧急社会基金,1989 年这项基金为 10% 的失业者提供了就业岗位。在比利时、荷兰等国,政府给予失业人员低息贷款,帮助他们自谋职业,开业后还继续给予扶持。此外,许多成员国还采取了减少边际社保税的方法,即减少对新雇佣工人的征税。同时减少雇主的社保税给欧盟的就业带来直接的和强烈的影响,因为这一措施直接将社保税与工资成本联系起来。其他类型的减税措施对就业的影响则都是间接的,因而有时会表现为滞后或损失。比利时统计数据表明减少 12 亿欧元的雇主社保税产生了 2.3 万个就业机会,而减少 2.5 亿欧元的利润,产生约 1 万个工作机会。

4. 支持职业培训

最近十几年来,随着失业问题的日趋严重,发达国家把发展职业培训作为促进就业、减少失业的优先措施。经合组织国家规定,失业者领取津贴一段时间后(青年为 6 个月,其他社会成员为 12 个月),如未能就业则必须参加培训才能继续领取失业津贴。1998 年欧洲《就业指南》第一、二条规定:"各成员国对长期失业人员实行的被动治疗政策要向预防性措施转变,在未来 5 年内各成员国要保证对失业 6 个月以内的青年人和失业 12 个月以内的成年人实施一项新的开始计划,即培训、再培训、工作、实习或其他形式的提高就业能力的措施,包括个人职业指导和咨询。"比如,美国规定参加职业培训的专业人员,可适当延长失业保险给付期。澳大利亚规定参加培训的失业人员,可以获得享受疾病、工伤、失业和养老保险待遇。英、法、德每年用于职业培训的经费分别为 30 亿英镑、170 亿法郎和 80 亿马克。

国外将对失业者的再就业培训和职业介绍等工作作为失业保险工作的重点,完善劳动力市场政策方面的投入比重较大,从而为失业者的再就业搜寻和匹配提供了关键的启动资金和政策扶持,较好地发挥了失业保障再就业效应。目前,以培训促就业已经取得了良好效果。如德国将失业保险基金的 40％～50％用于再就业服务方面;英国改革失业保险"求职者津贴计划"以后,政府实施有针对性地促进就业的方案,使 66％的失业者在 6 个月内可以找到工作。

本 章 小 结

失业保险基金是指国家通过立法强制实行的,由社会集中建立基金,对因失业而暂时中断生活来源的劳动者提供物质帮助的制度。它具有普遍性、强制性和互济性的特点。它有效地保证了失业人员的基本生活并促进失业人员的再就业。

目前失业保险基金的覆盖面窄、领取人数少、待遇偏低、基金大量结余等现实反映了我国当前的失业保险基金管理中存在着低效率的问题。解决这些问题需要进一步扩大失业保险基金的覆盖面,加大支出中用于稳定就业的比例,扩大就业培训和失业预防方面的支出。

扩 展 阅 读

1. 郑功成. 中国社会保障 30 年. 北京:人民出版社,2008.
2. 汪泓著. 社会保险基金的良性运营:系统动力学模型、方法、应用. 北京:北京大学出版社,2008.
3. Martin Feldstein,Daniel Altman. Unemployment Insurance Savings Accounts. http://www. nber. org/chapters/c0046. pdf.

关 键 词

失业保险(unemployment insurance)　失业保险基金(unemployment insurance funds)

思 考 题

1. 什么是失业保险基金?
2. 失业保险基金具有什么特征?
3. 失业保险基金的功能主要表现在哪些方面?
4. 当前我国失业保险基金管理中存在的最主要的问题是什么? 产生这一问题的根源是什么?

5. 从国外失业保险基金管理实践中,可以吸取哪些经验和教训?

谁在分享 1 524 亿元失业保险基金?

"我现在早饭不吃,每天就是吃馒头,没有钱啊。有时候我帮人干活,人家的大饼我吃一些。"这样说的时候,瘦小的刘玉霞眼睛里泛着泪花。

这里是通州区人力资源和社会保障局专门负责劳动争议立案的一个办公室里。刘玉霞原本在通州一家家具厂打工。做了一段时间,厂里一直拖欠工资,连吃饭都成问题时,她气愤地离开了那家工厂。但此后却一直在失业状态。

当记者询问厂里有无上失业保险时,她回答:"什么保险都没上。工资都不想给,还给上保险?"

失业的农民工刘玉霞因为没有上失业保险,理所当然领不到失业保险金。据国家统计局统计,全国 1.4 亿外出农民工,只有 11% 左右参加了失业保险。

苗军却属于完全不同的一个群体:他有良好的教育背景,在一个待遇不错的事业单位拥有一个稳定的职位。失业对他来说很遥远。工作三年了,苗军还没听说单位开除过员工。

尽管无失业之虞,苗军的工资单上每月有一项固定的扣除:30 多元失业保险金。苗军从没想过自己有一天会去领失业金,对这项扣除,他大度地说:"反正也没有多少钱,全当是为农民工兄弟作贡献了。"

苗军当然不知道,大部分农民工领受不到他的这份情谊。

刘玉霞们需要失业保险,但是却不拥有失业保险;苗军们很难失业,却月月要交失业保险金。

这就是中国失业保险的现状:1 524 亿元,这是块以失业保险的名义聚累起来的巨大蛋糕。数以亿计的农民工被排除在这块大蛋糕之外——他们没有参与失业保险,被覆盖的人群(尤指稳定的事业单位员工)却很难有机会享受到失业保险。

这一现象说明,中国失业保险制度的瞄准率出现了严重的偏差。所谓瞄准率,指的是某项制度在设计过程针对目标人群并能使目标人群受益的准确度。

根据统计,自 1999 年实施《失业保险条例》以来,其受益人数量曲线呈抛物线状,从 2004 年最高点持续下降,在金融危机期间的 2007 年和 2008 年仍连年走低,到 2009 年出人意料地创下 2002 年以来最低点。而同期城镇登记失业率曲线则略微上扬,形成一个"剪刀口"。

失业人数大幅增加,但受益人数却连续下降,尤其考虑到金融危机期间中国新增的

2 500 万失业人员（几乎全是农民工），这个不合时宜的"剪刀口"在世界各国失业保险基金支出吃紧的背景之下显得尤为引人注目。

中国社会科学院世界社保研究中心主任郑秉文认为，出现"剪刀口"有多方面原因，其中一个重要原因就是失业保险制度的瞄准率低。

他分析，由于参保意识淡薄等原因，流动性较大和失业风险较大的群体没有被覆盖进来，覆盖进来的群体中有相当一部分人就业比较稳定。再加上统筹层次太低和财政分灶吃饭等原因，失业保险制度出现"反向选择"。

"也就是说，低风险群体常常受到失业保险制度的欢迎，而真正需要失业保险的高风险群体则常常没有被'选'进来，因为他们不能为地方失业保险基金增长作出贡献。这就是一种反向选择。"郑秉文说。

根据官方统计，2009 年农民工参加失业保险 1 643 万人，按全国农民工 2.3 亿这个"大口径"来计算，其参保率仅为 7.1%；如按"外出农民工"为 1.45 亿这个"小口径"来计算，参保率为 11.3%。

2009 年全国领取失业金人数仅为 484 万人。郑秉文算了这样一笔账，即使假定这些受益人全部为农民工，大口径下领取失业金的农民工仅为 2.1%，小口径下是 3.3%。

"这个覆盖率和瞄准率的确是非常低的。"郑秉文说。

瞄准率低造成的支出较少直接导致了中国失业保险基金的迅速增长。中国失业保险基金累计结余从 1999 年的 160 亿元激增至 2009 年的 1 524 亿元，10 年增长了近 9 倍，年均增长率近 20%。

中国社会科学院人口与劳动经济研究所副所长张车伟认为，这样大规模的基金结余，充分说明中国失业保险的运行效率不够，社会稳定器的功能没有充分发挥。

如何改变这种现状？郑秉文建议，失业保险制度的受益人对象应重点"瞄准"进城务工的有雇主的农民工群体和城镇有雇主的就业群体，以免"剪刀口"的进一步扩大，这既是目前缓解失业保险基金压力的一个途径，也是充分发挥失业保险制度功能的本质体现。

要达到这些目标，有几项工作必须尽快做起来：改善失业保险统筹单位的激励机制；改革地方失业保险经办机构的评价标准；防止失业保险制度的财务指标的锦标主义；防止失业保险基金增长至高无上的盲目崇拜。

（本案例资料来源：第一财经日报，2010 年 12 月 9 日）

请思考：造成失业保险基金大量结余的同时部分失业者无法领取失业保险金的这种现象的根源何在？如何才能加以解决？

第 5 章

社会福利基金与社会救助基金管理

本章主要介绍社会福利基金与社会救助基金的管理。通过本章的学习,读者应了解社会福利基金和社会救助基金的含义、特征和各自的作用;理解社会福利基金和社会救助基金的筹集和支付方面的内容;了解当前我国社会福利基金和社会救助基金的运行机制和政策规定,认识我国在社会福利基金和社会救助基金管理上存在的问题及相应的解决思路。

5.1　社会福利基金管理概述

社会福利有广义和狭义之分,广义的社会福利是社会保障的同义词,包含了公共文化、教育、卫生设施和社会救济及社会保险在内。但当提到社会福利基金时,我们所指的是狭义的社会福利,它是社会保障体系中的一个组成部分,与社会保险相并列。

5.1.1　社会福利基金的含义

社会福利基金是国家为了实施社会福利制度,满足人们的福利而筹集的资金。从狭义上讲,主要是指政府所掌握的、用于提高人民的物质和精神文化生活水平的基金;从广义上讲,企业所拥有的福利基金也是社会福利基金的一个组成部分,它来自企业的经营收益,主要用于本企业员工的福利。

社会福利基金主要用于以普通人群为服务对象的城镇职工集体福利,包括生活服务、文化娱乐和福利补贴;用于以城镇无经济收入和无生活照料的老年人、残疾人和孤儿等特殊群体为服务对象的特殊社会福利,包括生活供养、疾病康复和文化教育等,由各级政府提供和管理的资金;用于农村的社会福利主要是以孤寡老人、孤儿等特殊人群为服务对象的资金。

5.1.2　社会福利基金的来源与支出

福利资金的来源应包括下列渠道：

（1）国家的财政拨款或资助，即由政府通过征收个人所得税、遗产税等直接向社会成员提供社会福利基金；

（2）企业按规定提取的福利资金，如职工社会福利基金，则是根据有关规定由企业或单位按国家有关财务管理的要求进行筹集；

（3）通过社会组织、个人筹集社会福利发展资金；

（4）由社会福利企业所筹集的福利资金；

（5）发行社会福利彩票及社会募捐筹集的资金。

我国社会福利基金支出主要包括：

（1）社会津贴（补贴）支出、职工福利支出、社会福利事业单位支出和公共卫生支出。社会津贴（补贴）支出是指国家在实行某项政策时为了使社会成员享受到经济和社会发展的成果，提高物质文化生活水平，或为了保证不致因某项政策措施而导致其生活水平下降，所采取的物质帮助而形成的支出；

（2）职工福利支出，是指以工作关系为基础的，给予本行业、本部门、本单位职工及其家属的福利待遇方面的支出；公共卫生支出是指国家为保障社会成员身体健康，提高劳动者素质，用于疾病、疫情的防治等方面的经费及医疗机构补助费。

5.1.3　社会福利基金的作用

1. 保障劳动者和社会成员的基本生活需要，维持社会生产发展

社会福利基金主要保障城镇职工、无经济收入的特殊人群及广大农村的特殊人群的基本生活，使其能够老有所养、病有所医、残有所助，保证了劳动力的再生产，从而推动整个社会生产的发展和经济繁荣。

2. 保护弱势群体的受益，促进社会生产

社会福利基金的受益对象主要是低收入者，而社会福利是政府举办的社会公益性事业，其资金主要来源于政府的税收，社会福利水平的提高是以税收的增加为前提的，这就使社会福利制度的实施对国民收入占有主体结构产生影响，实现了国民收入在纳税人与福利受益对象之间的再分配效应，其结果是收入从高收入者向低收入者手中转移，因此，社会福利基金的分配是政府公平收入分配的重要举措之一。

5.2　完善我国社会福利基金的管理

5.2.1　我国的社会福利基金管理存在的问题

新中国成立初期，我国的社会福利一直以民政福利和职工福利的形式存在。自改革

开放以来,随着我国对社会福利制度的调整,社会福利基金管理制度逐步完善。国家在社会保障基金管理方面颁布了许多相关的法律、法规,例如,1982 年国家劳动总局转发的上海市劳动局《关于加强企业职工福利基金使用管理工作请示》,1998 年 10 月财政部和民政部颁布了《社会福利基金使用管理暂行办法》,1999 年民政部颁发了《关于社会福利基金筹集、管理与使用规定》,逐步规范了社会保障基金的管理。

尽管我国的社会福利基金管理经过了若干次的调整,但还是存在一些问题,主要体现在以下几个方面。

1. 政府在社会福利基金制度中的定位不合理

社会福利是一种具有公共产品性质的社会事业,是政府应该承担的一项社会义务。而我国由于历史的原因,政府在社会福利中的作用是消极和自我抑制的。具体来说,一是社会福利制度的结构调整较慢,变革不明显。政府对社会福利保障和服务的资源投入增加少、比重低,社会福利服务的增长赶不上社会需求的增长。二是政府针对社会兴办福利机构和福利服务的政策不完善、不配套。尤其是政府扶持和优惠政策不明显,有的优惠政策制定了也难以实现,政府投入不足。三是政府对社会福利事业单位采取了包揽、包办、包管的"三包"机制,然而,政府背上的包袱却越来越沉重。

2. 社会福利基金管理不规范

主要体现在以下几个方面。

(1) 社会福利基金管理体制分散,政出多门。除了民政福利基金由民政部会同财政部集中管理外,其他社会福利基金还分散在其他部门单独管理,全社会没有一个统一的机构来管理和指导社会福利基金的管理工作,由此影响了社会福利基金的正常运行。

(2) 社会福利基金项目管理不规范。目前,我国社会福利基金项目的划分是不规范的,纳入社会福利基金制度的项目没有统一的保障目标、标准和要求,有些项目和社会救济项目的界限不清,如具有明显社会救济性质的项目——残疾人福利保障、养老院、孤儿院保障等,目前包括在社会福利项目之中。此外,我国的社会福利基金当中还包括一项特殊的基金,即职工福利基金,其中包括一些具有明显局部保障性质的项目,如劳保津贴、出差补助等,这些都为社会福利基金的规范管理设置了障碍。

(3) 社会福利基金运行机制不健全。运行机制不健全主要表现在社会福利基金来源不明确,资金使用也没有专门的科目予以反映,社会福利的发展水平缺乏规划,社会福利目标的实现程度缺乏监督。目前,社会福利基金的收支、管理要接受财政、计划(物价)、金融、审计、监察等部门的监督检查,并且要定期地向社会公布,但大多是事后监督,突击检查,对社会福利基金的运行缺乏有效的管理。这些问题都严重地影响了我国社会福利事业的正常发展。

3. 城乡社会福利水平差异明显

城乡社会福利水平差异明显的问题主要是我国特有的二元经济结构造成的。我国实行的是严格的户籍管理制度,并在此基础上形成了城乡区别的社会福利制度,农村中的社会福利主要由乡政府来提供,而城市中的社会福利主要通过居民所在的单位和企业来提供。城市职工可以免费或低价享受由国家(通过单位)提供的种种福利;而在广大农村地区,由于乡政府掌握的公共资源极为有限,只能提供一些初级福利,根本无法与城镇职工享受的福利待遇相提并论。

4. 职工福利基金管理存在许多问题

职工福利基金管理存在的问题主要表现为:首先,职工福利基金增长过快,出现超经济增长;其次,由于福利刚性增长,职工福利基金收支严重失衡;再次,由于职工福利基金严重超支,侵蚀企业利润,影响了企业的正常发展;最后,职工福利基金管理混乱,致使某些不属于职工福利的费用支出也列入职工福利基金开支。

5. 社会福利基金管理缺乏规范和完善的法律监督

迄今为止,我国仅有一部《民政部关于社会福利基金筹集、管理与使用规定》,只是规定了发行中国福利彩票筹集的专项用于发展社会福利事业的资金管理,因此,我国至今还没有一部全面规范社会福利事业基金的法规和制度。政府的社会福利行为和基金管理处于一种无法可依的状态。

5.2.2　完善我国社会福利基金管理的建议

1. 加快转变政府职能,确定政府在社会福利管理中的合理定位

我国的改革开放和市场经济体制的建立使政府职能的转变方向为"小政府、大服务"的格局,这将使政府减少对企业经营管理的干预,而以更多的精力注重于社会福利和社会保障,更多地提供生产、生活的社会化服务,包括福利服务在内的公共事业和公益事业。政府对社会福利投入的绝对量应该逐年增长,相对比重在一个相当长的时期内也应随着财政的增长而不断加大。政府在社会福利管理中,要改变对于直属企业、事业单位的管理方式,变直接管理为间接管理,变微观管理为宏观管理,逐步实行多种形式的福利事业单位管理的一体化。此外,政府可应用行政授权和行政委托方式,将社会福利事业管理若干职能交由社会组织管理。根据所依据的法律层级的差异,行政委托比行政区授权易于操作,但政府要加强对被委托组织行为的监督和制约。

2. 统一社会福利基金管理

统一社会福利基金管理办法主要有以下几种。

(1)建立统一的社会福利管理与监管机构。管理上的统一首先需要健全组织机构和理顺职责关系。可考虑社会福利事务全部由民政部门进行管理,按照政事分开、政资分开的原则,实行社会福利经办机构、社会福利基金筹集机构分开建立,社会福利基金的筹集由财政部或财政部委托社会福利彩票发行中心来进行募集。设置社会福利事务监督机构。虽然财政部门和审计部门可以对社会福利进行监督检查,但是由于它们同属于政府行政系列,不可能实行有效的监督。因此,应在财政监督、审计监督之上,建立社会福利监督委员会,发动和加强社会监督。

（2）将社会福利基金纳入政府预算管理。社会福利基金来源的一部分是国家财政拨款,来自于一般性税收收入,与政府财政有着十分密切的联系,对财政分配有着重要的影响。虽然还有来自于社会捐赠、福利彩票发行收入等渠道,但是财政却负有社会福利基金的最终保障责任。因此,社会福利基金具有国家财政性资金的性质。为了保证国家财政性资金的完整性、规范性,也为了保证社会福利基金的合理使用,防止浪费和挪用,社会福利基金必须统一纳入预算管理,实行列收列支,专款专用,收支平衡,并通过预算监控,使社会福利基金安全、节约、高效地运转。

（3）加强社会福利基金的财务监督,要尽快制定社会福利财务会计专门制度。加强对财政拨款的社会福利基金的监管,主要监督是否按预算要求办理拨款,资金是否有保证,追加专项拨款是否符合法定程序,是否按进度及时足额拨款,有无改变资金用途和增减拨款的行为。做好资金去向的跟踪监督,防止截留、挪用现象发生。对企业单位负担的社会福利支出,要做好统计、调查,对支出的内容、口径、规模摸清底细,加强企业财务监管,对企业开办的学校、医院等社会福利事业要逐步纳入地方财政支出管理范围,减轻企业的社会负担。对于社会福利事业单位支出,要加强对一些特殊单位的财务监督,对不同类型福利支出要用不同的监管手段。对全额预算单位,应按人员经费、公用经费、专项经费的不同特点,按照国家对全额预算单位的有关规定进行管理,尽量节约支出。对差额预算单位,建立促使差额外负担单位增收节支的激励机制,逐步减少对差额单位的预算拨款。

3. 加强社会福利基金管理制度创新,提高社会福利社会化水平

要坚决打破地方、城乡、企业之间的界限,真正建立一个全社会范围的统一有效的社会福利体系。要建立以市为单位的社会福利网络,通过统一规划和提供社会福利,坚决打破城乡分割、企业分割的旧福利体制。要切实减轻企业负担,接收企业举办的一些集体福利设施,如托儿所、医院、子弟学校、食堂、浴池,统一对公众开放。同时,在农村地区加大社会福利的投入力度,兴办更多的乡村小学、中学、医院和老年、残疾、孤儿福利院,满足广大农村群众对社会福利的基本需要。

4. 加强社会福利基金管理的法制建设

针对我国目前社会福利基金管理法律法规偏少、有些福利与其他社会政策混在一起的现象,必须加强社会福利的法制化建设,将其纳入到整个社会保障法制建设的体系之中,使社会福利基金项目管理、资金来源和使用、社会福利标准的测定和衡量、社会福利规划和实施都有法律和制度的规范和保证。

5.3　社会救助基金概述

5.3.1　社会救助基金的基本概念

社会救助基金是指国家为实施社会救助制度,通过各种渠道所建立起来的、法定的、专款专用的货币资金。

社会救助基金作为社会保障基金的一种,首先具有国家法定性,是根据国家立法建立起来的,并通过相关法律、法规规范基金的来源、筹集、储存、管理及运营等,以确保社会救助制度的正常运行。另外,社会救助基金具有专款专用性。社会救助基金用于特定的目的和用途,也就是用于社会成员陷入生存危机或不能维持最低限度的生活水平时,向其提供满足最低生活需求的物质援助。

5.3.2　社会救助基金的筹集和支出

社会救助基金由不同的项目和内容所构成。就我国来说,从来源来看,我国社会救助基金的来源主要是政府财政拨款。此外,还包括慈善捐款;从支出来看,我国社会救助基金支出主要包括自然灾害救助支出和社会救济支出。自然灾害救助支出是指国家用于抢救遭受自然灾害的地区和公民的生命财产以及保障其基本生活的专项救灾资金和救灾物资的支出。社会救济支出是指国家和社会为了帮助因灾因病或丧失劳动能力而造成经济收入来源中断的社会贫困人员及其家庭解决生活困难而形成的专项社会保障基金的支出。

5.3.3　社会救助基金的作用

1. 可以保障居民的基本生存和发展权利

生存权和发展权是现代社会公民的基本权利。在现代社会,尤其是在经济、社会转型期,总体上造成贫困的原因是社会因素大于个人因素,因而对于国家和社会来说,社会救助是其不容推卸的责任。建立社会救助基金,则有助于避免陷入贫困的人在贫困中越陷越深,保障其生存与发展的基本需要。

2. 建立社会救助基金,是发展市场经济的内在要求

市场经济追求效率和财富,强调优胜劣汰,它在本质上对强势群体有利,不能自发地保护弱者。而社会变革和社会转型的成本代价可能由部分人所承担,因此,政府和社会有责任关注和保护他们。政府和社会通过建立社会救助基金,将部分国民收入再分配给贫困者,为市场机制的高效、平稳运行提供一个合理、公平的基础。

3. 有利于实现社会的稳定

最低生活保障的制度安排的目的是在效率和公平之间寻求适度平衡。当一个国家的

经济发展到一定的程度,必然会通过对社会财富的二次、三次分配来缓和社会矛盾,维护社会稳定。社会救助的现代价值观念是在解决社会救助权利与义务关系的基础上确立的,其核心是"困难群众有要求和接受社会救助的权利"。通过建立社会救助基金,解决困难群众面临的生存风险,则有利于维护安定团结,实现社会的稳定和谐发展。

5.4 完善我国的社会救助基金管理

5.4.1 社会救助基金管理的概念

社会救助基金管理是指为实现社会救助的基本目标和制度的稳定运行,对社会救助基金的筹集、使用、组织管理、投资运营与监控管理等进行全面规划和系统管理的总称,是社会救助制度运行的核心环节。

5.4.2 社会救助基金管理的意义

1. 有助于社会救助制度的正常稳定运行

随着我国社会救助制度的进一步完善和社会救助范围的扩大,社会救助基金规模也会随之增大,管理好日益增大的社会救助基金,对社会救助制度的正常稳定运行具有重要意义。

2. 有助于减轻政府的社会救助费用负担

随着我国 GDP 快速持续增长,各级财政用于"低保"的支出呈逐年增长的强劲趋势,从 1996 年的 3 亿元猛增到 2005 年的 191.90 亿元。管理好社会救助基金,将有助于减轻政府的财政负担。

3. 有利于促进经济发展和资本市场的完善

社会救助基金规模的扩大,为资本市场提供巨额资金来源,有助于促进金融市场竞争,推动金融深化,加快金融创新步伐,促使监管当局更好地维护市场的公正性,保护投资者的利益。

5.4.3 我国社会救助基金管理的现状

1. 社会救助基金筹资管理

社会救助资金主要来源于国家财政拨款和社会筹集,此外还有信贷扶贫和国际援助。

(1)国家财政拨款。中央财政和地方财政拨款是社会救助基金主要来源。20 世纪九十年代以来,我国社会救助经费基本保持在年均 30 亿~40 亿元,其中国家财政拨款就占 2/3。

(2)社会筹集。形式主要有:募捐、乡镇统筹、扶贫经济实体和社会福利企业利润留成、救灾扶贫互助储金会的储金。

（3）信贷扶贫。通过金融部门筹集通融资金，发放低息或贴息优惠贷款，支持扶贫地区经济开发，扶持贫困户发展生产。

（4）国际援助。主要体现在救灾款上。根据灾害情况，及时向国际社会通报灾情，争取国际援助。

2. 社会救助支出管理

社会救助基金在发放和使用时必须遵守专款专用和重点使用的原则。2006 年民政事业费支出 782.3 亿元，比去年同期增长 19.1%。其中：救灾支出 59.3 亿元，城市最低生活保障支出 222.1 亿元，农村最低生活保障支出 41.6 亿元，农村特困户救济支出 13.9 亿元，抚恤事业费支出 157.4 亿元，农村五保供养支出 41.1 亿元，城市医疗救助支出 5.1 亿元，农村医疗救助支出 8.9 亿元，社会福利费 24.3 亿元。

3. 社会救助基金的组织管理

按照国务院批准执行的"三定"方案，民政部是负责"组织救灾工作，掌握和发布灾情，拨发救灾款物，组织接收、分配国内外救灾捐赠"的部门。政府设立了为社会救助配套服务的福利院、灾害临时收容所等。政府民政部门培训专门社会工作人员从事社会救助的登记、受理、核准、发放等工作。政府指导各医院成立医院社会工作部门，协助政府和有困难的患者申请与提供低收入家庭的重病、大病患者的医疗费用辅助。政府制定社会各类慈善基金组织的名录和导引，为社会慈善组织提供求助人名单，做好慈善组织和有困难群体之间的沟通。

5.4.4　我国社会救助基金管理存在的问题

1. 社会救助基金筹集困难

对于社会救助基金的来源，我国各地已由各级财政统一负担。但由于各地经济发展水平不同，财政收入存在较大差距。特别需要提供社会救助的地区，财政收入更是十分有限，而这些地区往往贫困人口的相对数还最多。随着社会救助覆盖面的逐步扩大，政府必然面临筹集救助基金的困境。

2. 社会救助支出增长缓慢

我国目前社会救助支出面临的主要问题是救济支出标准不能随着物价上涨而提高，以致贫困户、灾民的生活水平没有提高甚至出现下降的现象。社会救助支出的资金来源主要依赖于政府财政，这些年我国财政收入占国内生产总值的比重偏低，导致社会救助支出不能较快增长。

3. 救助执行标准不统一，随意性大

由于国内各地的经济发展水平不平衡，生活水平差异较大，难以提出一个在人均收入基础上，制定一个适合全国的最低救助基本标准。国务院提出各地人民政府要本着保障贫困居民基本生活必需品费用和财政承受能力，实事求是地确定救助保障标准。而由于

受到财力的影响,各地方政府制定的救助标准参差不齐,同一救助类型的相差也甚远。难以发挥社会救助基金应有的作用,降低了救助基金使用的效率。

4. 地方财政上救助资金落实不到位

社会救助基金是中央财政和地方财政共同负担的。中央财政负担的部分应该有保证。但是地方各级财政负担的部分到兑现时有可能发生问题。年初,各级地方财政都会按上面"配套"的要求做出预算,这样中央拨款才会拨下来,但预算资金的兑现却不一定能实现。

5.4.5　完善我国社会救助基金管理的建议

1. 推进立法工作

完善的立法是社会救助经常化、制度化、可持续的重要保障。从国外经验来看,社会救助立法在社会保障各项立法中是优先考虑的。但是我国目前的社会救助基金管理没有明确、统一的法律可依。实际工作中各种随意和变通的做法广泛存在,对社会救助的效果有很大影响,应尽快推动社会救助基金管理方面的法律出台。

2. 切实保障社会救助基金供给

政府要进一步加强对社会救助基金的财政支持力度。社会救助基金除了主要由财政负担外,还应扩大其他辅助来源。例如,发挥社会捐赠在救助基金筹集中的重要作用,组织捐赠、义演等慈善活动,依靠民间力量建立互助基金、扶贫基金等。另外,建议以个人所得税作为社会救助制度的专门财源。

3. 科学确定社会救助金基础线

在实施救助时,民政部门应该按照法定的程序和一定的测算标准实施救助,最大限度地寻求适度的公平与效率。凯恩斯主义主张对贫困家庭发给差额补助金,使生活在贫困线以下的家庭都能达到最低生活水准,拉平处于贫困线以下家庭参差不齐的生活水平。西方发达国家采用弗里德曼提出的"负所得税方案",即由政府确立一定收入的保障数额,然后对于低收入者给予适当的补助,以免把低收入者的收入一律拉平而带来经济效益的下滑,同时低收入者将分别根据其本人收入的一定比例获得救助。

4. 严格监管社会救助基金的使用

基层民政部门和街道办事处、居委会在发放救助基金时要坚持政策公开、金额公开、对象公开的原则,健全手续。对申领救助基金的人员要严格把关。定期对领取救助基金人员的家庭收入情况进行复核,发现高于当地救助标准的应停发社会救助基金。各级民政部门要经常检查资金的使用情况,定期做好清理、对账工作,并积极配合财政、审计等部门对社会救助基金的使用情况进行监督、检查民政部门要规范管理,努力建设比较完善的社会救助基金管理体系,提高基金管理的水平和效果。严格执行相关条例,不断规范和恪守操作程序,妥善解决新问题、新矛盾。加快信息化建设步伐,建立监督检查、统计报告和社会公示制度,不断提高管理和服务的信息化、社会化水平。具体对策包括:一是要求凡有资金缺口的地方要采取紧急措施,确保按时足额发放救助金;二是积极探索建立稳定的救助基金筹措机制,进一步督促有关省份加大救助基金的投入力度;三是运用科技手段加强救助基金的管理,不断提高管理水平,促进救助基金由传统落后的管理向科学化、规范化管理转变。

本 章 小 结

社会福利基金是国家为了实施社会福利制度,满足人们的福利而筹集的资金。它的作用在于保障劳动者和社会成员的基本生活需要,维持社会生产发展;保护弱势群体的利益,促进社会生产。

社会救助基金是指国家为实施社会救助制度,通过各种渠道所建立起来的、法定的、专款专用的货币资金。其作用在于保障居民的基本生存和发展权利,维护社会的和谐稳定。

我国的社会福利基金和社会救助基金的管理,存在政府定位不合理,管理不规范,城乡水平明显差异等问题,需要不断进行改革和探索,从基金的筹集、支付、监管等方面做进一步的修正和完善。

扩 展 阅 读

1. 郑功成.中国社会保障改革与发展战略:救助与福利卷.北京:人民出版社,2011.
2. 钟仁耀.社会救助与社会福利 第2版.上海:上海财经大学,2009.
3. 陈良瑾.社会救助与社会福利.北京:中国劳动社会保障出版社,2009.

关 键 词

社会福利基金(social welfare funds) 社会救助基金(social assistance funds)

思 考 题

1. 什么是社会福利基金?
2. 什么是社会救助基金?
3. 社会福利基金和社会救助基金分别具有什么特征?
4. 我国社会福利基金主要包括哪些内容?

5. 如何进一步完善我国社会救助基金的管理？

6. 我国社会福利基金管理中存在着哪些问题？如何去解决？

法国社会福利诈骗案频发

法国《新观察家》周刊在 2006 年 3 月 29 日有一期报道题为：系列诈骗失业救济金。在法国，诈骗失业救济金的案件频繁发生，诈骗金额也越来越大。一些有组织的诈骗团伙把负责发放失业救济金的全国工商业就业联合会看成了"摇钱树"，甚至把这种违法犯罪活动当成了自己的职业，国家因而蒙受了巨大损失。

2005 年 6 月，米歇尔因诈骗失业救济金被捕，涉案金额高达 1 000 万欧元。他曾经成立了无数家皮包公司。这些皮包公司唯一的业务就是制作申请失业救济金的全套假材料，然后每套以平均 1 000 欧元至 1 500 欧元的价钱卖给需要的人。曾经有 500 多人凭借这样的假材料拿到了国家的失业救济金，而事实上，他们当中的大多数人却从来没有工作过。米歇尔有可能被判处 10 年监禁，并处以 100 万欧元的罚金。

这并不是孤立的个案。类似的诈骗活动在法国大有日趋猖獗之势。专家认为，有组织犯罪现在开始瞄准一些收益大且风险小的目标，失业救济、医疗保险、家庭补助金和养老保险等社会福利部门成为他们理想的"靶子"。况且在他们看来，从社会福利部门找出可钻的空子，不是要比持枪抢劫银行要容易很多吗？几乎所有的社会福利部门都遭遇过类似的诈骗行为，不过从破案的情况来看，失业救济金诈骗最为严重。官方最近公布的数据是：团伙诈骗案发生 19 起，涉案人员为 6 400 人，涉案金额达 8 000 万欧元。不过，人们普遍认为实际情况肯定远远高于官方公布的数据。

令执法人员不解的是，一方面，这种福利诈骗的获利者，好像并没有意识到自己的行为已经触犯了法律。他们只需把假文件一填，然后就等着福利部门把救济金寄到家里，如此轻而易举。但是假失业者照样要受到法律的追究，他们可能被判 5 年监禁并处以 37.5 万欧元的罚金。另一方面，诈骗活动的规模化和组织化，也使全国工商业就业联合会感到力不从心、防不胜防。他们比较擅长的是查出个人在申请中所做的手脚。这类案例平均每月有 250 起，每年可造成大约 2 000 万欧元的损失。至于那些有组织的大规模系列诈骗，他们根本对付不了。巴黎的一家制衣厂虽然只有几个工人，但它在申请破产时却要求为其 45 名员工发放失业救济金。

2004 年，法国政府已经开始配备了专门的工作人员检查伪造文件，同时将申请失业救济的材料与其他相关机构联网。2005 年 2 月，一个预防欺诈和加强内部管理的部门宣告成立。全国工商业就业联合会希望通过这种措施打击骗取失业救济金的诈骗行为。

上海将出台措施杜绝开宝马吃低保怪象

一边开着奔驰宝马，一边吃低保的怪象将坚决被杜绝。

在 2012 年 2 月 1 日召开的 2012 年上海市民政工作会议上，明确部署了 2012 年上海市民政的重点工作，提出 2012 年将在低保领域全面应用经济状况核对系统，从而有效地防止富人钻空子吃低保的现象。

收入资产都纳入审核

目前，经济状况核对系统已经在本市廉租房、经济适用房的申请过程中运用，而这项措施也确实保障了公共资源得到更为公平合理的分配。市民政局相关负责人透露，经济状况核对系统最先纳入廉租房申请工作时，曾发现 24% 的申请者"名不副实"，之后运用到经济适用房的申请工作中时，"名不副实"的现象占到了 9%。而 2012 年，这项措施在低保领域的全面应用，也必将会对公共资源的公平分配起到显著的作用。

应用经济状况核对系统之后，将意味着低保的准入标准不再仅仅以薪酬状况来衡量，而会对申请者的收入和资产做整体性的评估。"在收入方面，除了核对申请者的工资和财产外，还会审核他的经营性收入和转移性收入。"该负责人解释，例如低保的申请者是否会在工作之外做一些生意就属于经营性收入，而遗产或其他人对于申请者是否有赠与等则属于转移性的收入。"资产部分则包括货币资产和实物资产，是否持有股票、债券等，是否有房有车都将得到全面的核对。"

打造更为诚信的体系

与廉租房和经济适用房的申请条件相似，今后低保的申请也将划定一个统一的资产标准。"当然，如果申请者有一辆车，也会审核这辆车究竟是他用以谋生的生产工具，还是属于他的实物资产。"据统计，截至 2011 年年底，上海市低保家庭覆盖数量为 39.07 万人，支出低保资金 15.58 亿元，该负责人表示，经济状况核对系统全面运用之后，低保资金无疑将更有效地落到实处。

如果被查出收入和资产状况与申报的信息不符怎么办？该负责人称，应用经济状况核对系统的另一个重要目的是打造更为诚信的体系。"第一次被查出不符会告知申请者，让他有一个诚信对待的机会。如果申请者依然不讲诚信，继续申报虚假的收入资产证明，就会对他的个人诚信体系有影响。"（东方早报 2012 年 2 月 2 日）

请思考：如何从根本上杜绝与"开着宝马吃低保"类似的社会福利与社会救助欺诈现象？

第 6 章

社会保障基金与公共财政

 本 章 提 要

　　本章主要介绍了社会保障基金与公共财政之间的关系。通过本章的学习,学生要掌握公共财政的概念、职能和特点;理解社会保障基金与公共财政的关系以及社会保障基金财政管理的具体内容;了解我国财政与社会保障基金管理的发展与现状;认识我国财政与社会保障基金管理中存在的问题,并对如何完善财政与社会保障基金管理有一个基本的思路。

6.1　社会保障与公共财政

　　随着社会保障基金支出规模的迅速扩大,国家财政的强力支持已经成为社会保障基金立足和发展的基础,没有国家财政的支持,社会保障基金将面临严重的经济风险。同时,公共财政理论的变化对社会保障理论和社会保障基金管理的制度实践也提供了具体的指导方法和应用手段。

6.1.1　公共财政的概念

　　公共财政是指政府为实现其职能并满足公共需要,凭借政治权力和财产权力,在公共领域进行的资源配置和收入分配的经济活动。在这一系列经济活动中,主要参与主体包括家庭部门,企业部门和政府部门。政府部门一方面以税收、收费等方式获取收入;另一方面又通过向社会公众提供各种公共产品,以及向某些家庭部门和企业部门提供补助或补贴而安排其支出。

6.1.2　公共财政的三大职能

　　公共财政的职能主要包括以下三个方面。

1. 优化资源配置职能

在现代社会中,资源配置的方式主要有两种,即市场配置和政府配置。公共财政所承担的资源配置职能是为弥补市场在资源配置方面的缺陷而存在的。其内容主要有:第一,将资源配置于无法按付费原则经由市场配置的公共部门;第二,将资源配置于具有自然垄断倾向而不宜由市场配置的非竞争性商品和行业;第三,将资源配置于具有高风险,且预期收益不确定,但对经济发展有带动作用的高新技术产业;第四,将资源配置于投资大、建设周期长、私人部门无力投资的基础产业和部门。

2. 调节收入分配职能

调节收入分配职能,是指公共财政以政府为主体的分配活动,按照社会公平原则,改变和调整市场分配的结果,以协调各种利益分配关系,促进社会稳定和经济发展的职责和功能。其内容主要包括:第一,调节个人之间的收入分配关系;第二,调节部门及产业间的收入分配关系;第三,调节地区间的收入分配关系。

3. 稳定经济增长职能

稳定经济增长职能,是政府运用税收、公债、转移性支出、投资等财政变量与其他经济变量的有机关联和相互影响,来调节和管制社会需求的总量和结构,使之与社会供给相适应,促使经济增长过程持续稳定的职责和功能。其内容主要包括:第一,调节经济增长速度,使其具有稳定性和持续性;第二,调节经济结构,使其具有协调性和合理性。

社会保障与公共财政的三大职能之间存在着密切的联系。[①]

(1)就公共财政的资源配置职能而言,国家发行国债常常借助于社会保障基金,世界各国普遍规定社会保障基金在投资过程中必须保证一定比例用来购买国债。

(2)公共财政分配职能中的福利性转移支出本身就是社会保障的内容。社会保障的基本功能就是对社会分配的参与,通过其分配机制的特有功能,缓解社会分配不公所造成的影响,为社会成员提供基本生活保障。

(3)在公共财政稳定经济的职能中,社会保障税税率以及社会保障支出等可以自动调节经济波动。通过个人所得税和社会保障制度来平抑经济运行的萧条与过热,是公共财政适应市场经济要求,实现稳定经济职能的重要手段。因为,社会保障制度下的济贫支出和失业保险费支出与经济形势的反向运动具有促进经济回升或抑制经济衰退的作用。

6.1.3 社会保障与公共财政之间的关系

1. 财政制度是社会保障制度运行的经济基础

(1)财政制度直接决定着社会保障分配领域的总量和结构。社会保障资金是政府公共财政支出的重要组成部分。社会保障资金的主要部分来源于财政资金:社会福利和社

---

① 韩笑,鲁全. 社会保障和公共财政研究综述[J]. 社会保障制度,2005 (4).

会救济资金直接由政府财政支出；机关、事业单位工作人员的社会保险资金直接由财政支出；企业和雇员的社会保险资金在收不抵支时，政府作为最后责任人给予支持；企业供款也可以看成是政府间接支持，因为此项费用在税前列支。

　　我国财政性社会保障金并没有专门的资金来源，直接通过财政收入列支，这也在一定程度上导致财政性社会保障支出水平较低，社会保障事业缺乏资金支持的现状。我国中央和地方社会保障支出合计占财政总支出的比重基本保持在 12% 左右，但其中纯粹体现社会共济和全民保障的抚恤、福利、救济支出仅占 2%，(见表 6.1)这个水平，即使和其他发展中国家相比也很低。

表 6.1　全国财政社会保障支出情况表

	项　　目	合计	1998 年	1999 年	2000 年	2001 年	2002 年	2003 年	2004 年
支出金额／亿元	财政总支出	129 855.2	10 798.2	13 187.7	15 155.6	18 103.6	21 374.6	23 646.2	27 619.4
	社会保障总支出	15 561.0	774.9	1 375.5	1 918.4	2 228.7	2 894.0	2 938.3	3 440.3
	社会保障总支出（不含社保基金）	14 088.1	774.9	1 375.5	1 432.9	1 918.9	2 436.8	2 861.7	3 287.5
	1. 行政事业单位医疗	1 693.0	176.8	191.3	215.4	241.3	257.8	286.4	324.2
	2. 抚恤和社会福利救济费	2 264.9	169.7	180.3	213.0	266.7	373.0	498.8	563.5
	3. 行政事业单位离退经费	4 491.0	282.8	393.0	479.6	624.7	788.8	895.0	1 028.1
	4. 社会保障补助支出	5 639.2	145.7	611.0	526.0	786.2	1 017.2	1 181.5	1 371.7
	5. 补充全国社会保障基金	1 481.9	/	/	485.5	309.8	457.2	76.6	152.8
占财务总支出比重／%	社会保障总支出	12.0	7.2	10.4	12.7	12.3	13.5	12.4	12.5
	社会保障总支出（不含社保基金）	10.9	7.2	10.4	9.5	10.6	11.4	12.1	11.9
	1. 行政事业单位医疗	1.3	1.6	1.5	1.4	1.3	1.2	1.2	1.2
	2. 抚恤和社会福利救济费	1.7	1.6	1.4	1.4	1.5	1.7	2.1	2.0
	3. 行政事业单位离退经费	3.5	2.6	3.0	3.2	3.5	3.7	3.8	3.7
	4. 社会保障补助支出	4.3	1.4	4.6	3.5	4.3	4.8	5.0	5.0
	5. 补充全国社会保障基金	1.1	/	/	3.2	1.7	2.14	0.3	0.6

数据来源：中国财政年鉴(2005 年版).中国财政杂志社，2005：379.

　　社会福利基金和全国社会保障基金都有明确的资金来源。社会福利基金实行按比例分级留成使用的原则,中央级留成比例为彩票销售总额的5%;省、地两级的留成比例不得超过彩票销售总额的5%;县级留成比例不得低于彩票销售总额的20%[①]。全国社会保障基金则主要来源于国有资产收益和财政补助。

　　(2) 财政制度是社会保障制度改革成败的重要支持

　　目前面对人口老龄化的趋势,各国均尝试进行社会保障改革,改革中会产生转制成本,这部分成本需要政府化解,以保证改革能顺利进行。

　　以我国养老保险基金为例,1997 年,《国务院关于建立统一的企业职工基本养老保险制度的决定》(国发〔1997〕26 号)(以下简称《决定》)正式将基本养老保险制度统一为社会统筹与个人账户相结合的部分积累制,确定了统一的缴费率和替代率,划清了"老人"(1997 年之前已经退休的职工)、"中人"(1997 年前参加工作的职工)和"新人"(1997 年后参加工作的职工)的界限,初步界定了转制成本的计算范围与规模。

　　然而,在《决定》中,只给出了养老金待遇给付的标准,即"'老人'老办法,'中人'中办法,'新人'新办法",但是"老人"的养老金、"中人"的基础养老金和过渡性养老金基金的来源都没有具体明确。因此,很快就出现了转型成本问题。这部分转型成本,以及个人账户被透支部分的名义增值额和发放过程中因种种原因而增加的部分,便构成了由体制转轨而派生的养老保险隐性债务(中国经济改革研究基金会、中国经济体制改革委员会联合专家组,2006)。世界银行、中国劳动和社会保障部科研所、国务院体改办和其他一些学者都对中国养老保险的隐性债务做过测算,虽然测算结果相差很大,但都表明这种制度转轨带来的成本的确是一个不小的负担。在一系列的假设条件下,最大的隐性债务规模(投资回报率为 4%)为 119 353 亿元,最小的隐性债务规模(投资回报率为 8%)也达到 18 301 亿元。[②]

　　如此巨额的隐性债务,都从社会统筹基金中支付,地方财政压力过大,尤其是一些财力较弱、下岗职工普遍的老工业城市,养老保障制度的运行步履维艰。由于国发〔1997〕26号文件只是将个人账户作为一个计发方法,个人账户不是实际账户,而是一个"名义账户",一些地方为满足当期支付需要,大量动用"中人"和"新人"积累的个人账户养老基金,不断地透支个人账户,使个人账户的空账规模越来越大。劳动和社会保障部门相关负责人于 2006 年接受媒体参访时曾透露,我国在 2005 年年底养老保险个人账户空账运行规模已超过 8 000 亿元,并以每年 1 000 亿元的规模在扩大。

　　个人账户空账运行大大增加了社会保险制度的风险和不可持续性。为了做实个人账户,我国先后出台了多项措施,比如降低个人账户记账比例,对社会统筹基金与个人账户

---

　　①　社会福利基金使用管理暂行办法.财社字〔1998〕124 号.

　　②　苏晓春,杨志勇.中国养老保险制度变迁的经济学分析.财经研究,2007(9).

基金实行分账管理,以及建立起全国社会保障基金这项战略性储备基金。目前,人力资源保障部正在推进由中央和地方两级财政出资,在 13 个省(区、市)开展做实个人账户的试点。① 值得注意的是,不论采取何种途径,在做实个人账户的过程中,公共财政都负有不可推卸和最后的责任。

2．社会保障制度与积极财政政策

凯恩斯主义经济学以需求管理为基础建立了他们的财政与社会保障经济理论。凯恩斯主义认为,收入分配不均不利于资本的增加,他主张实行累进税制以缩小分配差距,要求以财政政策为重心,通过政府有意识的财政支出与收入来影响消费倾向。凯恩斯主义提出,通过个人间的财政转移支付,既可以对失业者、贫困者以救济,从而刺激消费需求,也可以使政府在经济发生波动时通过改变社会福利费用支出的水平影响总需求水平,来调整经济运行。凯恩斯的有效需求理论既是积极财政政策的理论基础,也成为现代社会保障制度建立的理论基石之一,为政府干预经济、承担更多的社会保障责任提供了有力的理论依据。

为了保证财政负担适当,社会保障制度的设置应该有利于扩大边际消费倾向。扩大边际消费倾向就应当倾向于解决被保险者最迫切需要解决的问题。这样可以最快地将政府投资转变成消费,从而刺激经济增长。同时这也符合福利主义学派的观点,收入分配如果向穷人倾斜,可以提高整个社会福利,有利于实现帕累托最优,有利于社会稳定。如果社会保障制度设计得当(边际消费倾向足够大),还可以增加财政收入。

在社会保障体系中,个人负担的部分越多,出于防范个人风险的需要,个人储蓄就会越多,挤占的即期消费就越多,并且这些资金并不一定能满足出现不测事件自我保障的需要。而建立一个完善的社会保障制度,可以有效防范个人风险,从而释放部分储蓄,起到减少储蓄,扩大内需的作用。内需扩大可以有效刺激经济发展,增加财政收入,因此社会保障支出也成为积极财政政策的重要政策工具之一。

6.1.4　社会保障基金财政管理的内容

1．预算管理

对社会保障基金实行预算管理是政府为实现社会保障目标的管理手段,不仅能够增强社会保障基金收支管理的强制性和相对稳定性,还能够使政府和公众对社会保障基金有全面和完整的了解。在已经建立社会保障制度的国家中,多数建立了社会保障预算制度。

---

① 张艳玲,兰方.人力资源保障部表示将继续做实养老保险个人账户.财经,2009 年 02 月 20 日.http://www.caijing.com.cn/2009-02-20/110072197.html

2. 财政拨款管理

在现代社会保障制度中,政府的财政拨款是筹措社会保障资金的一个固定的重要的来源渠道,没有国家财政作为经济后盾,很难建立起健全的社会保障制度。许多国家将社会保障基金直接纳入国家的财政预算,有的国家虽然社会保障基金在财政预算系统之外运行,也通过财政专户对其进行密切监控;有的国家建立了完全独立于国家财政预算系统之外的社会保障基金系统(如新加坡、智利等),国家财政仍承担对社会救济、社会福利事业的直接拨款责任,有时还对系统之外的社会保障基金给予适当的援助。

财政对社会保障的拨款表现为以下几个方面。

(1) 直接拨款实施社会保障项目。如社会救济等项目都是由政府财政全部供款的,有的国家还有政府财政分担社会保险缴费的责任。

(2) 承担社会保障运行费用。运行费用虽然并不直接用于受保障者,却维持了社会保障基金的完整与安全,因而也是实施社会保障制度的重要的经济条件。我国社会保障经办机构的经费最初是按比例从社会保障基金收入中提取,目前也已经全部改由财政预算安排。

(3) 实行税收优惠。例如给予纳税人及社保基金投资运营的税收优惠。

3. 税收管理

财政对社会保障实行的税收调控主要体现为税收优惠。

(1) 对社会保障缴税的纳税人给予税收优惠。财政将社会保障缴费(税)从企业利润及个人所得税中分离出去,实质上是财政资金的转移和让渡。企业社会保险费税前列支会减少财政的所得税收入,但同时可以鼓励缴纳社会保障税,增加社会保障基金。

(2) 允许慈善捐赠享受免税优惠。慈善事业和社会捐助是社会保障的重要内容,是政府保障的有利补充,对慈善组织和社会捐赠采取税收政策引导能够有效地促进慈善事业发展。财政是否允许慈善捐助在个人所得税和企业所得税税基中扣减将直接影响纳税人的捐赠行为;允许纳税人在其所得税税基中扣减的比例也会对捐赠行为产生影响,扣减比例越大,对纳税人捐赠的激励作用越大,也将促使人们选择慈善捐赠方式合理避税。

(3) 对社会保障基金的投资运营给予税收优惠。财政要对社会保障基金的投资运营给予税收优惠。例如,我国对社会保障基金理事会、社会保障基金投资管理人运用社保基金买卖证券投资基金、股票、债券的差价收入,暂免征收营业税。对社会保障基金理事会、社会保障基金投资管理人管理的社保基金银行存款利息收入,社保基金从证券市场中取得的收入,包括买卖证券投资基金、股票、债券的差价收入,证券投资基金红利收入,股票的股息、红利收入,债券的利息收入及其他收入,暂免征收企业所得税。适当的税收优惠是推动社会保障事业发展,提高企业和个人参保积极性不可缺少的。但过多、过滥的优惠又会影响社会保障基金的收入,造成应征收入的大量减少。因此,确定税收优惠项目一定要科学、合理、适度。部分编制税收支出预算的国家也将社会保障税收优惠政策作为税收支出预算的重要内容,对国家通过税收优惠政策给予社会保障的隐性财政支出规模进行统计、监督和管理。

4．财务管理

财政对社会保障财务管理主要分为两个层次。由政府直接举办的社会救济和社会福利项目,由于其经费来源于财政经常性公共预算,财政对这些项目实施收支管理和监督。对于社会保险收支,财政参与管理的程度要取决于社会保障管理体制。在政府强制实施但由民间机构具体管理的体制模式下,财政主要负责收支的宏观管理,给予必要的财政补助。在政府强制实施且有政府直属机构直接管理的体制模式下,财政不仅要对其实施宏观的监督管理,具体的收入、支出也都属于财政的管理范围。为了保证各项社会保障基金的安全和完整,提高社会保障基金使用的透明度,无论是政府直接举办还是民间管理为主,财政都必须建立健全各项财务会计制度,制定相关的财务、会计、监督法律法规,加强社会保障基金的财务管理和会计核算工作。国际会计准则委员会颁布了"雇主财务报表中退休金会计"、"退休金计划的会计和报告"等专门会计准则,我国也先后制定了《社会保障基金财务制度》、《社会保障基金会计制度》等财务会计制度,对社会保险收入、支出以及具体的会计科目作了明确规定。

社会保障基金结余的投资运作也是社会保障财政管理的重要内容。在实行现收现付制的社会保障财务制度下,基金结余仅相当于 2～3 个月支付额的备付金,一般只能用于购买短期国债或存于银行。在实行部分积累或完全积累制的社会保障财务制度下,基金结余规模较大,出于保值增值的需要,必须进行投资运作。无论是现收现付还是基金制,基金结余的投资运作都必须在财政规定的制度框架和政策范围内进行。为了规范社会保障基金投资运作行为,我国财政部已经制定了《全国社会保障基金投资管理暂行办法》。

6.2　公共财政体制下的社会保障基金预算

6.2.1　社会保障基金预算模式

社会保障基金预算是社会保障管理部门为实施社会保障计划和任务编制的,对预算期内社会保障基金的收入和支出活动所做出的,经过法定程序审批,得到法律认可的财务计划。

目前,国际上大致有三种社会保障基金预算模式。

1．政府公共预算

将社会保障资金视为政府的经常性开支,在政府公共预算内统一安排,不存在单独的社会保障预算。这种模式的典型代表为英国、瑞典等国。

英国的社会保障预算收支都包含在政府的经常性预算中。英国社会保障收入来源于国民的"社会保障缴纳(社会保险税)"。在英国的社会保障资金来源中,社会保障缴费所占比重偏低,1994 年为 34.95%(由雇主和雇员分别承担)。英国的社会保险费由国内税务局负责具体征收,收入上缴国库,成为政府财政收入的有机组成部分,由财政部统收统支,不存在独立的社保预算,只是各项社会保障在公共预算中单独反映,当社会保障项目收不抵支时,按规定从一般性税收收入中调剂解决。[①] 英国的社会保障支出直接以"社会保障费"项目列示在政府的经常预算支出中,在政府经常预算支出中社会保障费所占比重1977 年为 23.9%,1984 年为 29.1%,1994 年为 32%。[②]

2. 专项基金预算

将社会保障收支与政府经常预算收支分开或相对独立,单独编列社会保障专项预算,这种模式的典型代表为美国。

美国的社会保障资金以信托基金的形式进行管理,将社会保险税收入存入信托基金账户,社会保险税收入和社会保障支出在政府预算中以总额单独列示,社会保险税的结余以基金形式单独编制预算。

美国社会保障信托基金是财政部下的一个金融账户。社会保障税的税款流入国库存款账户,交由政府在全国各地的财政机构进行管理。财政部将通过国库收上来的工资薪金税以联邦保障金的形式转记到社会保障信托基金的专门账户。美国的社会保障信托基金的 89% 来源于工资薪金税,亦即社会保险税。它是由薪金税、失业保险税、个体业主税共同构成的一个综合性的税种,现已成为美国仅次于所得税的第二大税种。[③] 信托基金是一个名义账户,资金并不进行实际转拨,只是财政部在自己的相关账户之间进行转账而已,因此社会保障津贴的发放不通过信托基金,还是通过国库。在国库支付社会保障津贴的同时,同等价值的保障金也就从信托基金的账面销掉了。当社会保障税款的收入大于其支出时,体现在社会保障信托基金专户上的保障金余额就会增加。这些余额代表着政府对社会保障信托基金的负债。

3. 不纳入政府公共预算

社会保障收支均独立于政府预算之外,单独管理,如新加坡的社会保障公积金。

新加坡的社会保障采取中央公积金制度,按照公积金法令,所有受雇的新加坡公民和永久性居民都是新加坡公积金会员,必须依法缴纳公积金。新加坡的公积金下设三个子账户:普通账户、特别账户和保健储蓄账户。75% 的公积金存入普通账户,10% 存入特别账户,15% 存入保健储蓄账户。新加坡的社会保障公积金不论是其收支还是投资运营均不纳入政府预算,政府不负担任何费用,完全是在政府预算之外独立运行。新加坡的公积

①　吴俊培,甘行琼. 借鉴国际经验尽快开征社会保障税. 税务研究,2002(3).

②　林治芬. 国际社会保障预算的分析与借鉴. 中国社会保障,2000(1):34.

③　林治芬,于晓梅. 美国社会保障预算同联邦预算的关系. 中国财经信息资料,2004(11):44.

金制度由隶属于劳工部的中央公积金局负责其行政管理,但公积金资产的具体营运是由政府投资公司负责。

以英国为代表的福利国家将社会保障收入与支出直接列示在政府的经常性预算收支中,政府直接参与社会保障收支的具体管理,社会保障收支安排过程中直接体现政府的意志。这种预算模式的优点在于最大限度地体现了政府在社会保障制度中应当承担的责任,由政府财政为基金支出兜底,可以确保社会成员的福利水平。但由于社会保障预算与政府经常性预算收支混在一起,难免社会保障收支与经常性收支之间相互挤占资金。而且由于社会保障预算收支全部由财政负责,在福利刚性作用下,社会保障支出膨胀,成为财政不堪背负的重压。同时由于社会福利支出日益膨胀,致使劳动力成本不断增加,增加了产品的生产成本,影响了作为市场经济主体的私人企业的资金积累,导致产品竞争力下降以及产业资本向廉价劳动力市场流动。在"银色浪潮"的席卷下,以英国为代表的政府公共预算形式的社会保障预算已不再为各国所赞同。

以美国为代表的资本主义后起之秀在社会保障制度设计上兼顾了公平和效率。专项基金预算模式兼具有政府公共预算模式和不纳入公共预算模式的优点,主要体现在:

(1) 把通过社会保险税筹集的社会保障资金形成社会保障信托基金,由专门机构单独管理,依法运营,并向全社会定期发布基金运营情况,因此基金运作透明度高,公众监督作用强,基金安全性较好,便于基金保值增值,在基金运作管理方面较为成功;

(2) 总额列入政府预算内的社会保障信托基金,在其收支投资管理等方面与政府经常性预算收支分开,单独成体系,避免财政对社会保障的大包大揽,减轻了财政负担。但是这种模式也存在着不足,由于政府预算中仅反映社会保障信托基金收支总额,对于各项基金的收支情况等不能详细反映,这样政府对社会保障的控制力相对就小,一旦社会保障信托基金管理出现问题,对作为社会保障最终负担者的财政就将构成很大威胁。

社会保障不纳入政府预算管理这种模式的最大特点是政府不直接参与社会保障的收支管理,因而财政对社会保障的负担相对要轻。而且社会保障资金单独核算,有利于基金的保值增值。但是,社会保障本来是国家宏观调控的一种政策手段,具有收入再分配以及统筹共济性的含义特征。由于完全脱离预算之外,政府只是通过法律、法规等对社会保障实行间接管理,政府对社会保障的干预作用程度太小,因此政府利用社会保障进行宏观调控的作用明显减弱。从世界范围看,社会保障完全脱离国家预算这种形式多是少数小国家采用,比如新加坡、智利和东欧的一些国家。

通过对世界各国社会保障预算模式进行分析和比较,不难看出:第三种模式存在着非常明显的缺陷,作为与全体公民的生存与生活息息相关的社会保障基金,政府要管。但是如何管、管多少这就需要我们进行充分的讨论。但可以明确的是,社会保障预算应与政府经常预算分开,但又不能完全割裂开。

6.2.2　我国社会保障基金预算管理体制

1. 我国现行的社会保障预算模式及存在的问题

新中国成立后很长一段时间,中国一直编制单式国家预算,社会保障方面的支出通过几个支出项目表现出来。1992 年开始编制复式预算,国家预算被分为经常性预算和建设性预算两部分,社会保障方面的支出在经常性预算中反映。与过去几十年来传统的单式预算相比,这种做法有利于政府科学划分管理职能,明确管理范围和改善管理方式,是一种巨大的进步。随着改革的日益深化,特别是我国现代社会保障制度框架的初步形成,人们逐渐认识到为全面反映社会保障资金收支情况,还应编制社会保障预算,以便政府对全国社会保障基金收支规模、结构的变动情况有一个总体的把握。1993 年党的十四届三中全会明确指出,"建立政府公共预算和国有资产经营预算,并可根据需要建立社会保障预算和其他预算"。

虽然在改革的过程中,复式预算的出现为社会保障基金的有效管理提供了有利条件,但与建立社会保障预算的目标仍有很大差距。

我国现行的社会保障预算模式存在的主要问题如下。

(1) 社会保障基金、社会福利基金没有纳入财政预算管理。根据《社会保险费征缴暂行条例》和《社会福利基金使用管理暂行办法》的相关规定,规定了社会保险费和社会福利基金分别纳入单独的社会保障基金财政专户,实行收支两条线管理。而对社会保障基金和社会福利基金进行管理的,分别是社会保险经办机构和民政部。这就导致了委托管理链条过长,影响了基金的筹集、支付以及安全。

收支两条线管理主要有收入和支出两方面。从社会保险资金征收方面看,目前实际工作中有两种征收方式:社会保险机构征收和地税代征,而以前者为主。所说的社会保险机构征收就是企业开户行根据社会保险机构开具的托收单据代为扣缴,然后进入社会保险部门的收入过渡户,再由收入过渡户划转到财政专户。所说的地税代征,就是由地方税务部门依据社会保险管理部门开展的基金托收单据或企业自填的缴费申报进行征收,然后由企业开户行将资金直接划入财政专户。社会保障基金的征缴环节一般包括:参保登记—基金征缴—分账—欠费追缴四个环节,由税务部门代征后,社会保障基金的征缴环节就变为:参保登记—社保部门将登记的情况传递给税务部门—税务部门代征—税务部门与社会保险管理机构核对欠费企业—社会保险管理机构对欠费企业的代征—地税部门社会保险管理机构进行对账—个人账户管理,变为了七个环节,环节的增加意味着工作效率的降低,效率的降低也间接地加大了征缴的成本。[①]

另外,长期以来,预算外资金缺乏有效的制约和管理机制,在资金运用过程中容易导

---

① 黄丽娟. 社会保险基金会计信息披露的研究(硕士学位论文). 北京:首都经济贸易大学,2003:16.

致各种违规行为的产生。以社会保障资金为例,就存在着管理混乱、资金浪费和挤占、挪用严重等现象。而且个人账户社会保障基金没有独立的专门预算,积累困难,基金规模小,严重影响了个人账户的投资运营。

(2) 社会保障基金预算收入安排缺乏强制性和规范性。综观世界各国,目前社会保障收入主要来源于如下几个方面:一是社会保障税或费;二是政府的预算拨款,即政府的一般收入;三是社会保障基金的投资收益;四是各种形式的捐赠。社会保障税,是为筹集社会保障基金而征收的一种专门目的税。有的国家薪给税与社会保障税是作为一个税种征收的,二者具有相同的特征。也有一些国家征收的薪给税实际上是按工薪收入预提的个人所得税。在欧洲的多数国家中,社会保障税采用社会保险缴款的形式,之所以不称之为税,是基于这种缴款具有有偿性利益对等关系的考虑。但不管名称如何,他们的性质和用途相同。除此之外,世界各国大多数以政府的一般税收收入来弥补社会保障税收入与社会保障支出之间的缺口。一些国家的社会保障制度非常依赖从社会保障税获得资金,而另一些国家则侧重于一般税收收入。社会保障税在规模和结构上的差异反映了各国组织社会保障的不同方式。相比较而言,征税优越于收费,因为税收的强制性、固定性特征,能保证社会保障基金的稳定增长。在一些发达国家,社会保险税已成为第一或第二大税种。不仅如此,社会保障基金中还有相当一部分直接来源于政府经常预算的拨款,尤其是用于社会救济和社会福利的支出,主要依赖于财政。因为社会救济和社会福利支出的共同性质是当时社会成员面临基本生活困难时政府所提供的补助,而这种补助的理论依据在于:保障每一个社会成员最基本生存需要是政府财政义不容辞的责任。

在我国,社会保险费率过高直接影响了企业参与社会保险和缴费的积极性,据一项课题研究结果表明,2003 年我国养老保险参保率只有 45.4%,而且参保人群缴费损失率高达 33.2%。[①] 由于雇主和雇员共同缴费的总额中大约 2/3~3/4 用于“社会统筹”,对个人和企业的缴费主体来讲,两方面都缺乏激励机制,“社会统筹”和“个人账户”两个方面的积极性没有很好地“调动”起来,雇员对其个人账户的缴费和雇主对其社会统筹的缴费都不积极,彼此都不关心对方或监督对方是否足额缴费或是否缴费,甚至两方面都存在着“故意逃费”的动机。对社会保险制度而言,这成为一个恶性循环,欠缴、逃缴的行为导致统筹账户进一步缩水,为了实现收支平衡地方政府不得不继续提高缴费率,这也使得各地方的缴费率水平参差不齐,各自为政,缺乏统一和强制性。

(3) 财政预算监管体制不完善,财政预算监管机制不成熟。我国宪法明确规定由人大审批监督预算。由于种种原因,预算审批监督的实践还存在不少问题。现行法律规定不完善,宪法和组织法对人大审批预算只有原则性的规定,没有相配套的专项法律规定,

---

① 林治芬.社会保障与就业联动的实证分析.财贸经济,2005(6).

实际审批监督工作难以操作;人大及其常委会目前的机构设置及其人员配备和议事程序,难以适应提高预算审批监督质量的要求;预算的执行存在的问题使人大的审查工作难以深入。我国预算年度自公历 1 月 1 日起开始执行预算,而人代会一般 2 月下旬至 3 月初召开并着手审查预算草案。造成预算先执行,后编制,再审批的局面,影响了预算的严肃性和权威性。

预算涉及财政资金和国家资源的分配问题,对参与部门和人员的预算能力要求很高。随着政策研究、对策研究和制度设计的加强,不仅要求说清道理,而且要求给出做的程度、后果及如何取舍的求证。

在西方国家的预算理论和实务中,新兴的政治理论和经济理论往往成为提高预算技术方法的理论渊源,如系统理论、计划理论、信息或决策技术、博弈理论、集团理论;反过来,对预算越来越高的要求促进了相关技术的发展,两者形成良性互动。预算部门高度重视经验方法和数量方法的研究和应用,建立各种模型和预测系统进行收入预测和支出预测,大大提高了预算编制的科学性和准确性。相比之下,我国的财政预算监管能力不足,机制还很不成熟。

2. 建立社会保障预算制度的意义

社会保障预算制度是指国家以行政法规筹集并管理社会保障收入和支出的全部体现和管理方法。既然社会保障基金是一种财政资金,那就理所当然要被纳入预算管理范围之内。社会保障预算的建立,意义主要体现在以下几个方面。

(1)一是便于将各项与社会保障事务有关的基金统筹安排,便于政府从整体上规划社会保障事业。从社会保障预算收入和支出包括的项目看,它应有养老保险基金、失业保险基金、工伤保险基金、医疗保险基金以及社会福利基金、社会优抚基金和社会救济基金的支出和收入,等等。如果我们对社会保障基金实行全社会统一预算管理,其基金的使用也就成为一种社会行为。社会的公共行为要求建立特有的社会保障行政机构来统一组织实施这些公益性活动。这会减少管理费用从而降低社会为此而支付的总成本。

(2)它将使社会保障资金收支具有可靠的稳定性。社会保障预算资金的筹集按国家、企业和个人共同负担的原则实施。这既照顾了各方面的利益,又在一定程度上体现了现行统筹制的连续性和过渡性。与此同时,我们将现行的一些由财政负担的社会保障支出,从政府公共预算中划出,纳入社会保障预算支出。而社会保障预算一般不得发生赤字,一旦发生,应通过提高社会保险税率、社会保障费征收标准或减少社会保障支出总额来解决。这便形成了自己独特的循环机制。它既和总体财政预算有关,或者说从根本上依赖于或决定于总体财政预算状况,但又在一定程度和一定范围内独立于总体财政预算并对其起支持、补充作用。这种相对独立的收入支出使得社会保障资金收支具有了前所未有的稳定性,从而使整个社会保障事业有了可靠的财力基础。

(3)它将使社会保障事业具备前所未有的法律强制性。通过国家预算的形式征收社会保障事业所需资金,是带有强烈法制色彩的社会行为,任何企业、任何个人都无法借故推托。从企业角度来说,缴纳各种社会保障税,是一种应尽的法定义务,因为这只不过是按照公平原则将过去承担的本属于社会的保障义务归还给社会来承担而已。这可以解决新老企业养老、医疗等费用负担极不合理的矛盾,有利于企业卸下包袱,参与市场公平竞争。从个人角度看,征收我国境内企业和行政事业单位的在职职工、个体劳动者、外资企业中方人员的社会保障税,是把个人的长远利益和近期利益统一起来的一种做法,同样是一种法定义务。如果将其纳入国家财政预算内,使之带有法律强制性,问题便迎刃而解了。

(4)社会保障预算制度还将使社会保障事业具有极大的透明度。社会保障筹资涉及政府、法人团体、个人三者的权利和义务,涉及各经济主体对经济利益的权衡比较,因此它本身要求通过一种比较透明的预算制度来保证。在这种预算制度中,社会保障的对象、形式、项目设置、保障标准、筹资方式都以行政法规的形式加以确定,并交由统一的社会保障部门办理。在统一的社会保障系统中,财政将负责对社会保障管理部门的审计和监督,并向各级人民代表大会报告社会保障预(决)算情况。在这种体制中,民众和社会舆论也会积极参与和监督,这就从根本上保证了社会保障事业健康发展。

3. 构建我国社会保障预算体系

鉴于目前我国的社会保障资金主要由各类社会保障基金和一般税收收入安排的社会保障支出构成。结合实际,目前可供选择的模式包括 3 种。

(1)预算外形式。社会保障基金作为预算外资金进行管理,收支纳入财政专户,收支两条线。这种模式中财政对资金的监管参与程度小,监管程度弱。改革前我们采取这种模式,已不能适应社会保障资金日益庞大、需要加强监管的现实,亟待进一步改革。

(2)社会保障基金预算。将一般预算收入安排的社会保障支出和各项社会保险收支合并编制预算。其优点能全面反映社会保障资金收支情况和资金整体规模,可对社会保障的资金需求做全面、统一的安排;便于管理监督;体现了政府的责任。但缺点是预算科目变动较大,涉及多部门利益的重新调整,实施难度大;编制方法较复杂,技术处理有难度。

(3)"板块式"社会保障预算。即将社会保障预算的内容分为两块:一块为社会保险个人账户基金预算,作为过渡仍可采用预算外形式进行管理,由地方社会保险经办机构征收保费;另一块为其他社会保障基金预算,在政府财政预算内做出安排,社会保险统筹账户由国家税务局直接征收并缴入国库,实现更高层次的统筹水平,利于劳动力在区域间转移流动。适当的时候可以选择开征社会保障税,为我国社会保障事业的发展和社会保障水平提高提供稳定的收入来源。这种模式的优点是利于加强资金管理;明确体现政府的支持;编制方法较简单,易过渡。虽然此种基金预算无法全面反映社会保障收支规模和保障水平,但仍是目前可行的构建社会保障预算体系的模式,如图 6.1 所示。

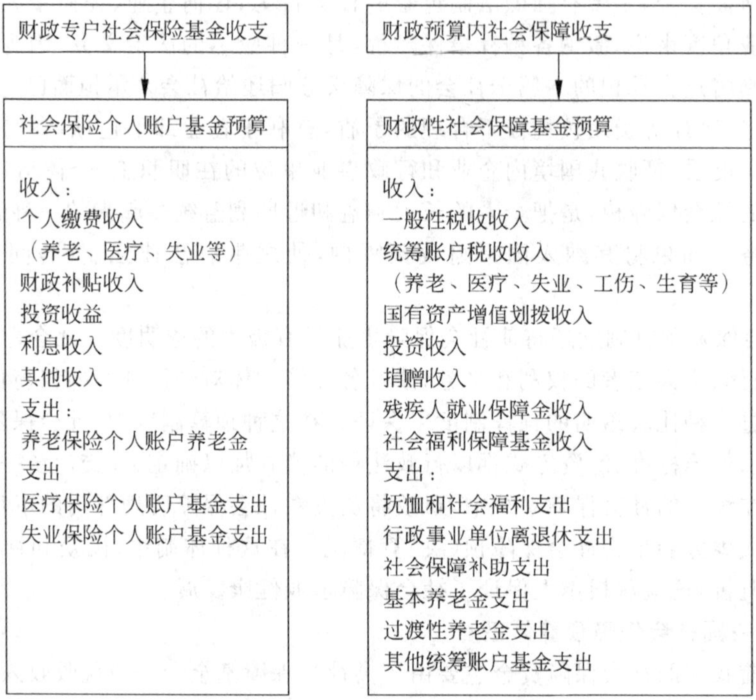

图 6.1 "板块式"社会保障预算体系

构建"板块式"社会保障预算体系需要重点把握好以下几个环节。[①]

(1)尽快建立健全科学合理的社会保障的专门机构,以保证社会保障预算制度的顺利实施。目前我国缺乏社会保障的统一管理机构,基本上是劳动、民政、财政三家各自划界,共分天下。这对发展我国社会保障事业极为不利。

(2)切实做好与现行社会统筹制衔接的有关工作,以利于社会保障预算制度的平稳过渡。原有的社会统筹保障资金应划归国家财政,与新的统筹账户税收一起纳入财政性社会保障基金预算。今后随着社会管理现代化程度的提高,可以通过全国微机联网形式,使纳税人不论在任何居住地,都可以持续缴纳社会保障税目和享受社会保障福利。

(3)认真加强社会监督机制,为社会保障预算制度的实施奠定坚实的群众基础。实施社会保障预算制度与千百万人的切身利益密切相关,每一个纳税人都会要求这些税款正确做到"专款专用",也会关心整个收支是否平衡等重大问题。要取信于民,就必须加强社会监督机制。要定期公布社会保障资金的收支情况,及时接受纳税人的质询,要对社会保障基金使用情况做经常性审计,对挪作他用的要及时曝光并予以严惩。

---

① 靳共元.简论我国社会保障预算制度.现代企业导刊,1996(9):51-53.

只有这样,才能为社会保障预算制度实施争取到最广泛的群众支持,保证国家意志的彻底实现。

（4）转变社会保障基金投资运营的方式,变直接投资为委托投资。近年来,各国的研究表明,凡是由政府管理运作的公共养老基金的收益率一般低于私人机构管理的养老基金。委托投资方式指将社会保障基金委托给专业的资产管理公司进行投资运营,社会保障基金管理机构只负责基金的日常收支、计算等工作,不承担基金保值增值的责任。这一方式的优点是既有利于社会保障基金管理机构专心做好本职工作,又有利于社会保障基金保值增值的实现,获取较高的收益率。缺点是由于社会保障基金管理机构与受托机构的委托代理关系,会加大对社会保障基金的管理难度,增加管理成本与信息不对称的风险,委托投资方式意味着需要政府的参与对社会保障基金进行严格的监管,包括投资规则、投资风险防范、信息披露等。[①]

6.3　完善我国社会保障基金的财政管理

6.3.1　我国社会保障基金财政管理存在的问题

近几年来,随着我国社会保障制度逐步完善,社会保障基金的财政管理实践也取得了较大突破。各级财政积极参与社会保障制度建设,社会保障资金的财务管理进一步加强,财政投入不断加大,社会保障基金作为预算外资金纳入财政专户管理,社会保险经办机构经费由提取管理费改为财政预算安排,有力地支持了社会保障事业的发展。但社会保障财政管理中仍然存在着一些不容忽视、亟待解决的问题。

1. 尚未建立经常性的财政投入机制

尽管近几年社会保障财政支出连年大幅增加,但与发达国家和其他发展中国家相比,我国政府用于社会保障的资金投入比例还是比较低的,尚未建立起经常性的财政投入机制。与发达国家相比,我国个人缴费水平和企业缴费水平相对较高,而政府对社会养老基金贡献却偏低。目前,中央财政用于社会保障的支出占中央财政总支出的比例,加拿大为39％,日本为37％,澳大利亚为35％,我国只有10％左右。尽管近两年中央也一再要求各级财政部门要通过调整财政支出结构将财政支出的15％～20％用于社会保障,但由于缺乏立法约束,财政对社会保障投入带有明显的随意性。

2. 各级政府间的社会保障财政责任模糊

一是社会保障事权过分下移,统筹层次不高。国务院于 1998 年就明确要求,各省区市要在 1998 年年底以前实行企业职工养老保险基金省级统筹,建立基本养老保险基金省

---

① 黄丽娟.社会保险基金会计信息披露的研究(硕士学位论文).北京：首都经济贸易大学,2003：4-5.

级调剂制度。尽管如此,我国大部分地区的社会保障基金仍然处于"县级统筹"和"市级统筹"的分散管理状态,全国除了京、津、沪三市外,仅陕西省基本做到了企业职工基本养老金省级统筹。二是中央政府在政策制定、基金管理上权威不足。目前所有的社会保障基金均处于省及省以下市、县的分散管理之中,导致中央财政缺乏调剂地区间社会保障基金的权力和能力。三是地方政府财政责任不明,既无法自主地推进社会保障改革,又可以在社会保险具体方案设计、基金管理使用等方面违背中央的统一要求,维护地方利益。四是政府间的财政投入责任不清。1998—2001 年,国家财政对养老保险的补贴中,90％以上均来源于中央财政,地方财政不足 10％;有条件的地方可能多投入,无条件、负担重的地方可以少投入甚至不投入,完全依赖中央财政补贴。

3. 社会保障基金缺口已成为财政风险的巨大隐患

社会保障的财政风险主要表现在养老保险风险。目前我国的养老保险基金已经出现支付危机,不断扩大的养老保险基金收支缺口,已经成为引发财政风险的巨大隐患。

在养老保险之外,失业保险和最低生活保障也在一定程度上增加了财政风险。2001年,全国有 8 个省份失业保险金收入当年收不抵支。随着下岗与失业并轨,失业保险财务的不可持续性将迅速显现,无形中增加了财政风险。城镇居民最低生活保障资金本身就是由财政负担,各级财政已经投入了大量资金用于城镇贫困人口保障。但目前对城镇贫困人口的保障仍显不足,我国现有城镇贫困人口 3 100 万以上,1999 年享受社会保障的总人数不足 300 万,2000 年不足 400 万。随着"低保"范围的扩大,最低保障水平的提高,财政风险也不断加大。

4. 社会保障基金的预算约束不足

虽然社会保障基金实行预算管理,由经办机构编制年度基金预算草案,由劳动保障部门审核汇总并报财政部门审核,经同级政府批准后,由财政部门向劳动保障部门批复执行。但社会保障基金预算其实还算不上真正的预算,不仅预算审批层次低(经同级政府批准即可),而且具有预算软约束的特点,各地区各部门在社会保障基金管理上缺乏相应的监督和法律、法规的约束,社会保障基金不同程度地存在挪用和浪费现象。一些地方擅自动用社会保障基金用于基本建设和公用事业建设投资,甚至盖办公楼、宿舍和搞房地产投资和证券投资,给社会保障基金造成损失。经劳动和社会保障部、财政部等部门检查核定,仅 1996 年至 1998 年 3 月各地违规动用基金就达 173.98 亿元。随着经济的发展,社会保障资金规模也会越来越大,如果继续实行分散管理,不能纳入财政统一的预算体系接受立法机构的监督,不仅难以保证资金的安全和完整,而且不能保证政府社会保障职能的实施。

5. 社会保障基金保值增值不理想

一方面,目前整个社会保障基金基本上是由地方甚至是市县社会保险机构分散管理。在这种背景下,或者基金太少无法进行投资运营,或者虽有一定积累,但基金运作又常常受到地方政府的干预和地方利益的驱动,挪用基金、投资难以回收等现象屡屡发生。另一方面,社保基金的投资运营渠道单一,在一定程度上制约了基金的保值增值。按国家规定,基金结余只能用于购买国债或存入国有商业银行,严禁进行其他任何形式的投资。而银行利率水平和国债发行量、发行方式等很难满足社会保障基金保值增值的需要。

在我国 1997 年的养老保险制度设计中,个人账户部分能够提供 38.5% 的替代率的假设前提是平均预期寿命为 70 岁,并且工资的增长率等于名义利息率。在缴费 40 年,收益 20 年的前提下,不考虑通胀因素,实际利率大于实际工资增长率 3%,10% 的缴费率能带来 55%～60% 的收入替代率。如相等,则替代率降低为 20%～30%。比如上海个人账户记账利率在 2004 年、2005 年均为 1.98%,个人账户替代率很难承担养老责任,统筹账户将面临很大支付压力。在较长一段时期内,社保基金保值增值的主渠道,恐怕仍然是依靠买国债、存定期的低息收入,社保基金的保值增值,正陷入"安全性"与"效益性"的两难选择之中。

6.3.2　完善我国社会保障基金财政管理的对策

针对我国社会保障基金财政管理的现状,提出如下对策。

1. 建立健全完善的社会保障筹资模式

我国传统的社会保障筹资模式,对于不同的保障项目,均采用现收现付制。这种模式曾经发挥了重要的作用。随着社会保障制度改革的深化,社会保障资金的不断扩大,社会保障项目的逐步健全,继续实行单一的现收现付制显然难以满足形势的需要。因此,要结合各类保障项目的特点和要求,实行现收现付、完全积累和部分积累三种筹资模式相结合的多层次的复式筹资制度。一是对城镇职工养老保险采用部分积累制。部分积累式的收费率以及通货膨胀的压力虽高于现收现付式,但低于完全积累式。二是对失业、医疗、工伤保险等采用现收现付制。这些险种都属于短期支付项目,保险基金规模较小,多数国家普遍采用现收现付、缺口由财政补贴的做法。三是对农村养老保险采用完全积累制。这是在农村经济尚不发达、农村老龄人口数量众多的情况下的现实选择。

2. 合理确定中央与地方各级政府的社会保障财政责任

社会保障作为分配职能的重要内容,在很大程度上应是中央政府的职责,但这不意味着它承担全部成本,必须结合政府的职能按照社会保障的项目特点将其划分到各级政府。社会保障项目中,养老保险涉及的范围最广、周期最长、风险最大,任何地方政府都难以长期独自承担。因此,应将养老保险划归中央政府统一管理,即由目前的省级统筹改为全国统筹。通过养老保险统筹层次的提高,来增强抵御风险能力。其他社会保障项目也应划归不同的地方政府,将失业保险划归省(市)一级政府统一管理,医疗保险划归地市级政府管理,工伤和生育保险则划归县市级政府管理。

3. 开辟多元化的筹资渠道

一是采用"费＋税"的复合筹资形式。以社会保险税方式筹集雇主缴纳的用于社会统筹的资金，以社会保险费的方式筹集个人缴纳的进入个人账户的资金。税费的征收管理应实行"双轨"征收、"分账"管理的模式，即社会统筹部分采用社会保险税方式，由税务机关征收；建立专门的个人账户收费管理体系，由全国社会保障基金理事会下设专门机构负责管理。二是建立经常性的财政投入机制。要在完善现有的财政投入制度的基础上，充分运用税收和财政支出方式，将个人所得税、消费税以及娱乐业营业税的一定比例用于社会保障，确保社会保障筹资需要。三是变现国有资产，充实社会保障基金。通过减持国有股、推行社会保障"专用资产券"和"认可债券"等形式，逐步解决社会保障欠账问题。

4. 加强社会保障基金的财政管理

一是编制社会保险预算。结合我国实际，应实行"板块式"社会保险预算模式，即在政府公共预算之外，单独编制社会保险（基金）预算，用一般性税收收入安排的社会保障性支出继续在政府公共预算中编列、反映。二是确保社保基金保值增值。财政部门要进一步加大对社会保障基金的政策扶持，在保证资金安全的前提下，适当拓宽社会保障资金的投资渠道，增强社保基金保值增值能力。三是加强财政对社保基金的财务监督管理，对社保基金征缴、投资运营以及拨付使用等全过程进行监督检查。

5. 切实防范社会保障财政风险

一是要综合运用各种财政税收政策，促进企业提高经济效益，改善企业财务经营状况，提高社会保障基金的缴付水平，增加社会保障基金收入；同时，企业效益的改善可以提高劳动者收入水平，缩小贫困群体数量，降低失业率，增强个人的自我保障能力，减少对社会保障资金的需求。二是进一步调整财政支出结构。优化支出存量结构，用好财政支出增量，集中财力向社会保障倾斜，逐步将社会保障支出占财政支出的比重由现在的10％左右提高到15％～20％。三是建立社会保障财政风险预警机制。社会保险财政风险潜伏着巨大的危机，一旦发生就必然波及整个社会。因此必须要加强社会保障财政风险的预警性或预防性监督，构建科学灵敏的社会保障财政预警系统。

6. 积极探索开展个人账户基金投资试点

由于社保经办机构主要负责基金的收缴、日常管理和计发等工作，并非专业的投资机构，随着个人账户养老金规模的扩大，为了更好的保值增值，其投资应由专业机构来进行。所以，对于个人账户养老金，应主要通过多元分散型基金管理模式来进行投资运营。即社会保险专门机构委托银行、信托公司、投资公司、基金管理公司等金融机构对个人账户基金在法律允许的范围内进行信托投资，并规定最低投资收益率的基金运营模式。这种模式能充分利用专业投资机构的经验和水平，制定更科学合理的投资组合和投资方式种类，起到专家理财的作用，而且由于多元竞争的特点，能在一定程度上更有效率的分散基金投资风险，提高投资绩效。配套措施还包括：（1）尽快出台关于个人账户养老金投资的投资管理规定；(2)继续做实个人账户；(3)提高养老金统筹层次；(4)进一步完善资本市场。总之，只有通过多方面的努力，我国个人账户养老基金才能真正实现保值增值。

本 章 小 结

公共财政是指政府为实现其职能并满足公共需要，凭借政治权力和财产权力，在公共领域进行的资源配置和收入分配的经济活动。公共财政的三大职能是优化资源配置、调节收入分配和稳定经济增长。公共财政制度是社会保障基金运行的经济基础，而社会保障基金是公共财政政策的重要政策工具。

社会保障基金财政管理包括预算管理、财政拨款管理、税收管理和财务管理。社会保障基金预算形式主要有政府公共预算和专项资金预算等。目前我国社会保障基金财政管理在财政投入机制、财政责任、预算约束和保值增值等方面还存在较多缺陷，未来还应继续健全筹资模式、明确财政责任、开辟多元化的筹资渠道。

扩 展 阅 读

1. 国务院关于试行社会保险基金预算的意见(国发〔2010〕2 号文件).
2. 林毓铭. 社会保障管理体制，北京：社会科学文献出版社，2006：123-129.
3. 林志芬，孙王军. 政府社会保障财政责任度量与比较[J]，财政研究，2012(2)：22-25.
4. Yvonne Sin. Public Pension Fund Operation and Management：The case of China. Presentation at the workshop on pension organized by AFDC，2007.

关　键　词

公共财政(public finance)　社会保障预算(social security budget)

思　考　题

1. 什么是公共财政？
2. 公共财政的三大职能是什么？
3. 简述社会保障基金与公共财政的关系。
4. 社会保障基金财政管理都包括哪些内容？
5. 简述我国财政社会保障基金管理的发展现状。
6. 当前我国社会保障基金财政管理中存在哪些问题？如何解决？

美国和日本的社会保障预算

美国社会保障预算纳入联邦预算体系,分为预算内和预算外两个部分。按现行法律规定,社会保障支出项目,只有养老、遗属和残联保险信托基金,又称"社会保障信托基金"列为预算外,而社会医疗保险基金、联邦/州失业保险基金、社会救助和社会福利项目等则列入预算内。预算内项目由总统预算与管理办公室负责编制,预算外项目由挂靠在财政部的基金管理委员会负责编制,同时该委员会每年向国会报告社会保障信托基金的收支状况,提出短期(10年内)和长期(75年内)基金的状况预测,并根据短长期预测就联邦社保基金的投资和征缴提出相应的方案。社会保障信托基金收支情况纳入预算外项目管理的主要原因:一是避免掩盖政府公共支出的赤字,以2009年为例,美国政府总赤字为4 070亿美元,其中预算内赤字6 110亿美元,预算外盈余2 040亿美元。将社会保障信托基金收支单列,可以避免政府通过社会保障信托基金盈余掩盖公共支出的巨额赤字,增强国会对一般预算的控制力度。二是社会保障信托基金与其他社会保障项目不同,其收支更具有长期性,需要对其进行短期(10年)和长期(75年)预测,以便政府及时调整政策应对未来支付高峰。

日本实行复式预算制度,中央预算分为"一般会计预算"、"特别会计预算"和"政府关联机构预算"三大类。一般会计预算管理中央政府的一般性财政收支,它以税收、国债收入等为来源,为中央政府的行政管理、社会保障、教育、公共投资等活动提供财力支持。在日本,通常情况下所讲的预算就是一般会计预算。特别会计预算是分类管理型事业预算,包括若干大类,其中保险特别会计预算,是管理政府社会保险业务的特别会计预算;融资特别会计预算,是管理中央政府融资贷款的特别预算;整理特别会计预算,是管理中央政府特殊资金的特别会计预算,如国债偿还基金特别会计预算等。日本社会保障预算以特别会计预算为主,一般会计预算为辅。日本政府一般会计预算收入中没有关于社会保障的收入项目,仅在一般会计预算支出中设立社会保障关系费支出一项,具体核算社会救济、社会福利、公共卫生等项目的全部支出和国家承担的社会保险费或对社会保险基金的补助支出。日本特别会计预算涉及的社会保障项目全部是社会保险基金,包括厚生年金、船员保险、国民年金、国立医院(医疗保险)、劳动保险(失业和工伤保险)等5个特别会计账户。

(本案例资料来源:崔晓冬. 美国和日本的社会保障预算及启示[J],中国财政,2011(11).)

请思考:美国和日本社会保障预算的共同点是什么?这两个国家在这些方面具有共同点的根本原因是什么?

第 7 章

社会保障基金的投资运营管理

本章介绍了社会保障基金投资运营的含义、原则和规则,社会保障基金的各种投资工具及其组合,社会保障基金投资策略和投资模式的选择,我国社会保障基金进入资本市场进行投资运营的历史进程。

7.1 社会保障基金投资运营的原则与规则

7.1.1 社会保障基金投资运营的必要性

社会保障基金的投资运营,是指社会保障基金管理机构或其委托的投资机构,将积累或暂时闲置的部分社会保障基金直接或间接投入国家法律或政策许可的金融资产或实物资产,以获取收益,实现基金保值增值的过程。社会保障基金投资运营的必要性主要表现在以下几点。

1. 从通货膨胀看社会保障基金投资运营的必要性

市场经济条件下,商品的价格经常因市场的调节而发生波动,而且总的趋势在不断上升。物价上涨趋势对社会保障基金产生很大的影响,使相同数额社会保障基金所产生的保障效果下降,而要达到预期的保障目标就必须支付更多的资金。因此,在社会保障基金筹集量既定的情况下,必须通过对社会保障基金的投资运营使之增值,才能满足给付需求的增加,达到预期的保障目标。

2. 从人口老龄化看社会保障基金投资运营的必要性

人均寿命是随着社会经济的发展和医疗卫生事业的进步而不断延长。我国人口平均期望寿命从改革开放之初的 68 岁提高到目前的 73 岁,达到中等发达国家水平。平均寿命的延长使得劳动者被赡养的时间增大了,从而增加了社会保险支出的需要。随着社会经济的发展,社会成员的平均生活水平也在不断提高,这就使得社会保险的支付,仅仅维持劳动者的生活水平是不够的,还要在维持的基础上不断满足这种增长的需要。

3. 从基金筹集模式看社会保障基金投资运营的必要性

社会保障基金的筹集模式有现收现付式、完全积累式、部分积累式。不同的基金筹集模式的资金的存续期不同,对基金保值增值的要求也不同:以现收现付模式筹集基金,社会保障基金当期的收入全部或大部分用于当期的支出,一般没有或有很少的剩余资金,社会保障基金保值增值的压力不大,对资金投资也就没有很大的要求。但是,在完全积累式和部分积累式基金制下,社会保障基金要根据当期的支出和积累的需要,按事先确定的比例和标准,将社会保险资金提取出来,并以基金方式储存起来,以备实际需要时支付。这样,在平时就有大量的暂时闲置资金,要使这些资金满足将来的需要,就必须通过投资使资金运动起来。

4. 从社会保障水平的刚性增长看社会保障基金投资运营的必要性

随着社会在不断地进步,人们的生活水平不断地提高,相应地社会保险总体支出也在同步增大。保险资金支出增大其来源或者来自于增加社会保障基金的筹集,或者是通过对社会保障基金的投资运营使之增值,以增强和保证给付能力,但从效益和公平的角度看,若不想过分增加国家、单位和个人的负担的话,就必须使积存的基金能不断地创造出新价值。

7.1.2　社会保障基金投资运营的主要原则

任何投资都要兼顾安全性、收益性和流动性的原则,只不过投资要求不同,三者的优先次序有所不同。社会保障基金的社会保障功能决定了其投资原则的排列顺序是:安全性、收益性、流动性,即在保证基金安全的基础上提高基金的收益率,保证其流动性需要。

1. 安全性原则

社会保障基金投资的安全原则是指保证投资资金及时、足额地收回,并取得预期的投资收益。对社会保障基金来说,安全往往是第一位的。社会保障基金的安全关系到社会保障目标的实现,影响着社会经济的健康发展。如果投资风险过大,那么不但无法获得预期的投资收益,而且容易危及社会保障制度的经济基础,引起社会动荡。这就决定了社会保障基金的投资必须高度重视安全性,把安全性原则作为社会保障基金投资必须遵守的基本原则。

2. 收益性原则

社会保障基金投资的收益原则是指在符合安全原则的前提下,投资能够取得适当的收益。社会保障基金投资的最终目的是保值增值。没有收益,就不能保值,更谈不上增值。有些国家的法律对收益率进行规定,其中一些规定得不具体,只是规定投资应努力实现一定的收益;有的国家则规定一个最低收益率;一些国家规定一个具体的百分比或实际收益率。还有些国家规定基金投资起码不得低于精算师的估计值。

3. 流动性原则

社会保障基金投资的流动性原则是指投资资产在不发生价值损失的条件下可以随时变现,以满足随时可能支付社会保险待遇的需要。有些国家的法律规定应急储备基金的流动性。应急储备金是在现金流动过程中,对付突然出现的现金支付情况的。很少有国家规定社会保障基金进行短期投资,但对技术性的储备金则不一定非要投入长期项目中。另外,不同的投资项目的时间长短的均衡分布,也可以使流动资金与支付大体平衡。

需要指出的是,上述几项社会保障基金投资的基本原则,在实际运用中往往难以同时满足。如高收益与高风险相关联,安全性与低收益相关联,流动性差的投资工具与更高的收益率相关联。因而,应当在全面和充分考虑的基础上,强调从总体上体现社会保障基金的安全性原则,而在具体的投资项目和投资组合上灵活体现投资三原则,以便在组合的投资效益中,既体现社会保障基金的安全性要求,同时又体现出较高投资收益和合理流动性的要求,从不同层面贯彻社会保障基金的投资原则。因此,在社会保障基金投资管理中,应特别注意投资期限的合理搭配和各项投资比例的合理组合。

7.1.3　社会保障基金投资运营的规则

1. 分散化投资

分散化投资是指将基金分散投资于性质不同、期限不同、地区不同的投资工具,以取得风险与收益的最佳组合;在社会保障基金的投资组合中,既要包括固定收益金融工具,又要包括权益工具;既要包括低风险的投资工具,又要包括高风险高收益的投资工具;既要有中长期工具,又要有短期工具;为了分散国别风险,社会保障基金还可以投资于不同国家或地区的金融工具。分散化投资可以规避非系统风险,根据统计研究,股票市场投资的股票数量在 20~30 只时,可以分散大部分非系统风险。

2. 控制投资工具的风险等级

尽管高风险的投资工具可以带来高收益,但由于高风险同时还意味着巨大的不确定性及投资失败后的巨额损失,因此,社会保障基金投资通常会对所投资的金融工具的风险等级有所控制。比如,在企业债券投资中,由于企业的资信状况不同,因而会有不同的信用等级。按照国际通行的评级标准,信用等级在 BBB 以上的称为投资级债券,信用等级在 BB 以下的称为投机级债券,亦称“高收益债券”或“垃圾债券”,社会保障基金一般不允许投资于投机级债券,有些国家甚至规定社会保障基金只能投资于 A 级以上的债券。

再比如在股票投资中,成熟行业、带有某些自然垄断性质的行业(比如公用事业、自然资源行业)、大企业的股票通常更具稳定性,股息收入较高;而新兴产业、高科技产业、小企业的股票则更具成长性,因而风险更高。社会保障基金的股票投资中,通常也会对投资股票的类型有所限制。

3．控制高风险的投资工具所占的比例

社会保障基金投资组合中包含高风险的投资工具是出于提高收益率的需要。但是，为了控制风险，通常对高风险投资工具在社会保障基金投资组合中所占的比例予以限制，比如，许多国家都对社会保障基金投资中的股票投资、不动产投资、国际投资的比例进行限制。

4．注重投资的长期性

由社会保障基金的特点所决定，注重投资的长期性主要体现在两个方面：首先，在社会保障基金的投资组合中，中长期投资工具比如长期国债、长期公司债券、股票等占较大比重；其次，长期投资是一种投资理念，即在债券、股票等投资中，注重利息、股息收入，不注重证券买卖价差所体现的资本利得收入。

7.2　社会保障基金的投资工具及其组合

7.2.1　社会保障基金投资的主要工具

依据社会保障基金的性质、社会保障基金投资原则以及我国目前的实际情况，我国社会保障基金可进行如下方式的投资。

1．银行储蓄

广义上，银行储蓄也是一种投资方式，并且一般认为这种投资是无风险的，收益率较低，银行活期存款可随时存取，短期定期存款方式也比较灵活，因此除期限较长的存款外，银行存款几乎具有完全的流动性。社会保障基金中的应急准备金和其他暂时不用的资金，都可以选择活期存款或短期定期存款的方式存入银行。为了体现对社会保险事业的支持和资助，许多国家对存入银行的社会保障基金给予优惠利率，特别是在通货膨胀水平比较高的情况下，对存入银行的社会保障基金给予保值补贴。总的来说，银行储蓄的利率偏低。从资金运用的安全性和流动性着眼，银行储蓄是可行的，但从收益性考虑，银行储蓄不能成为社会保障基金投资的主要形式。

2．债券

债券是表明债权债务关系的一种凭证，是一种要求借款人按预先规定的时间和方式向投资者支付利息和偿还本金的债务合同。按发行主体的不同债券可以分为政府债券、金融债券和企业债券三种。

政府债券包括中央政府发行的国债和地方政府发行的地方政府债券。从投资角度来看，政府债券是以国家信誉为担保的，投资风险几乎为零，与此同时，利率也比同期银行存款高，免除利息所得税，因此被认为是一种风险小、收益相对较高的投资工具。所以，社会保障基金的资产结构中必须保持相当一部分比例的国债资产，以此来保证社会保障基金

投资的流动性和安全性。

　　金融债券和企业债券投资的安全性比国债差。银行发行金融债券的目的是为效益好的贷款项目融资,因而它的利率较高;企业债券的种类、期限不同,其利率也不一样,但企业债券的利率一般都高于同期银行储蓄存款利率。这些债券的流动性状况与证券市场的发达程度有关,证券市场交易越活跃、市场规模越大、管理越规范,它们的流动性就越好。目前我国证券市场还不完善,债券交易还受到发行债券的企业和银行经营状况以及国债利率过高的影响,市场对企业债券和银行债券的供给和需求都不大,债券的流动性还不是很高。因此,在我国社会保障基金的资产结构中,这两种债券的比例都不宜过高。

　　3. 股票

　　股票是股份有限公司发给股东,以证明其向公司投资并拥有所有者权益的凭证。根据股票的交易方式不同,社会保障基金可投资于一级市场和二级市场。股票的首要特点是具有较高的收益,以及较高的流动性,一般认为,股票是最能够减小通货膨胀对资产贬值影响的主要投资方式之一。这是因为,一方面股票代表的是对股票发行单位资产的所有权,随着公司的经营壮大,股票所代表的资产的实际价值也在增长,这是它能够使资产保值增值的主要原因;另一方面投资股票的定期收入不像债券利息那样是预先就确定了的,而是随着公司的经营状况不断变化,在存在通货膨胀的情况下,股票的红利也会增加,这样红利在一定程度上也能抵消通货膨胀的影响。当然,股票同时也具有较高的风险性的投机性。股票具有不可返还性,投资者一旦购买了股票,在公司的存续期内,就不能直接向公司要求退还股本,只能在二级市场上交易转让。股票的价格不仅取决于公司的经营状况和发展前景、经济、政治、社会等诸多因素的影响,还受到市场供求关系的影响,因此,股票价格的波动较为剧烈,具有更大的风险。因此,进行股票投资对投资者的运营水平要求较高,社会保障基金投资股市要更加审慎,以免使资金陷入危险境地。

　　4. 投资基金

　　投资基金是一种社会化信托投资工具。它是公众化的证券投资方式,是由专门的投资机构通过发行受益人的入股凭证(基金单位),将分散的资金集中起来,再在证券市场上分散投资于股票、债券等特定的金融商品或其他行业,投资者按基金证券的份额分享基金的增值收益。投资基金作为一种全新的投资工具,其最大的优势在于专家理财、组合投资、规避风险、流通性强、效益较高且稳定。随着世界各国信托投资业务的发展,国际资本流动的速度也越来越快,投资基金已经成为社会保障基金投资的一个重要工具。自 1999年 10 月以来,我国已经允许商业保险资金通过购买封闭式证券投资基金,间接进入证券市场。社会保障基金进入资本市场,也可以考虑将一部分资金投资于证券投资基金,在风险较小的条件下,谋求与股票市场大致相当的收益。

　　5. 不动产投资

　　不动产是指土地、住宅、厂房、办公楼等财产。投资不动产的收益也主要来自两个方面：一是通过出租获取租金；二是获取买卖不动产时的增额价差。投资于不动产一般需要巨额资金，同时，它的流动性比较差，但出现通货膨胀时，不动产的价格也将随之上升，因此，不动产投资也可以使资产价值免受通货膨胀的影响。我国社会保障基金对不动产的投资应以住宅建设投资为主。投资不动产，直接取得经营权以获取收益，也是社会保障基金投资的一种方式。

6. 抵押贷款

抵押贷款是指银行在发放贷款时，要求借款人以自己的资产作为抵押。抵押贷款由于一方面借方有财产抵押而风险比较小；另一方面，收益相对较高，因此，可作为社会保障基金投资的一种方式。将社会保障基金用于发放抵押贷款在有些国家，这种现象很普遍，例如，许多拉美国家把社会保障基金用于住房贷款，把社会保障政策和住房贷款政策结合起来。这样，中低收入者通过贷款购得住房，社会保障基金找到了投资方向。还有一些国家，如土耳其、埃及等，将社会保障基金用于国有企业的投资信贷，支持国有企业的发展，实现基金的保值增值。目前，在西方国家中，瑞典和丹麦的养老保险基金资产中抵押贷款的比重较大。

7. 风险投资

风险投资是指向有发展潜力的私营企业，特别是向开发高新技术或促使其产业化的中小企业提供股权资本，通过股权转让（交易）来收回投资并获取投资收益的行为。风险投资可以是直接投资，也可以合伙投资，或通过风险投资基金间接投资。风险投资与股票投资一样，也是生产性投资，因而具有内在的投资价值。但作为一种有创意的投资方式，与股票投资相比，风险投资的企业往往处于起步或成长阶段，这就决定了风险投资更具有高风险、高回报的特性。高科技产业的高成长性吸引了养老基金等机构投资者参与其中，以获得长期的高收益。

8. 衍生金融工具

所谓金融衍生产品，是指建立在传统金融产品如股票等基础上的新型金融产品。相对原生金融产品，衍生金融产品实行交易保证金制度，即只要支付一定比例的保证金即可进行金融交易，因而它的交易具有杠杆效应，保证金越低，杠杆效应越大，相应的风险也就越高。

随着经济全球化和跨国公司的增多，以及金融市场的不断完善，利率期货、股指期权等金融衍生工具已被用来减轻社会保障基金投资收益的波动性。但金融衍生产品自身的巨大风险还是限制了它在社会保障基金投资中的大规模应用，目前还只局限于进行投资组合止损保险。

9. 海外投资

随着经济全球化和世界金融一体化进程的不断加快，各国资本市场在世界范围内形成了一个更广阔意义上的大市场。进行全球化投资组合管理，这样做：一方面，可以充分利用全球资本市场资源,扩大投资范围、优化投资组合、促使资产的国际多样化;另一方面,可以充分分散风险,有效地规避和控制投资组合风险特别是系统性风险,规避国内股市变动对社会保障基金的冲击。当然,进入海外市场也要考虑可能遇到的汇率、信息不对称等问题,社会保障基金海外投资应循序渐进。海外投资范围可包括银行存款、外国政府债券、国际金融组织债券、外国机构债券、外国公司债券、中国政府或企业在境外发行的债券、银行票据、大额可转让存单、股票、证券投资基金等金融工具。

7.2.2　各种投资工具比较

社会保障基金可进行投资的投资工具很多,每种投资工具都有自己的特点。各种投资工具的比较,如表 7.1 所示。

表 7.1　各种投资工具的比较

投 资 工 具	显 著 特 点	缺 　点	其 　他
银行存款	流动性好	收益率低,难以抵制通货膨胀	可靠的资产保管方式
政府债券 企业债券 金融债券	流动性高且风险小 较低风险、较高收益	低收益率,难以抵制通货膨胀	风险及收益介于企业债券和政府债券之间
公司股票	高收益	高风险	在一级市场申购和配售新股,风险小,收益大
可转换债券	收益较高,安全性较高		可转换成普通股
基金证券	交易风险与收益均呈中性		
房地产	抗通货膨胀能力强	变现难,流动性差,回收期长,资金占用量大	
抵押贷款	风险小,收益稳定	无二级市场,流动性风险高	

7.2.3　社会保障基金投资组合理论

投资组合理论被定义为最佳风险管理的定量分析。无论个人投资者还是机构投资者,为了找到最优的行动方案,都需要在减少风险的成本与收益之间进行权衡。一项资产组合的预期收益通过分布的平均数和风险标准方差得到确定。

1. 单项资产的风险报酬

(1)确定概率分布。一个事件的概率是指这一事件发生的可能性。如果把所有可能的事件或结果都列示出来,且每一事件都给予一种概率,把它们列示在一起,便构成了概率的分布。譬如一种股票 A,获得高收益的可能性为 20%,一般收益的可能性为 60%,损失的可能性为 20%,其概率分布如表 7.2 所示。

表 7.2　股票 A 收益率的概率分布

经济状况	收益率 i(%)	概率 P_i
看好	30	0.2
一般	10	0.6
衰退	−10	0.2

概率分布必须符合以下两个要求：

第一，所有的概率即 P_i 都在 0 和 1 之间，即 $0 < P_i < 1$；

第二，所有结果的概率之和应等于 1，即 $\sum_{i=1}^{n} = P_i = 1$，其中 n 为可能出现结果的个数。

（2）预期收益率。预期收益率是各种可能的收益率按其概率进行加权平均得到的收益率。预期收益率可按下列公式计算

$$E(r) = \sum P_i r_i$$

式中：$E(r)$——预期收益率；

　　　r_i——第 i 种可能结果的收益率；

　　　P_i——第 i 种可能结果的概率；

　　　n——可能结果的个数。

上例中，预期收益率为

$$E(r_A) = 0.2 \times 30\% + 0.6 \times 10\% + 0.2 \times (-10\%) = 10\%$$

（3）测量风险的标准方差。标准方差是各种可能的收益率偏离预期收益率的综合差异，是反映离散程度的一种指标。标准方差用下面的公式计算

$$\delta = \sqrt{\sum_{i=1}^{n} [r_i - E(r)^2] \cdot P_i}$$

式中：δ——预期收益率的标准方差；

　　　$E(r)$——预期收益率；

　　　r_i——第 i 种可能结果的收益率；

　　　P_i——第 i 种可能结果的概率；

　　　n——可能结果的个数。

标准方差越小，说明离散程度越小，股票的波动越小，因而风险越小；相反，标准方差越大，说明离散程度越大，股票的波动越大，因而风险越大。

上例中，股票报酬率的标准方差为

$$\delta_A = \sqrt{0.2 \times (30\% - 10\%)^2 + 0.6 \times (10\% - 10\%)^2 + 0.2 \times (-10\% - 10\%)^2}$$
$$= 12.65\%$$

假定有另一只股票，其概率分布如表 7.3 所示。

表 7.3　股票 B 收益率的概率分布表

经济状况	收益率 $i(\%)$	概率 P_i
看好	50	0.2
一般	10	0.6
衰退	−30	0.2

其预期收益率也是 10%，即：

$$E(r_P)=0.2\times30\%+0.6\times10\%+0.2\times(-10\%)=10\%$$

但其标准差要大大高于 A 股票。

$$\delta_B=\sqrt{0.2\times(50\%-10\%)^2+0.6\times(10\%-10\%)^2+0.2\times(-30\%-10\%)^2}$$
$$=25.30\%$$

B 股票的标准方差是 A 股票的两倍，因此，B 股票的风险要高于 A 股票。

2　投资组合的风险与预期报酬

投资组合的风险分为可分散风险和不可分散风险。可分散风险又称非系统风险或公司特别风险，是指由于某种原因而对单个证券造成损失的可能性。这种风险，可以通过持有多种证券来抵消，但风险被抵消的程度取决于证券之间的相关性。如果两种股票完全负相关，则能抵消全部风险；如果两种股票完全正相关，则风险不能抵消。大多数股票属于不完全正相关，因此，通过持有多种股票，可以分散掉大部分风险。不可分散风险，又称系统风险，是指各种宏观因素的变化给证券市场所有证券造成损失的可能性。在一个系统中，系统风险不能通过持有多种证券而分散掉。在构建投资组合时，投资者谋求的是在他们愿意接受的风险水平下预期投资收益的最大化，或者是在既定的投资收益水平下风险的最小化，满足这样要求的证券组合被称为有效组合(efficient portfolios)。

3．投资组合的最优化

寻找有效组合的投资组合最优化过程通常按以下两步执行：第一，找到风险资产的组合；第二，将无风险资产组合与单一风险资产相结合。为简化说明，我们将从第二步开始讲解：无风险资产与单一风险资产的组合。

(1) 无风险资产。在投资组合选择理论中，无风险资产是指对分析所选择的账户单位(美元、日元等)而言，在投资者的决策区间内收益率完全可预期的证券。与此相反，风险资产则是指在决策区间内收益具有不确定性的资产。所有的股票都是风险资产，公司债券也是风险资产，这不仅是因为公司债券存在违约风险，还因为利率的变动会影响债券的价格，从而影响债券的收益；即使是政府发行的长期国债也是风险资产，因为利率的变化影响债券价格从而影响投资收益，因此购买 10 年期国债的投资者并不知道他仅仅持有一年后的投资收益是多少。投资组合理论中的无风险资产通常被定义为短期政府债券。

(2) 无风险资产与单一风险资产的组合。假定有 10 万元进行投资，选择的范围是年利率为 0.06 的无风险资产和预期年收益率为 0.14、标准差为 0.20 的风险资产,应当如何将 10 万元在这两种资产之间进行分配呢?

首先,建立投资组合预期收益率与风险资产投资的比例关系,投资组合的收益率 $E(r)$ 用公式表示为

$$E(r) = \omega E(r) + (1-\omega)r_f = r_f + \omega[E(r_s) - r_f]$$

式中:$E(rs)$——风险资产的预期收益率;

r_f——无风险利率;

ω——投资于风险资产的比例;

$(1-\omega)$——投资于无风险资产的比例。

本例中,投资组合的收益率为

$$E(r) = 0.06 + (0.14 - 0.06) \times = 0.06 + 0.08 \times w$$

任何投资组合的收益率等于无风险利率加风险溢价,风险溢价取决于风险资产对无风险资产的溢价及投资组合中风险资产的投资比例。根据这一关系式,给定任何收益率水平,就能确定相应的投资组合。

其次,建立投资组合的标准差与风险资产投资的比例关系。

当投资组合是由风险资产和无风险资产构成时,投资组合的标准差是风险资产的标准差与其投资比重的乘积,用公式表示为

$$\delta = \delta_s \cdot \omega = 0.2\omega$$

最后,建立投资组合预期收益率与标准差的关系。

将投资组合标准差公式代入预期收益率公式,得

$$E(r) = r_f + \frac{E(r_s) - r_f}{\delta_s} \cdot \delta = 0.06 + 0.04\delta$$

投资组合的预期收益率是标准差的直线函数,截距为无风险利率,斜率为 0.04,表示对投资者愿意承担的每一单位的额外风险市场所提供的额外收益。

投资组合预期收益与风险之间的权衡可以用图 7.1 表示。

(3) 两种风险资产的投资组合。构建两种风险资产的投资组合与构建风险资产与无风险资产的投资组合的方法相同。由两种风险资产构成的投资组合的收益率为

$$E(r) = \omega E(r_1) + (1-\omega)E(r_2)$$

式中:$E(r_1)$——风险资产 1 的收益率;

$E(r_2)$——风险资产 2 的收益率;

ω——风险资产 1 的投资比例;

$(1-\omega)$——风险资产 2 的投资比例。

两种风险资产的标准差为

$$\delta^2 = \omega^2 \delta_1^2 + (1-\omega)^2 \delta_2^2 + 2\omega(1-\omega)\rho\delta_1\delta$$

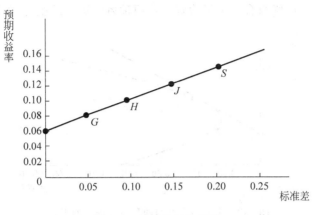

图 7.1　风险收益权衡线

式中：δ_1——风险资产 1 的标准差；

　　　δ_2——风险资产 2 的标准差；

　　　ρ——两种资产的相关系数。

　　假定两种风险资产分别为风险资产 1：年预期收益率为 0.14，标准差为 0.20；风险资产 2：年预期收益率为 0.08，标准差为 0.15；两种资产的相关系数为 0。则包含两种风险资产的投资组合的风险——收益关系，如图 7.2 所示。

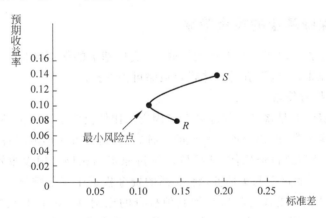

图 7.2　只包括风险资产的投资组合的风险收益关系

　　图中，S 点对应的是完全投资于风险资产 1 的投资组合，R 点对应的是完全投资于风险资产 2 的投资组合，曲线 RS 上其他各点代表两种风险资产所有可能的风险——收益组合。

（4）风险资产的最优组合。无风险资产与两种风险资产的组合，如图 7.3 所示。

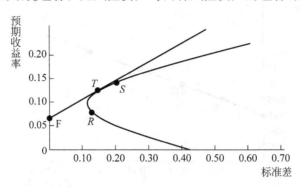

图 7.3　无风险资产与两种风险资产的组合

在图 7.3 中，将点 F（完全投资于无风险资产）与 RS 曲线上任何一点联结起来，得到的直线表示无风险资产与两种风险资产的组合。其中，点 T 是过 F 点的直线与曲线 RS 的切点，它对应的投资组合称为风险资产的最优组合，即与无风险资产组合时，能获得最有效投资组合的风险资产的组合。

7.3　社会保障基金的投资策略

7.3.1　社会保障基金的投资策略

社会保障基金投资的目的是获得投资收益，实现基金的保值增值。根据社会保障基金投资应遵循的原则，有以下五种具体投资策略可供选择。

1. 固定比例投资策略

固定比例投资策略是将社会保障基金按固定的比例投资于国家债券、银行存款、短期贷款、公司债券、房地产、股票等投资领域的一种方法，这种方法形成多种资产。当某种资产净资产变动时，就调整投资比例，使投资能维持原定的比例。假设投资者将 30% 的资金购买股票，将 30% 的资金购买债券，将 40% 的资金投资于其他领域。当股票的价值增加时，就卖掉部分股票，或者再相应增加其他投资的比例，以保持原有的投资组合比例；如果股票价值下跌，就购进适当的股票，恢复原来的投资比例。这种投资策略是资产比重一发生变化就进行调整，一般来说，股票基金涨 20% 就卖掉一部分，跌 25% 就增加投资；或者投资者每隔一段时间（一个季度或半年），根据社会保障基金净资产变动情况调整一次投资组合的比例。

这种投资策略的好处是能使投资经常保持低成本的状态。因为当某种资产价格上涨较多时，就抛出该资产，并补进价格较低的其他资产；当某种资产价格下跌较多时，就补进该类成本下降的资产。这种投资策略还能使投资者获取一定的投资收益,见好就收,不至于因为对价格变动的预期失误损失已获取的收益。另外,运用固定比例投资策略,保持社会保障基金投资按照一定比例分配金额,能有效地防范投资风险,不至于因某项投资选择不当而使整个投资组合发生亏损。

2. 变动比率投资策略

变动比率投资策略是指投资者根据当时的金融市场上的资产价格,将社会保障基金按照一个恰当的比率分别投资于债券、房地产、股票和其他领域,并根据基金价格的变化来调整投资组合中各种资产的比率。

例如,投资者将社会保险投资基金投资于银行贷款、政府债券、不动产、公司股票时,将 30%的基金投资于银行贷款,50%购买政府债券,10%投资于不动产,10%购买公司股票,同时确定一个价格中数,假设确定投资组合中股票的价格中数(取 10 年平均数)为120,每当股票价格上涨,导致这个价格中数上升 10%时,便卖出 10%的股票,这样依次地卖出,使购买股票的资金在投资总额中的比率发生变动,股票资产在投资组合中的比率呈不断减少的状况。反之,则呈现不断增长的状况。投资者也可以随时根据这个价格中数水平的变动,调整贷款、政府债券、不动产、公司股票在投资基金中的比率。

3. 保值策略

保值策略是指基金选择收益率有保障的资产进行投资。一种形式是将社会保障基金投资于保值公债、保值存款等资产。这种保值一般是指国家、政府通过法规形式,规定特定的资产收益率要高出通货膨胀率若干个百分点。它的原则是使每种投资具有正的实际收益率。通常在经济萧条即投资收益少的时候,这种投资具有吸引力。但在经济高涨时,大部分资产的收益率较高的情况下,采用这种投资策略,会使社会保障基金的盈利性受到损失,也就是说,不像其他投资项目那样具有更高的收益率,而且这种投资策略还取决于国家投资政策的规定是否能确保投资具有正数的实际收益率。

保值策略的另一种办法就是投资于不动产和股票。不动产是一种比较好的保值投资方式。因为,如果出现通货膨胀,不动产的价值一般是按比例增长的。另外,购买具有实力的公司的股票,随着公司的发展壮大,股本价值也能逐渐提高,它能够减少通货膨胀的压力,因而也是一种较好的投资方式。

4. 分散、常数投资策略

分散、常数投资策略是指将一定量的社会保障基金按照一定比例分别投资于两种或两种以上的基金,如投资于政府债券、企业有价证券、公司股票等,然后确定一个价格上下浮动的幅度作为常数。如果某种资产价格下跌幅度超过了所确定的常数,就迅速抛出,将收回的资金再投资于其他价格可能上升或正在上升的资产上,这是典型的短期投资操作方法,适合于资金实力不大的投资者运用。

5. 平均成本投资策略

这种策略是社会保障基金进行长期投资时最常用的一种投资策略,该策略的投资领域一般是股票和有价证券。所谓平均成本是指每次认购金融资产的平均价格。这种投资策略的做法是每隔一段固定的时间(1 个月、1 个季度或半年),以固定数额的资金去购买某种资产。由于资产价格经常变动,因此,每次以相同金额所能购买的资产是不一样的,当价格较低时,可以买到较多的资产,而当价格较高时,就只能买到较少的资产。如果选择适当的时机进行投资,就可以避免以较高价格买入金融资产。运用平均成本投资策略,实际上是将每次所投资的资产价格的波动对购买资产数量的影响相互抵消,长期下来,就降低了购买每个基金单位的平均成本。

运用这种策略的条件,一是投资者必须做长期投资的准备,持之以恒,连续不断地投资,如果投资时间短,这种策略的好处就发挥不出来;二是投资者必须有相当数额的稳定的资金来源,用来进行经常而固定的投资。

上述几种社会保障基金投资策略,应根据实际情况,选择一种比较切合实际的策略。有时,采用一种策略不行,就需要将几种策略结合起来运用。

7.3.2 影响社会保障基金投资策略的因素

社会保障基金投资策略是随着金融市场投资工具的增加和投资技术的不断发展而发展的。实践中,社会保障基金投资策略要受基金的受益方式、流动性要求、投资期限、监管规则、税收等因素的影响。

从受益方式来看,社会保障基金中包含了确定给付制和确定缴费制两种受益方式。通常社会统筹部分属于前者,而个人账户部分则属于后者。在确定缴费制的社会保障基金中,基金账户完全由缴费资金构成,缴费人承担所有的投资风险,基金投资的最优资产组合取决于缴费人能承担的风险程度。在确定给付制的社会保障基金中,受益水平是在考虑了受益人的工作年限、工资或薪金水平、工资增长等因素后根据公式计算出来的,但基金的缴费额及投资形式与方法并不确定,社会保险计划与社会保障基金之间是两个不同的概念。计划是明确各参与方的权利与义务的协议,基金则是用来提供承诺的受益额的独立资产。在确定受益计划中,根据基金的资产现值与应计债务(承诺的受益水平)之间的关系,通常有积累不足(社会保障基金资产现值<应计债务现值)、完全积累(社会保障基金资产现值=应计债务现值)、过度积累(社会保障基金资产现值>应计债务现值)几种情况。确定受益制的计划发起人(社会保障基金的计划发起人即政府)承担相应的投资风险,基金的积累状况会影响其投资决策。

流动性要求会影响社会保障基金的投资决策。对社会保障基金而言,通常年轻人的流动性要求较低,老年人的流动性要求较高。整个社会保障基金流动性要求的高低取决于社会保障基金计划参与人的年龄构成,并由此决定了在投资组合中短期国债、短期银行存款等流动性较强的资产所占的比重。

投资期限是指全部或部分投资的计划终止日期。投资期限影响投资者的资产选择。社会保障基金中养老金的投资期限是计划参与人的退休日期,住房公积金的投资期限是参与人因购房需要而提取公积金的日期。由于养老保险金是社会保障基金的主体,因此,社会保障基金的投资期限较长,可以选择长期的投资工具。

社会保障基金在投资营运过程中要受到监管规则的约束。在严格的投资比例限制下,社会保障基金投资组合决策要遵守监管规则的要求。在谨慎人原则下,管理他人资金的专业投资者要把投资资产限定在谨慎投资者会投资的资产范围内。

税收考虑也是影响社会保障基金投资决策的一个重要因素。税率的高低直接影响投资组合的税后收益,在税收考虑中主要涉及两方面的问题:合理避税与延缓纳税。虽然有些国家规定社会保障基金投资收益免税,但税收方面的考虑不能欠缺。

社会保障基金的投资策略涉及基金投资组合的确定、基金资产与负债的匹配、风险管理等方面。自 20 世纪 80 年代以来,金融市场的不断发展创新,不仅为社会保障基金投资提供了更多的工具,而且提供了更先进的风险管理手段和方法。在金融实践的基础上,金融理论不断丰富和发展,包括资产组合理论、有效资本市场理论、资本资产定价模型、多要素资产定价模型、套利定价理论模型等在内的理论创新,为机构投资者的投资决策提供了更坚实的理论支持。

7.4　社会保障基金投资管理模式选择

7.4.1　社会保障基金投资管理模式类型

社会保障基金的管理,可以分为政府集中管理和私人分散管理两种模式。通常现收现付的社会保障基金是由政府部门或其下属机构管理的;而完全积累的社会保障基金既有政府管理的例子(如新加坡和马来西亚),也有私人管理的例子(如智利)。多数 OECD 国家第二层次的私人养老金计划都是由私人机构主办和管理的。

政府集中管理一般是由政府部门或政府部门的附属机构负责社会保障基金政策的实施、缴费(税收)的征集、基金的支付以及积累资金的投资营运。私人分散管理则是由竞争性的金融机构负责基金的缴纳、支付及投资营运,参与管理的机构包括专门的养老基金管理公司(如智利的 AFP)、共同基金管理公司或保险公司等金融机构。

社会保障基金集中管理与分散管理是相对的。立足于某一社会保险制度(如以养老保险制度为例)的基金管理而言,或许基本养老基金的管理是政府集中型管理模式,而补充养老基金管理或许是分散投资模式。就整个养老制度的养老基金而言,其投资模式在总体上往往呈现出一种混合模式,很难简单地将其归属为集中投资模式或分散投资模式。此外,即使私人分散的私营管理模式在总体趋势上可能呈现出集中管理倾向,如智利私营养老基金管理的集中化趋势,基金管理公司在新制度运营时有 12 家,1994 年达到 22 家,1996 年养老基金公司数为 13 家,1999 年年末下降到 8 家,到 2004 年年末,市场仅有 6 家公司。而新加坡中央公积金制度总体上呈现出政府集中管理的模式特征,但在集中管理的模式中,也准许新加坡公积金计划参与者动用退休前基金(pre-retirement fund)建立个人账户,进行分散投资。瑞典公共养老基金盈余基金的投资模式则是由政府设立的四家基金管理公司进行投资管理,因而是具有充满竞争机制的集中管理模式,而瑞典公共养老基金的个人账户则是通过组建交易清算所形成养老基金分散管理模式下的集中管理。

1. 收益率比较

政府管理的社会保障基金和私人管理的社会保障基金在管理模式上的差别集中体现在收益率和成本两个方面。一般来说,由政府管理的社会保障基金对基金的投资存在较多的限制,比如要求基金只能投资于政府债券或为国有企业提供贷款等,因此,基金的投资收益率低于私人管理的基金。

2. 管理成本比较

从管理成本来看,完全积累的社会保障基金的管理成本包括两部分:基金的运行过程所需要的成本和基金的组织、促销费用。从理论上说,由于存在竞争,私人管理的基金可以使管理成本降到最低,而政府管理的基金由于垄断经营因而管理成本会比较高。但从实际情况来看,市场竞争促使管理成本的降低需要一个过程。在社会保障基金发展初期,基金管理公司为了争夺客户,往往花很大力气进行促销,较高的市场营销费用使基金的管理成本处于较高的水平。这也是人们对智利的私人养老金批评较多的地方(1982 年智利改革后的私人养老基金管理公司的管理成本占总缴费的 23%,占所管理的基金资产的 15%,大大高于新加坡和马来西亚的水平。但随着市场竞争的加剧,到 1990 年两个比重已分别下降为 14% 和 2.3%)。相反,政府管理也并不必然导致很高的管理成本,新加坡和马来西亚社会保障基金的管理费在 1990 年分别只占年度缴费的 0.53% 和 1.99%。但是,政府管理的低成本必须有一个高效廉洁的政府和一个完善的监督机制做保证。

3. 对资本市场影响的比较

从对资本市场产生的影响来看,社会保障基金的私人管理较之于公共管理具有更积极的作用。政府将其管理的社会保障基金投资于政府债券、国有企业及公共基础设施并取得通常低于市场利率的投资收益率,实现了对部分社会资源的控制,而这部分社会资源不是按市场的原则进行配置的。如果政府通过社会保障基金的公共管理实现的对社会资源配置的控制,仅仅局限于政府为弥补市场不足和市场失灵而发挥作用的限度内,那么社会保障基金的公共管理有其存在的合理性;超过了这个边界,社会保障基金的公共管理就将对市场的发育产生不利的影响。而私人管理的社会保障基金按照市场的原则进行经营,在市场竞争的压力下,为了降低成本,提高效益,回避风险,会对资本市场的机构、工具等多方面产生积极的影响。新加坡的政府公积金一直是由政府进行管理的,这在相当程度上抑制了私人金融机构和资本市场的发展。20 世纪 80 年代以来,社会保障基金对资本形成的作用越来越受到人们的重视。由社会保障基金积累起来的储蓄能在多大程度上转化为资本,取决于基金的投资管理模式。一个竞争的基金管理市场和开放的基金投资环境能更有效地配置资金,推动资本的形成,从而促进经济的发展。为了推动资本市场和基金管理业的发展,新加坡于 1994 年对公积金的投资管理制度进行改革,一是开放基金市场,允许具备相应条件的基金管理公司参加公积金的管理;二是放开公积金的投资管制,允许一部分基金投资于国内股票、一些指定国家的股票及亚洲以外的资金市场。

7.4.2　我国社会保障基金投资管理模式

我国社会保障基金应当根据基金的不同性质采取两种管理模式:第一个层次——具有现收现付性质的社会统筹保险基金由现有的社会保险机构统一管理,管理的重点是保证基金及时、足额地收付;第二层次——具有完全积累性质的个人账户基金和补充养老保险基金由商业性的基金管理公司进行管理,管理的重点是基金的投资营运。

对金融体系产生重大影响的是第二层次由个人账户提供的、具有完全积累性质的社会保障基金。将个人账户基金交由独立的基金管理公司而非现有的社会保险机构管理,是基于以下的几个理由。

两种不同性质的资金分开管理可以防止资金的相互挤占,保证两类资金各自的有效管理资金的性质不同,对管理机构及管理人员的要求也不同。社会统筹基金管理的核心是基金及时、足额地收缴与支付,只有在满足了支付需要以后,有少量的结余才可以用作短期货币市场投资(通过委托金融机构),但需要在政府的严格监管下保证投资的安全;而个人账户基金管理的核心就是其投资运作,如何构建其投资组合的工具结构、期限结构,从而实现特定的安全性、收益性和流动性目标,是其投资管理的主要任务。因此,管理个人账户基金的机构是典型的金融服务机构,要求管理人员具有相应的从业资格;而社会保险机构则不是金融中介机构,充其量只是基本保险基金的结算中心。

个人账户的积累资金交由独立的金融机构经营,由相应的法规(比如托管法)进行约束,可以减少地方政府的干预,防止资金的挪用,保证资金安全在统账结合的模式下,社会保险部门管理的养老基金被挤占挪用是基金管理中存在的主要问题。根据财政部 1996年 5～6 月对 10 个省、自治区、直辖市的 54 个两项基金经办机构(28 个养老保险经办机构、26 个失业保险经办机构)进行的重点检查表明,挤占、挪用基金的具体方式包括:搞基本建设项目投资、参与房地产投资、直接参股或购买地方债券、直接投资或委托放贷、兴办经济实体、转移基金及对外借款、公款私存及存入非银行金融机构、主管部门挤占基金和管理费用,等等。此外,劳动部门的调查显示,地方财政部门挤占、挪用养老保险基金的现象也不同程度地存在,比如借用养老保险基金缓解财政资金紧张、挪用养老保险搞基本建设、存入财政专户的养老保险基金少计或不计利息,等等。客观地讲,上述部分的"挤占、挪用"现象是出于社会保障基金通过投资而保值增值的内在要求,但在投资管理上缺乏应有的监督约束机制;而有些则属于影响到基金安全的政府行为。因此,将两部分资金分开管理,将具有内在投资要求的个人账户积累资金赋予合法的投资身份并健全相应的监督约束机制,是从制度上防止基金的挤占挪用、保障基金安全的根本性措施。

个人账户基金由商业性金融机构经营,有利于提高基金的投资收益率。由于分散的投资组合及市场竞争,私人养老金的投资收益率高于政府的公共养老金,这已是不争的事实。对于像中国这样的发展中国家,要对付基金长期积累过程中的通货膨胀风险,必须保证有较高的投资收益率。

个人账户基金由商业性金融机构管理,是完善金融体系、培育资本市场、改善金融体系效率的需要。从体制改革的大背景来看,中国经济从计划体制过渡到市场体制,要求市场机制在社会资源配置(其中包括最重要的资源——资金的配置)中逐渐发挥主要作用。在完全积累制下积聚起来的规模越来越大的养老基金,在社会金融资产中将占越来越大的比重,将其交由政府进行集中管理,这与建立社会主义市场经济体制的改革方向不相符。相反,将其交由商业性的金融机构管理,可以促进养老基金本身及基金管理机构、投资服务机构、保险机构的发展,提高基金的配置效率。

7.5 我国社会保障基金进入资本市场投资运营的发展历程

在我国,从 20 世纪 80 年代中期开始实施社会保障制度改革以来,社保基金入市的发展历程大约经历了 3 个阶段。[①]

7.5.1 第一阶段:不允许社保基金进入资本市场

从 20 世纪 80 年代中期拉开社会保障制度改革序幕到 2001 年,我国对社保基金进入资本市场是严加限制的。就养老保险基金投资而言,要求养老基金结余额除预留相当于两个月的支付费用外,应全部购买国家债券和存入银行专户,严格禁止投入其他金融和经营性事业。医疗、失业、工伤等项目的社保基金遵循类似的规定。国家之所以做出如此严格的投资管理规定,主要有三方面原因:一是由养老保险本身的重要性决定,不敢将其贸然投入风险甚大的股市;二是我国缺乏完善的资本市场,投资工具匮乏;三是我国社会保障基金结余甚少,没有投入资本市场的必要性和可能性。

---

① 蒲晓红,朱方明.论社会保障基金的入市主题.经济理论与经济管理,2005(7):25—26.

7.5.2　第二阶段：社保基金进入资本市场的试验阶段

这一阶段的标志是全国社会保障基金进入资本市场。2000 年年底,国家为了弥补困难地区社保基金的缺口设立了全国社会保障基金,并成立了全国社会保障基金理事会负责管理全国社保基金。2001 年 12 月,财政部与劳动和社会保障部联合颁布了《全国社保基金投资管理暂行办法》,这既是我国现阶段社保基金管理和投资运作的主要法律依据,也是资产配置的基本原则,此后社保基金本着"安全至上,控制风险,开拓创新,提高效益"的原则开始风险运营,全国社保基金首次举牌 A 股市场选择了业绩优良的大商股份,并且逐年提高风险投资的比例,拓宽社保基金创收渠道。

2001 年,全国社保基金期初权益为 200.17 亿元,期末权益增长为 805.10 亿元。当时可能认为要保证规模如此庞大的社保基金的保值增值,再靠存银行和买国债是不行的,因为这二者的利率很低。于是经国务院批准,由财政部与劳动和社会保障部规定了全国社保基金的投资范围是:银行存款、买卖国债和其他具有良好流动性的金融资产工具,包括上市流通的证券投资基金、股票、信用等级在投资级以上的企业债、金融债等有价证券;并规定理事会直接运作的范围限于银行存款、从一级市场上认购国债,其他投资需委托全国社保基金投资管理人管理和运作。

于是,理事会于 2001 年 7 月以特殊战略投资者的身份申购了中石化 A 新股 3 亿股。同年 11 月,理事会在一级债券市场上认购了部分金融债和企业债,由于当年这些债券还未上市交易,因此社保基金投资的债券当年暂不反映浮动盈亏。

总的来看,社保基金进入资本市场是出师不利。鉴于此,从 2002 年到 2003 年年中以前,国家对社保基金到底能否进入股市没有明确的规定,社保基金在实际操作中,其新增资金大量选择了银行储蓄。与 2001 年相比,2002 年社保基金的银行存款增幅达到了80.5%,是各项资产中增长最快的一项。尽管在这期间,国家对社保基金是否入市没有明确的规定,但有些地方社保基金在股市上悄然试水。

7.5.3　第三阶段：社保基金正式进入资本市场

全国社保基金 2002 年年报显示,当年社保基金运营收益为 21 亿元,其中存款利息收入和国债利息收入占社保基金运营总收益的 98%;股利收入占社保基金运营总收益的1.4%。可见,社保基金收益来源主要依靠银行存款和国债利息,单一的投资渠道使这笔庞大的资金缺乏增值能力,当年基金年收益率为 2.75%。而按国际劳工组织的要求,养老基金 30 年实际收益率为 4%时才能达到该组织 102 号公约确定的最低支付标准(替代率为 40%~50%),为 8%时才能达到大多数工人认为正常的 75%的支付标准。根据国外的经验,谨慎地放松社保基金的投资限制,是提高投资收益率的重要途径。因为据对一些国家的长期统计,社会保险基金投资于股票市场的回报率在各项投资项目中是最高的,因此不少国家对基金投资于股票市场解除了禁令。以此为鉴,我国决定放开对社保基金投资渠道的限制。可见,寻求较高收益率是我国社保基金进入资本市场的动因。

2003 年 6 月,我国社保基金正式入市。至此,社保基金不仅从一级市场申购股票、债券,而且可以在一、二级市场买卖证券。在 2003 年启动委托投资的基础上,2004 年理事会通过专业的基金管理公司,科学分析资本市场的发展情况,合理进行资产配置,提高了股票投资力度,将股票的投资比例由 2003 年的 5.1% 提高到 15%。2004 年 2 月 9 日,国务院批准了社保基金挺进国际资本市场的计划。2006 年 3 月 14 日,财政部、劳动和社会保障部、中国人民银行联合发布了《全国社会保障基金境外投资管理暂行规定》,标志着社保基金正式启动海外投资。2006 年 10 月 9 日,全国社会保障理事会又与花旗银行和北美信托签署了境外托管协议,标志着社保基金投资海外资本市场迈出了关键一步。

目前,按照《全国社保基金投资管理暂行办法》规定,全国社保基金将用于投资资本市场资金,切割为 40 个投资组合,通过招标的方式,委托给华夏、博时等国内 10 大基金公司投资,每个投资组合分别由不同的基金经理,按照既定的投资策略和投资风格进行独立运作。一旦投资失败,受委托的基金公司将以事先缴纳的风险准备金做冲销,但余下的损失则由社保基金承担。2010 年年报显示,全国社保基金近 45% 的资产属于委托投资。

本 章 小 结

本章介绍了社会保障基金的投资运营管理。社会保障基金投资是社会保障基金管理机构或委托的机构用社会保障基金购买国家政策和法律许可的金融资产或实际资产,以使该基金在一定时期内获取预期收益的基金运营行为。社会保障基金投资运营要遵循安全性、流动性、营利性、公益性等原则。对社会保障基金进行投资运营有利于基金的保值增值;减轻国家、企业和个人负担;最终还能促进经济的发展。

社会保障基金的投资工具包括银行存款、债券、股票、各类贷款、基金、不动产、风险投资、金融衍生工具及国外资产。选择适当的投资工具,并对其进行投资组合,是社会保险基金投资成败的关键。

我国社会保障基金的投资存在"空账"运行、增值难、多头管理、缺乏规范和完善的监管监督体系等问题。作为国家重要战略储备的全国社会保障基金,政府对其投资运营、监督管理也是较为系统的。

扩 展 阅 读

1. 王洪春,卢海元.美国社会保障基金投资管理与借鉴.北京:中国社会科学出版社,2006.
2. 万解秋等,社会保障基金投资运营研究.北京:中国金融出版社,2003.
3. 李向军.我国社保基金投资管理问题研究(博士论文).财政部财政科学研究所,2007.

关　键　词

安全性(safefy)　流动性(liquidity)　营利性(profifabilify)　股票(stock)　风险(risk)

思　考　题

1. 什么是社会保障基金投资？
2. 社会保障基金的投资工具主要有哪些？各有什么样的优点和弊端？
3. 社会保障基金投资应遵循什么原则？
4. 我国社会保障基金入市投资经历了哪些阶段？其社会经济发展背景是什么？

新加坡确定社保基金收益有一套

在新加坡中央公积金制度(CPF)的设计中,收益率确定机制是一个关键因素,它决定着参保者中央公积金积累额的保值和增值,影响着制度能否有效发挥养老保障的作用。缺省收益率确定机制是 CPF 最常用的收益率确定机制之一。

缺省收益率指参保者个人不作出投资选择,而是将资金留在中央公积金各账户时可获得的收益率。缺省收益率确定机制经历了一个历史变迁过程。1955—1976 年,中央公积金制度的供款全部进入普通账户,收益率表现为持续上升,从 1955 年的 2.5%,到 1976 年的 6.5%。1977—1985 年,普通账户的收益率一直保持在 6.5% 的水平。从 1986 年 3 月 1 日起,普通账户的收益率与市场利率挂钩,采取 12 个月定期存款利率与主要地方银行的储蓄率相结合的确定方法,各占 50%,且收益率每半年调整一次。1999 年 7 月 1 日,收益率计算公式发生变化,12 个月定期存款利率的权重上调为 80%,而主要地方银行储蓄率的权重下调到 20%。之所以实施这样的改革,是因为考虑到 CPF 储蓄是长期性积累,其中很大比例要用于参保者的养老,提高定期存款利率的权重有利于参保者获得较高的收益。同时,收益率的调整期间由半年改为一个季度,与市场利率结合更加紧密。

特别账户、医疗储蓄账户和退休账户建立之初,收益率采取与普通账户一致的确定方法。从 1995 年 7 月 1 日起,特别账户和退休账户的收益率超过普通账户 1.25 个百分点,1998 年 7 月 1 日,调整为 1.5 个百分点。从 2001 年 10 月 1 日起,医疗储蓄账户的收益率同样超过普通账户 1.5 个百分点。需要指出的是,最终计入上述四个账户的缺省收益率并不一定是按上述公式所计算的值,而是取按上述公式所计算的收益率与保证收益率二者的较高值。目前，普通账户、特别账户、医疗储蓄账户和退休账户的保证收益率分别为 2.5%、4%、4%和 4%。

2007 年新加坡再次改革缺省收益率确定机制，从 2008 年 1 月 1 日起，将特别账户、医疗储蓄账户和退休账户的资金投资于特殊政府债券，而此类债券的收益率等于新加坡 10 年期政府债券 12 个月平均收益率加 1%，且每个季度调整一次。同时，参保者中央公积金制度的积累余额 6 万美元以内部分的收益率增加 1%，其中普通账户所占金额最多为 2 万美元。如果参保者年龄为 55 岁及以上，普通账户余额所获得的这部分增加的收益将计入特别账户和退休账户。从 2010 年 1 月 1 日起，退休账户资金投资于特殊政府债券，计入退休账户的收益率的计算要衡量这些特殊政府债券组合的平均收益，并于每年 1 月进行调整。为了让参保者逐步适应三个账户收益率计算公式的变化，2008—2010 年，新加坡保证参保者三个账户的收益率为 4%。

从理论层面分析，按上述调整之后所得的收益率要大于之前计算的收益率，不过由于经济环境的不断变化导致公式中各变量具体值的变化，实际上很可能出现按调整后公式计算的收益率低于由调整前公式计算的收益率的不利状况。但是，缺省收益率确定机制中的保证收益率在一定程度上缓解了上述局面，通过给予四个账户保证收益率能够确保中央公积金制度实现一定程度的积累。与普通账户相比，其余三个账户的保证收益率较高，体现了新加坡中央公积金制度对养老保障的重视。从实践看，有一些年份各账户的缺省收益率要高于同期通货膨胀率，即能够实现保值目标，但其超过通货膨胀率的数额要低于国民收入增长率，即各账户仅做到了一定程度的增值，而未实现充分增值的目标；但也有一些年份各账户的缺省收益率要高于通货膨胀率和国民收入增长率之和，不仅实现了保值，而且较充分地实现了增值。

（本案例资料来源：苗艳梅，郭林.新加坡确定社保基金收益有一套.中国社会保障，2011(6).）

请思考：新加坡中央公积金缺省收益率确定机制设计的核心理念是什么？通过怎样的机制能够实现这一理念。

第 8 章

全国社会保障基金管理

本章主要介绍我国的社会保障储备基金即全国社会保障基金。通过本章学习，读者应了解全国社会保障基金的资金来源、资产增长情况、投资运营情况和资金使用情况，熟悉全国社会保障基金的投资风格和投资理念及其对资本市场起到的作用，探讨全国社会保障基金投资管理中存在的问题及解决对策。

全国社会保障基金，即财经类媒体中常见的"社保基金"。它是由中央政府直接筹集、管理的国家社会保障储备基金。它既不同于社会保险基金，也不同于其他社会保障基金，而是在社会保险基金和社会救助基金出现财务危机时，充当补充、调剂基金的作用。全国社会保障基金是国家重要的战略储备，它肩负着化解社会保障制度转型中出现的历史债务和应对人口老龄化带来的养老金支付高峰的重要职责，是我国社会保障制度保持良好运行的重要保证。

8.1 全国社会保障基金概述

如前所述，我国的养老保险体系面临着一个两难困境的挑战：一方面是人口老龄化速度加快，养老负担迅猛增长；另一方面是国家基本养老保险尚不健全，覆盖面较窄、历史包袱较重。为了应对这一挑战，我们能够选择的做法一是开源；二是节流。开源，主要是提高雇主和雇员的缴费率，增加养老金收入；节流，通常采取推迟退休年龄、严格领取标准、降低养老待遇等办法，减少养老金支出。应该承认，有些国家采取这些办法后收到一定的成效，但从我国现实情况来看，第一，我国社会保障的各项缴费率已高达职工工资总额的 40% 以上，其中，养老保险的企业缴费率为 20%，个人缴费率为 8%，企业与个人的负担已经相当沉重，再提高将难以承受；第二，中国在相当长一个时期内存在巨大的就业压力，每年要新增 150 万个就业岗位，推迟退休年龄会减少就业机会；第三，我国基本养老保险仅仅提供基本生活保障,在目前的水平上,进一步降低养老金发放标准,将导致养老保障水平的严重下降。

为了保证社会保障资金的增长需要,近年来,中国政府积极调整财政支出结构,在中央与地方财政预算内安排养老保险支出,而且规模逐年增加,此外,加大了社会保险费的征缴力度。通过这些措施,保证了养老金按时、足额发放。但是,这些手段都只是治标之策,只能缓解一时的问题。要真正解决中国养老体系的问题,必须在制度安排上进行相应改革,及早预为之谋,为未来的老龄化危机做好准备。

就是在这样一个背景下,2000 年 8 月,党中央、国务院决定建立全国社会保障基金,同时设立全国社会保障基金理事会。全国社会保障基金是中央政府集中的社会保障资金,主要用于弥补今后人口老龄化高峰时期的社会保障需要,是国家重要的战略储备。

2010 年 10 月 28 日第十一届全国人民代表大会常务委员会第十七次会议通过的《中华人民共和国社会保险法》第七十一条规定:国家设立全国社会保障基金,由中央财政预算拨款以及国务院批准的其他方式筹集的资金构成,用于社会保障支出的补充、调剂。全国社会保障基金由全国社会保障基金管理运营机构负责管理运营,在保证安全的前提下实现保值增值。

全国社会保障基金理事会为国务院直属正部级事业单位,负责管理运营全国社会保障基金。其主要职责包括:受托管理全国社会保障基金、基本养老保险个人账户基金等;制定基金的投资经营策略并组织实施;选择并委托基金投资管理人、托管人对基金委托资产进行投资运作和托管,对投资运作和托管情况进行检查;在规定的范围内对基金资产进行直接投资运作;负责基金的财务管理与会计核算,定期编制会计报表,起草财务会计报告;定期向社会公布基金的资产、负债、权益和收益等财务情况;根据财政部、人力资源和社会保障部共同下达的指令和确定的方式拨出资金;承办国务院交办的其他事项[①]。

全国社会保障基金虽然成立的时间不长,但是资产增长很快。其管辖的资产从 2000 年的 200 亿元增长到 2010 年的 8 566.90 亿元,增长了 40 多倍。[②] 这些资金作为国家重要的战略储备,到目前为止几乎没有多少被支用,而且全国社会保障基金的日常经费所需也是中央财政预算划拨的,所以全国社会保障基金的基金权益总额几乎同步增长,如图 8.1 所示。

全国社会保障基金与基本养老保险的社会统筹基金和个人账户基金是有区别的。从资金来源看,社会统筹基金和个人账户基金分别由企业和职工缴费形成,而全国社保基金主要依赖中央财政拨款;从资金使用看,社会统筹基金主要用于当期支出,而全国社会保

---

① 详见全国社会保障基金理事会章程。

② 数据来源:全国社会保障基金理事会 2001 年至 2010 年各年度报告。

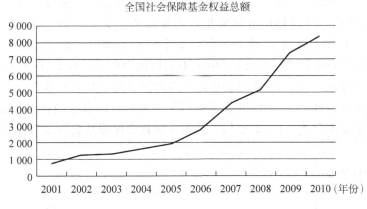

图 8.1　全国社会保障基金权益增长情况（单位：亿元）

障基金主要用于长远需要。

8.2　全国社会保障基金的来源

目前，全国社会保障基金的资金来源主要是各种形式的财政拨款、行业统筹基金和个人账户基金。一个相对稳定的补充社会保障基金的长期规划和有效机制有助于尽快解决我国社会保障基金亏空问题，也有助于社会保障基金更好地发挥社会保障战略储备的作用。

8.2.1　中央财政预算拨款

全国社会保障基金作为国家社会保障战略储备基金的特殊性，决定了中央财政拨款占有极为重要的地位，没有国家财政作为后盾，现代社会保障制度很难顺利实施。

从图 8.1 可以看出，从财政拨入资金来看，拨入的资金规模波动较大，最高年份是2009 年的 825.89 亿元，其次是 2010 年的 634.44 亿元，最少的年份是 2003 年只有 49.08亿元，其余年份多数都在 300 亿元左右，这一资金来源并不稳定。近年来，我国财政收入占 GDP 比重逐年提高，中央财政收入连年增长，正是充实全国社会保障基金的有利时机。

8.2.2　国有股减持、划拨和转持

2001 年 6 月 12 日，国务院颁布《减持国有股筹集社会保障资金管理暂行办法》，《管理暂行办法》，其中第五条规定凡国家拥有股份的股份有限公司（包括在境外上市的公司）在首次发行和增发股票时，要按融资额的 10％出售国有股，将收入划入全国社会保障基金。国有股存量出售收入全部上缴全国社会保障基金。该办法实施后不久，国内股票市

场出现大幅下滑。2001 年 10 月 22 日,证监会宣布,经报告国务院批准,决定在具体操作办法出台前,停止执行《减持国有股筹集社会保障资金管理暂行办法》第五条的规定。2002 年 6 月 23 日,国务院决定,除企业海外发行上市,对国内上市公司停止执行《减持国有股筹集社会保障资金管理暂行办法》中关于利用证券市场"减持"国有股的规定,并不再出台具体实施办法。自此,全国社会保障基金通过证券市场减持获得资金来源中,就少了国内证券市场减持这部分,而海外股票减持仍然可行。国有股减持的资金来源是以国有企业到境外上市部分为主的,财政历年拨入全国社会保障基金资金情况如图 8.2 所示。

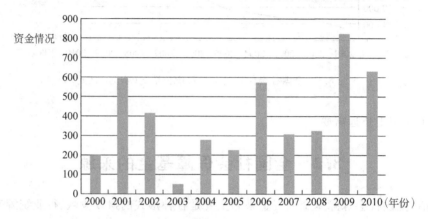

图 8.2　财政历年拨入全国社会保障基金资金情况①(单位:亿元)

但相对国外证券市场而言,国内证券市场所占的国有上市公司居多。因此,就是在发布上述决定时,国务院同时强调有关部门将进一步研究,把部分国有股"划拨"给全国社会保障基金,这部分划拨的国有股不在证券市场上减持变现。全国社会保障基金可以在需要时,通过分红、向战略投资者协议转让等形式来充实社会保障资金。2003 年 10 月,党的十六届三中全会通过了《关于完善社会主义市场经济体制若干问题的决定》,其中明确提出,"采取多种方式包括依法划转部分国有资产充实社会保障基金"。此后,国务院多次指示要将社会保障基金规模做大。2004 年 9 月,国务院批准成立了包括国务院国有资产监督管理委员会、财政部、中国证券监督管理委员会和全国社会保障基金理事会等部门组成的划转工作小组。不过,在划拨的具体方式上仍存在争议。2005 年,全国社会保障基金理事会向国务院提交了启动划转的建议,并提出将国有股境外减持改为转持的主张,即企业境外上市减持 10% 的股份不再换成现金给理事会,而是由理事会直接持有这部分股权。按照理事会的解释,在以往减持国有企业海外股份的操作中,由于股份的溢价部分涉及权益,在划拨的过程中因一些环节上的延迟容易导致欠缴。减持改为转持可以从根

---

① 资源来源:全国社会保障基金理事会 http://www.ssf.gov.cn/tzsj/201105/t20110518 __ 3179.html.

本上解决收入欠缴的问题；加上如果这些股票二级市场表现不错，还能够提高全国社会保障基金的收益水平。所谓转持其实也就是国有股份的划拨。2005 年 7 月国务院批准了这一政策。为此全国社会保障基金理事会在香港交易及结算所中央结算系统开立了公司投资者账户，正式启动了社会保障基金国有股海外减持改转持工作。2006 年 3 月 21 日，在香港公开招股的湖南有色金属成为第一家实行社会保障基金海外转持国有股的公司。

社会保障基金海外减持改转持，有利于全国社会保障基金积累直接运营国有股权的经验，并为内地市场划拨上市公司国有股充实社会保障基金提供了借鉴。此外，减持改转持无论是对社会保障基金，还是对资本市场，都有多重积极的意义。

首先，对于社会保障基金而言，减持改转持不仅操作简便，而且有利于社会保障基金优化转入的部分国有股权的价值。相对而言，股权的划转比到市场上公开发行卖出要简便得多。此外，股份在首发的时候未见得是股价最好的时候，减持改转持可以给予社会保障基金根据二级市场状况灵活选择出售时机的自由度，更何况长期持有优质国有企业还能获得相对稳定的股息收入。

其次，对于资本市场而言，减持改转持更加有利于减少市场波动，实现资本市场机构投资者作为市场主导的战略目标。对一个大型的上市公司而言，要同时实现首发和出售10％的股份，这对市场的承受力可能是一个考验，可能会因此加剧市场的波动。在理论上，社会保障基金相对于中央汇金公司和国家投资公司等机构而言，可以更长期地持有重要国有企业的股权。

减持国有股是指向社会公众及证券投资基金等公共投资者转让上市公司国有股的行为。国有股减持主要采取国有股存量发行的方式。根据现行政策，凡国家拥有股份的股份有限公司（包括在境外上市的公司）向公共投资者首次发行和增发股票时，均应按融资额的 10％出售国有股；股份有限公司设立满 3 年的，拟出售的国有股通过划拨方式转由全国社会保障理事会持有，并由其委托该公司在公开募股时一次或分次出售。国有股存量出售收入，全部上缴全国社会保障基金理事会，以充实全国社会保障基金。

8.2.3　发行彩票收入

发行福利彩票是国家筹集社会福利基金的重要手段，但在我国社会保障改革过程中，由于历史债务沉重和转制成本较高，国家亦规定彩票收入的一部分要进入全国社会保障基金，成为补充社会保险、社会救助基金不足的一个资金来源。

8.2.4　行业统筹基金

2004 年，根据财政部、劳动和社会保障部发布的《原行业统筹企业基本养老保险基金管理办法》，将原实行基本养老保险行业统筹的企业已上缴财政部养老保险基金专户的基本养老保险资金行业统筹基金（简称"行业统筹基金"）委托全国社会保障基金理事会管理。全国社会保障基金理事会参照《全国社会保障基金投资管理暂行办法》，将该基金与全国社会保障基金一起进行投资运营，并单独设立台账，作为全国社会保障基金的负债进行核算。截至 2010 年 12 月 31 日，全国社会保障基金受托管理原行业统筹基金共计 64.27 亿元。

8.2.5   个人账户基金

"个人账户基金"是个人账户中央财政补助资金的简称。2006 年，财政部、劳动和社会保障部发布《做实企业职工基本养老保险个人账户中央补助资金投资管理暂行办法》，要求做实个人账户，并委托全国社会保障基金管理试点省（直辖市、自治区）的个人账户资金中央补助资金及其投资收益。2006 年年底，全国社会保障基金理事会在北京与首批 9 个试点省（直辖市、自治区）签署委托投资管理合同，全国社会保障基金理事会与 9 个省（直辖市、自治区）人民政府签署了委托投资协议。这部分资金委托期限最短为 5 年，纳入全国社会保障基金统一运营，并作为基金权益核算。截至 2010 年，全国社会保障基金受托管理的个人账户资金总计 566.40 亿元[①]。

全国社会保障基金理事会拟订的个人账户基金投资遵循四条基本原则：资金经营风险由全国社会保障基金理事会承担；全国社会保障基金理事会承诺年收益率不低于 3.5%；不收取管理费用，相关费用由中央财政预算核拨；高出 3.5% 的那部分收益中，一半用于建立风险基金，用于将来弥补可能出现的亏损。

8.2.6   投资收益

国家允许全国社会保障基金理事会对基金进行投资运营，所获取的投资收益进一步充实全国社会保障基金。为此，全国社会保障基金理事会在国内外资本市场上进行了积极的尝试，并取得了一定的成效。

8.3   全国社会保障基金的投资运营

为更好地实现基金的保值增值，全国社会保障基金理事会根据经国务院批准、由财政部与人力资源和社会保障部发布的《全国社会保障基金投资管理暂行办法》、《全国社会保障基金境外投资管理暂行规定》和国务院、财政部与人力资源和社会保障部的相关批准文件进行投资运作。财政部会同人力资源和社会保障部对基金的投资运作和托管情况进行监督。

---

① 资源来源：全国社会保障基金理事会 http://www.ssf.gov.cn/tzsj/201105/t20110518__3181.html。

8.3.1　投资理念

作为国家的战略储备基金,全国社会保障基金要到 15～20 年后才发生支出,所以其投资目的是保值和增值。为此,全国社会保障基金理事会确立了价值投资、长期投资和责任投资的理念。在股票投资管理中,全国社会保障基金坚持公平、合理、择优选择投资管理人及托管人,并实施科学准确的绩效评估和全面有效的风险管理。

价值投资理念,要求对股票投资,坚持正确处理投资对象的内在价值与市场价格涨跌之间的关系,把投资价值作为选择投资对象的标准,把发现和实现投资价值作为投资的首要工作,而不是依靠概念炒作和内幕消息进行投资。

长期投资理念要求社保基金必须树立长期投资目标,必须围绕长期投资目标实行长期投资战略,并在一个较长时期内对投资执行情况进行考核和评估。社保基金的股票投资,着眼于分享国民经济增长的长期收益,着眼于分享股票市场健康发展的成果。社保基金股票的长期投资理念,使得它不会采取短期投资行为,不会依靠股市的大起大落炒作盈利;相反,它是股市中的一支稳定力量。股市中类似社保基金这样的长期投资机构越多,长期资金量就越大,股市的发展就会越稳定。

责任投资理念,要求社保基金会在以下两个方面做一个负责任的股票投资者。在经济发展方面,社保基金投资强调要正确认识促进经济发展与实现投资收益的关系。经济增长成果是养老金投资收益的根本来源,促进经济发展有利于养老金的积累。社保基金将充分发挥其规模巨大和投资长期性的独特优势,为我国宏观经济的健康发展尽职尽责。在股票市场方面,社保基金投资强调要维护我国股票市场的健康持续发展。随着社保基金资产占股票市场市值的比例不断扩大,影响社保基金收益高低的因素将逐步由投资策略和技巧转变为股票市场的发展水平。为此,要求社保基金致力于关心和促进我国股票市场的健康与发展,自觉抵制一切危害市场机制的行为,用规范的投资引导股市行为,运用专业化的投资运作框架、规范化的业务流程,为我国机构投资者的规范运作发挥示范作用。

8.3.2　投资渠道

自全国社会保障基金成立以来,基金的投资范围逐年扩大。根据原《全国社会保障基金投资管理暂行办法》的规定,社会保障基金投资的范围限于银行存款、国债和其他具有良好流动性的金融工具,包括上市流通的股票、信用等级在投资级以上的企业债、金融债等有价证券。全国社会保障基金理事会直接运作的社会保障基金的投资范围限于银行存款、在一级市场购买国债,其他须委托社会保障基金投资管理人管理和运作,并委托社会保障基金托管人托管。2001 年经财政部允许,社会保障基金可以直接购买某些企业债和金融债。此后,随着市场的发展,社会保障基金直接投资范围扩大至股票指数化投资和资产证券化投资。2005年,财政部、劳动和社会保障部同意社会保障基金可以对中央直管企业改制或改革试点项目进行实业投资。2008年,经国务院批准,财政部、人力资源和社会保障部同意全国社会保障基金投资经国家发展和改革委员会批准的产业基金和在发展改革委备案的市场化股权投资基金。

截至2010年年底,全国社会保障基金的境内投资范围包括:银行存款、债券、信托投资、资产证券化产品、股票、证券投资基金、股权投资和股权投资基金等。基金境外投资范围包括:银行存款、银行票据、大额可转让存单等货币市场产品,债券,股票,证券投资基金,以及用于风险管理的掉期、远期等衍生金融工具。

目前,全国社会保障基金的股票和债券投资主要采用委托投资方式。对股票和债券投资,特别是对股票投资,采取委托投资的方式,使专业投资管理机构成为社会保障基金投资的主体,不仅使得社会保障基金股票投资完全成为一种市场行为,而且实现了投资运营与投资监管的有效分离。表8.1列举了全国社会保障基金部分投资组合的基本情况。

表 8.1 全国社会保障基金投资组合基本情况(部分)

组 合 名 称	投 资 性 质	投 资 管 理 人
全国社会保障基金005组合	指数化投资	全国社会保障基金理事会投资部
全国社会保障基金006组合	指数化投资	全国社会保障基金理事会投资部
全国社会保障基金101组合	股票型(流通A股)	南方基金管理有限公司
全国社会保障基金102组合	股票型(流通A股)	博时基金管理有限公司
全国社会保障基金103组合	股票型(流通A股)	博时基金管理有限公司
全国社会保障基金104组合	股票型(流通A股)	鹏华基金管理有限公司
全国社会保障基金105组合	股票型(流通A股)	长盛基金管理有限公司
全国社会保障基金106组合	股票型(流通A股)	嘉实基金管理有限公司
全国社会保障基金107组合	股票型(流通A股)	华夏基金管理有限公司
全国社会保障基金108组合	股票型(流通A股)	博时基金管理有限公司
全国社会保障基金109组合	股票型(流通A股)	易方达基金管理有限公司
全国社会保障基金110组合	股票型(流通A股)	招商基金管理有限公司
全国社会保障基金111组合	股票型(流通A股)	国泰基金管理有限公司
全国社会保障基金112组合	股票型(流通A股)	中国国际金融有限公司
全国社会保障基金201组合	债券、可转债	南方基金管理有限公司
全国社会保障基金202组合	债券、可转债	博时基金管理有限公司
全国社会保障基金203组合	债券、可转债	华夏基金管理有限公司
全国社会保障基金204组合	债券、可转债	鹏华基金管理有限公司
全国社会保障基金205组合	债券、可转债	长盛基金管理有限公司

续表

组 合 名 称	投 资 性 质	投 资 管 理 人
全国社会保障基金 206 组合	债券、可转债	嘉实基金管理有限公司
全国社会保障基金 601 组合	稳健配置型	易方达基金管理有限公司
全国社会保障基金 602 组合	稳健配置型	嘉实基金管理有限公司
全国社会保障基金 603 组合	稳健配置型	长盛基金管理有限公司
全国社会保障基金 604 组合	稳健配置型	招商基金管理有限公司

资料来源：全国社会保障基金理事会及 wind 数据。

8.4　全国社会保障基金的投资收益情况

全国社保理事会各项投资管理体制和机制的建立和健全为社保基金投资管理奠定了制度基础,这也是获得稳定投资收益的制度保障。全国社会保障基金历年投资收益情况如表 8.2 所示。

表 8.2　全国社会保障基金历年投资收益情况

年　度	投资收益额(亿元)	投资收益率(几何平均%)	通货膨胀率(几何平均%)
2000	0.17	—	—
2001	7.42	1.73	0.70
2002	19.77	2.59	−0.80
2003	44.71	3.56	1.20
2004	36.72	2.61	3.90
2005	71.22	4.16	1.80
2006	619.79	29.01	1.50
2007	1 453.50	43.19	4.80
2008	−393.72	−6.79	5.90
2009	850.43	16.12	−0.70
2010	321.22	4.23	3.30
累计投资收益	2 772.60	9.17	2.14

资料来源：全国社会保障基金理事会。

从表 8.2 可见,投资收益在 2001 年只有 7.42 亿元,2006 年首次突破 100 亿元,高达 619.79 亿元。2007 年达到顶峰,投资收益高达 1 453.50 亿元,而当年的财政拨款只有 308 亿元,高额的投资回报尽管存在资本市场牛市的外部原因,但更多是由于社保理事会动态的股票投资比例控制机制发挥了较好作用,较好地把握住了市场牛市行情,这也说明理事会较好的管理能力。2008 年由于我国资本市场受到美国次贷危机诱发的全球金融危机的影响,我国资本市场的整体收益率大幅下滑,导致全国社保基金在 2008 年的投资收益是负值。

从 2001 年到 2008 年,全国社保基金投资收益率在 2005 年以前比较稳定,2005 年以后投资回报率增长到 2006 年的 29.01%,在 2007 年达到顶峰,高达 43.19%,2008 年由于金融危机的影响投资回报率呈下降趋势,但大部分时期投资收益率都显著高于同期通货膨胀率。

8.5 全国社会保障基金发展面临的问题及未来发展的方向

8.5.1 全国社会保障基金发展面临的问题

1. 法律制度亟须完善

目前作为全国社会保障基金基金投资运营的主要法规依据,主要是《全国社会保障基金投资管理暂行办法》(以下简称《暂行办法》),客观地说,《暂行办法》对规范运作发挥过积极作用。但它毕竟订立于社保基金草创时期,有些条款已经不合时宜,诸多方面有待改进,主要体现在三个方面:一是立法层次低,《暂行办法》仅是部门规章,在缺少上位法依据的情况下,不利于切实保证基金安全;二是适用范围窄,社保基金工作牵涉方方面面,而《暂行办法》仅对财政部、人力资源与社会保障部这两个监管部门与社保基金会的关系做出了规定;三是保障措施少,《暂行办法》注意的是社保基金的投资运营,对诸如基金的战略储备性质、筹资及支取、社保基金会的机构性质与定位等一系列重大问题,均未及时做出合理适当的规定。随着我国社会保险基金结余资金的积累,社会保险基金的投资管理的现实迫切性越来越大,而我国目前尚没有社会保险基金方面的单独的正式法律,只有一些政府部门的规章条例,如 1999 年的《社会保险费征缴条例》和 2001 年的《减持国有股募集社会保障资金管理暂行办法》等。因此,当前法律规定体系不全,关键法规缺失无疑是当前社保投资管理制度的短板。

2. 资金来源亟待增加

关于全国社会保障基金进一步补充资金来源的问题根据全国社会保障基金理事会的估算,假设年收益率保持在 5% 以上,每年提供 1 000 亿元的流量收益,则全国社会保障基金规模至少要保持在 2 万亿元的水平上,才可以在不动本金的前提下,弥补二三十年之后出现的社会保障动态需求,才能应对未来的老龄化危机。尽管 2007 年年底全国社会保障基金的资产市值已经达到创纪录的 5 000 多亿元,但要从 5 000 多亿元扩充到 2 万亿元的规模显然是不容易的。如果要尽快达到这一目标,仅靠维持中央财政目前每年 100 亿元的资金供给以及投资增值恐怕是不行的。

3. 资产结构有待改善

关于全国社会保障基金的资产结构问题。目前,全国社会保障基金的投资领域涉及股票、债券、实业和信托投资等,大致涵盖了国内资本市场提供的适合养老金投资的大部分投资品种,并已成功地实现了跨市场投资的战略布局,这使其能够比较有效地分散投资风险,追求"安全至上,注重效益"的投资原则。得益于 2006—2007 年的大牛市,全国社会保障基金自成立以来的年均收益率达到了 8.29%。但是,这种良好的局面能否持续呢? 显然,像 2007 年 38.93% 这样的收益率肯定是难以维持的,2008 年席卷全球的金融危机已经印证了这一点。在全国社会保障基金投资的资产结构中,存款及现金等价物占比较高,债券占比近年来出现明显萎缩趋势,近年来收益越发严重依赖于股票投资。由此可见,全国社会保障基金的存款所占比重可能过大,这使其盈利能力受到一定程度的限制。这是因为在利率较低(再加上征收利息税)、通货膨胀率较高的情况下,实际利率可能是负数,存款基本上无法达到保值的目的。

8.5.2　进一步加强和完善全国社保基金管理

我国国有资产实行分级管理,资产分布极不均衡,解决中央和地方企业"中人"的养老金历史权益问题,只能统筹考虑。划转中央或地方重点企业部分国有资产的政策,应按国务院规定由政府有关部门拟定,所划国有资产只能由中央统一管理,避免人为增加管理成本和投资风险,造成社保基金管理的混乱局面。

全国社保基金理事会应尽快研究制定内部投资管理和风险管理办法,加强资产负债管理,根据分配方案需要制定相匹配的资产管理策略;应尽快建立内部控制和外部监管制度,积极引入外部审计。

由人力资源和社会保障部会同财政部、中国人民银行、证监会、银监会,研究制定了与全国社保基金管理运营相配套的股权和债权资产管理运营方案,以及全国社保基金进入货币市场和债券市场的方案。对全国社保基金充实后的资金收益,由人力资源与社会保障部会同财政部,根据完善养老保险制度的统筹安排,明确使用方向,制定分配方案,使其最大限度地发挥作用。

全国社保基金理事会要亟须坚持安全至上、审慎投资的理念,积极稳妥地进入资本市场和货币市场。同时要积极探索更有效的资产管理运营体制,在保证基金安全性的前提下实现基金增值,并对我国资本市场、货币市场的健康发展和公司治理结构的完善发挥积极的作用。

本 章 小 结

本章介绍了全国社会保障基金。全国社会保障基金是中央政府集中的社会保障资金,主要用于弥补今后人口老龄化高峰时期的社会保障需要,是国家重要的战略储备。全国社会保障基金的资金来源主要有：中央财政预算拨款、国有股减持划转和转持、发行彩票收入、行业统筹基金、个人账户基金和投资收益。全国社会保障基金坚持价值投资、长期投资和责任投资的理念，可以在境内向银行存款、债券、信托投资、资产证券化产品、股票、证券投资基金、股权投资和股权投资基金等品种，在境外向银行存款、银行票据、大额可转让存单等货币市场产品，债券，股票，证券投资基金，以及用于风险管理的掉期、远期等衍生金融工具进行投资。自成立之初至今，全国社会保障基金投资收益取得了快速增长。在未来，可以通过法律制度建设的进一步完善、资金来源扩展和资产结构改善，进一步发挥全国社会保障基金的作用。

扩 展 阅 读

1. 项怀诚. 关于全国社会保障基金的几个问题. 中财讲坛,2006(1).
2. 《全国社会保障基金投资管理暂行办法》(2001 年 12 月 13 日财政部、劳动和社会保障部令第 12 号发布).
3. 项怀诚. 养老储备基金管理：国际经验与中国实践. 北京：中国财政经济出版社,2005.

关 键 词

全国社会保障基金(national council for social security funds) 投资运营(investment management)

思 考 题

1. 什么是全国社会保障基金？
2. 全国社会保障基金的资金来源主要有哪些？
3. 全国社会保障基金的投资渠道主要包括哪些？
4. 全国社会保障基金的投资理念是什么？ 为什么确立这样的投资理念？
5. 全国社会保障基金的收益情况如何？ 怎样评价其投资运营效率？
6. 当前全国社会保障基金的管理中存在着哪些问题？ 如何解决？

81 只社保基金重仓股亮相 国家队"家底"先曝光

截至 2011 年 8 月 11 日,已经有 641 家公司公布了半年报,十大流通股东中出现社保组合身影的公司有 81 家。其中主板公司 41 家,中小板公司 31 家,创业板公司 9 家。81 家公司中社保二季度新进的公司 29 家,占比 35.8%,二季度继续增仓 20 家,减仓 15 家,国投电力(600886)、广州明珠等 13 家公司社保二季度持股没有变化。

由于市场有传言法国将是自美国失去 3A 评级之后第二个失去 3A 评级的国家,欧美股市再度大跌。社保基金一向是市场的风向标,选股也理想,一般情况下都有较好的收益。在市场短线大跌阶段开始关注社保重仓股的动向,无疑是一种不错的选择。虽然半年报并未全部披露,但部分社保重仓股已经曝光,值得现阶段开始关注。

中期社保组合仍多数是单兵作战,只有华意压缩(000404)等 9 家公司被多于 2 只社保组合持有。社保基金持有流通股的比例基本都在 5% 以下,只有新宙邦(300037)等 8 家公司的持股比例超过了其流通股本的 5%,建投能源(000600)等 25 家公司社保持股比例都不足 1%。其中新宙邦持股比例最高,社保基金持有流通股本的 8.82%,虽然是创业板公司,社保 602 组合在二季度依然对其进行了增仓,增仓比例 44.37%,幅度较大。华意压缩中期仍被两只社保组合持有,而且其中一只社保 109 组合大比例加仓,加仓比例 152.39%,另外一只社保 603 组合则按兵不动,社保中期持股整体环比增加了 80.67%。

社保在二季度新进了 29 家公司,其中既有万科等老牌上市公司,也有好想你(002582)等新上市公司。万科一季度十大流通股中并没有社保基金的身影,而中报中社保 103 组合持有了流通股 7 800 多万股,在十大流通股东中排名第八。社保二季度新进股中出现了不少资源类股票的身影,辰州矿业(002155)、兰花科创(600123)、锡业股份(000960)等都在新进之列,其中兰花科创有两只社保组合同时进入。社保 110 组合二季度新进了 641 万股,社保 604 组合新进了 495 万股,而全国社会保障基金理事会转持二户二季度则共计转持了辰州矿业 1 372 万股。

社保选股一向以业绩优异著称,社保中期重仓股再度证明了这点。中期重仓持有的股票中,仅建投能源等 13 家公司净利润出现了下降,占比不足两成。中期净利润同比增长超 50% 的公司 28 家,而双鹭药业(002038)等 13 家公司中期净利润增幅都超过了 100%。社保二季度新进个股中,只有阳光股份(000608)和国统股份(002205)中期业绩同比出现了下降,新进股以及继续持有的股票业绩多数表现较好。

社保重仓股历来的良好表现也吸引了不少机构跟风进驻。中期社保重仓股中出现其他机构身影的公司多达 96.3%,其中 52 家公司十大流通股东中除社保基金外,机构家数都超过了 5 家。海大集团(002311)、好想你等除了社保外,十大流通股东中也都是机构,海大集团的机构持股数已经超过了流通股本的四成。东材科技(601208)中期社保基金持有流通股 3.17%,十大流通股东中其余有 8 家是机构,合计持有 28.52% 的流通股本,机构持股比例也超过了三成,许继电器、山煤国际(600546)等也都是机构扎堆的社保重仓股。

最近的市场大跌也让社保重仓股跌幅惨重,但从 2010 年来看,多数社保重仓股仍保持着强于大盘的走势。历来社保选中的股票都有不错的表现,而且每次市场出现变化之际,社保成功地逃顶和抄底,也成为了市场最好的风向标。在短期内市场大跌情况下,社保重仓股不少已经被市场错杀,密切关注社保重仓股动向以及捕捉被市场错杀的社保重仓股,都是十分必要的。

(本案例资料来源:证券时报,2011年8月12日)

请思考:

1. 本案例中全国社会保障基金重仓股情况说明了全国社会保障基金具有怎样的投资风格?

2. 全国社会保障基金的投资运营在资本市场上会造成怎样的影响?

第 9 章

社会保障基金监管

本章主要介绍社会保障基金的监管。通过本章的学习,读者应当了解社会保障基金监管的含义、主要内容、原则和必要性;理解社会保障基金监管的目标和任务;了解国际上社会保障基金监管的主要类型和特点;熟悉我国社会保障基金监管制度现状和存在的问题;充分认识我国社会保障基金监管改革的目标和路径。

9.1 社会保障基金监管概述

9.1.1 社会保障基金监管的主要内容

社会保障基金监管是指由国家授权专门机构(行政监管机构、专职监管部门)为防范和化解社会保障基金风险,依据国家相关法规和政策,对参保单位、社会保险经办机构、基金运营机构管理的各分项社保基金、全国社保基金和企业年金基金,以及社会保障基金的征缴、安全运营、基金保值增值等过程与结果进行监督、评审、认证和鉴定,以确保社保基金正常、稳定地运行,最大限度地保障被保险人的合法利益。

从时间序列来看,基金监管可以划分为三种:一是事先控制,主要采用基金预算、确定收益率指标等方法进行控制;二是实时监控,特指对基金在征缴、支付和运营过程中所实施的控制,如现场检查基金运营情况;三是事后监控,是指从基金的运行结果中获取信息,并采取积极措施,处理有关问题,如清理被挤占挪用的基金。

在我国,自 1998 年设立以来,劳动与社会保障部已会同其他行政部门,对社会保障基金的征缴、投资运营和基金发放的监管做出了相关规定,社会保障基金监管的主要内容包括以下几个方面。

1. 社会保障基金征缴的监管

(1) 对缴费单位的监管。缴费单位对保护职工的合法权益负有重要责任。缴费单位的监督规定可分为两个层次：一个层次规定缴费单位每年向本单位职工公布本单位全年社会保障费用的缴纳情况，接受职工监督；另一个层次规定劳动保障行政部门或税务机关依法对单位缴费情况进行检查。同时规定对缴费单位未按照规定办理社会保险登记的，申报应缴纳社会保险费数额违反财务、会计统计法律法规，逾期拒不缴纳社会保险费、滞纳等行为要依法进行处罚，对上述行为的重要人员和主要人要给予罚款、行政处罚、纪律处罚，行为严重的要给予刑事处罚。

（2）社会保险经办机构的监管。社会保险经办机构受政府委托负责经办社会保险业务，管理社会保障基金。它既对政府负责，又对广大职工负责。政府财政部门、审计部门应依法对社会保险经办机构的收支情况及其管理进行监督，并强调社会保险经办机构应定期向社会公告社会保险费征收情况，接受社会监督。《征缴条例》同时规定：对劳动保障行政部门、社会保险经办机构或者税务机关的工作人员滥用职权、徇私舞弊、玩忽职守致使社会保险费流失的，不但要追回流失基金，而且要根据情节轻重依法追究行政责任和刑事责任。

2. 社会保障基金投资运营的监管

社会保障基金的监管主体由劳动保障行政部门、财政部门、证监部门、中央银行、审计部门、工会组织等组成。这些部门主要依据《全国社会保障基金投资管理暂行办法》《企业年金试行办法》和《企业年金基金管理试行办法》对社会保障基金管理服务机构准入和退出、投资工具的选择、投资数量、投资方法、风险准备金提取比例及风险准备金的管理、信息披露等社会保障基金投资运营的全过程及营运效益进行监管，发现问题并及时纠正。《全国社会保障基金投资管理暂行办法》全面界定了社会保障基金投资运营各个层次和主体之间、业务流程各个环节之间的监督关系；明确了财政部与劳动和社会保障部、社保理事会、投资管理人、基金托管人及其他中介机构等的权利义务关系：在社保基金投资运作中，财政部会同劳动和社会保障部拟定社保基金管理运作的有关政策，对社保基金的投资运作和托管情况进行监督。社保理事会受国家委托负责社保基金的运作，并接受监督管理机构的监督、检查。投资管理人和基金托管人受社保理事会的委托分别管理和托管基金资产，接受社保理事会的监督和审查。同时，投资管理人和基金托管人也通过开展内部审计工作进行内部监管。由于目前中国积累制养老保险体系还远未形成，社会保障基金的市场化、专业化管理体制难以短时间内建立起来，证券市场的金融工具还很不丰富，资本项目尚未完全开放，监管水平低下，所以只能采取这种定量限制的监管模式。

3. 对社会保障基金发放的监管

社会保障基金的支付是指按照社会保障制度规定的享受条件、持待遇标准和支付方式，由社会保险经办机构将基金支付给受保人，以保障它们的基本生活需要。因此，对社会保障基金行政管理部门对社会保障基金发放的监管范围为：对不同的社会保障基金的支付条件、支付标准和支付方式，对社会经办机构的发放活动进行监管。此外，还通过开设社会保障基金监督举报电话等方式,直接听取社会保险受保人的意见。《社会保障基金监督举报工作管理办法》要求对拖欠社会保险金问题加大查处力度,通过社会监督以确保受保人能按时足额领到社会保险金。

9.1.2　社会保障基金监管的重要性

1. 有利于确保社会保障基金的安全和完整

从社会保障基金收支过程及具体运营的操作而言,都具有一定的风险性。规模越大,风险也越大。风险一旦发生,会直接影响社会保险对象待遇的给付,并且进一步影响经济的发展和社会的稳定。基金监管保障了基金的安全和完整。

2. 是保护劳动者合法权益的要求

社会保障基金监管旨在保障劳动者在年老、失业、疾病、伤残、生育时的基本生活需要。由于大部分社会公众对社会保障基金运营情况难以充分了解,加上基金管理的信息不对称,使其对于地方机构在征缴、管理、运营、支付环节中的违规行为不得而知。公众的利益会受到损害,信任危机也应运而生。严格的监管成为一种必要,以此来保护劳动者的权益。

3. 是建立和完善社会保险体系的需要

社会保障基金是社会保险制度的物质基础,是社会保险制度具有可持续性发展的重要支撑。由于我国缺乏统一而有效的监管措施和内部控制机制,使得条例规定的基金实行专项管理、专户存款、专款专用等措施没有很好地实施,违规动用社保基金的现象也时有发生。完善社会保险体系,健全监督机制和保值增值机制,确保制度的规范化。

4. 有利于社会保障基金的保值增值的实现

社会保障基金的保值是通过一定的资金投资运营方式,保持基金的购买力不随社会经济的发展而下降。基金的增值是在基金保值的基础上,增加基金的购买力。由于通货膨胀与经济增长息息相关,在有效的监管下,在确保基金安全的同时,可以促进基金运营结构和信息反馈体系的发展,合理配置资源,提高投资效益,实现基金保值增值。

9.2　国际社会保障基金监管模式的类型和特点

9.2.1　国外典型国家社会保障基金监管模式

当老龄化的人口结构在许多发达国家陆续呈现,各国政府养老保险支出的财政压力也日益沉重。为了应对可能或已经出现的财政压力,世界上许多国家纷纷进行了养老保险制度改革。改革之一,就是建立三支柱模型。根据社会保障基金管理方式的不同,可将已建立社会保险制度的国家分为三类,每类国家选择的基金监管体制模式都不尽相同。

世界各国从本国的政治体制、历史文化、国情等出发,形成了各具特色的基金监管体制。

1. 采取部分基金制的国家

这些国家主要包括英国、日本、瑞士、澳大利亚等国家。它们的共同特征是,曾经采用单一的现收现付制度,而在近年来的改革过程中选择了多支柱的养老保险制度安排并且相应的保险基金财务机制向部分基金制转变。

2. 采取中央公积金集中管理模式的国家

这些国家主要是原英属殖民地的非洲和亚洲国家,以新加坡、印度和马来西亚为代表。

3. 采取私营化管理模式的国家

这种模式是以智利为先导在一些拉美国家和东欧国家实施的。

在社会保障基金管理过程中,不论采取何种模式,政府都发挥着很重要的作用,有些是直接的管理作用,比如中央公积金模式就是强调政府集中管理的作用。虽然董事会具体负责基金运作,但是政府干预的成分更大。而在其他模式下,则更强调政府的严格立法和强制实施,通过建立严格的投资规则、投资限制等,允许私营竞争的社会保障基金机构按照市场化规则运行。目前各国改革的趋势表明,大部分国家试图通过构建政府管理框架,限制投资过程中直接的政治干预,来保持投资的相对独立性。

美国的养老保险基金仍采用现收现付的财务机制,因此基本养老保险由联邦政府集中统一管理。美国对养老基金实施监管的政府部门至少包括劳工部、国内税务局和美国退休金保付公司(PBGC),它们分别对养老基金的投资政策、税收政策和公共保险进行监管。劳工部下属的美国劳动部雇员福利安全署(EBSA)是美国对养老金市场进行监管的主要政府职能部门,监管的内容和对象主要是基金运行发展预测和对策研究,管理部门内部运作行为监督,EBSA并不直接管理养老基金,而是通过规范养老基金受托人的方式间接管理养老基金。美国财政部的国税局也从税收角度对养老保险基金市场承担了部分监管责任,通过颁布条例对养老金计划是否符合税收优惠做出明确规定。美国养老基金监管的法律体系是由多次修订1974年的《雇员退休收入保障法案(ERISA)》为主的一系列法律构成的。

英国养老保险基金监管一个重要的特点就是多体系监管。监管机构由国内税收收入局(Inland Revenue)、社会保障部职业退休金监管局(OPRA)、财务监督局等部门构成。这些机构分别执行不同的职能对养老金进行监管。OPRA是一家独立于政府的机构,负责制订和实施规范养老金计划的法律、法规,但是大部分规定仅适用于私有企业的养老金计划。国内税收收入局同样起到部分监管作用,可以调节部分多余的税金作为养老金的后备资金。除此之外,英国还建立了两大辅助性监管机制:一是建立"吹哨"机制(whistle blowing),引进专业裁判或者仲裁者,代表委托人的利益,可以对受托人的不当行为进行有效的约束;二是建立"成员抱怨"机制(member complains),实际上是提供一个发表意见的论坛或者反映意见的渠道,鼓励广大成员通过该机制,直接将自己的意见或者不满反映给监管者或监管机构。法律方面,主要是受 1986 年的《金融服务法》和 1995 年的《养老金保险法》的监管。

瑞上的养老保险第一支柱实行联邦政府集中管理,由财政部负责资金管理;第二支柱由分散的保险基金会管理基金并负责基金的运营,联邦社会保险局负责监督;第三支柱由各私人保险公司管理,受联邦私营保险业监督局监督。

荷兰的养老保险体系除了健全的行政、立法和经办机构外,还有健全的监督机构,主要包括三层次:一是对社会保险监督委员会和保险监事会实施行政监督的社会事务与就业部监督司;二是对国家养老金实施监督的社会保险监督委员会和对第二、第三支柱实施监督的保险监事会,这两个监督机构都是不隶属于立法、行政部门的独立机构;三是经办机构的内部监督,同时社会保险还接受中央上诉委员会、财政、社会中介机构的监督。

智利养老基金的监管机构是养老金管理总监署。作为独立的监管机构,养老金管理总监署与养老基金管理公司职能分工明确,总监署负责监督与规范,养老基金管理公司是养老基金的法定经营管理者。养老金管理总监署对养老基金管理公司监管的内容涵盖了投资计划的方方面面,在监管方式上,总监署对基金管理公司实行严格的限量监管,而且智利还非常重视社会监督,基金管理公司定期必须就基金投资计划和收益状况发布公告。

这些国家的社会保障基金监管机制具有如下特点和经验。

(1) 根据国情,依照法律,确立行政、监管分立或统一的监管结构。社会保障基金监管较成功的国家在推进社会保险制度时,都首先注重法制建设,以其作为强制性监管的依据和行为规范。如英国 1911 年颁布的《国民保险法》、美国 1935 年颁布的《社会保障法案》、瑞典 1962 年通过并颁布实施的《国民保险法》、新加坡 1955 年 7 月通过的《中央公积金法》,都作为本国综合性社会保障法律确立了各自的社会保障体制。

在具体监管结构上,各国依据国情不同,分别建立起行政、监管分立或统一的监管结构。如美、日等国实行行政与监管的分立。在美国负责社保基金监管的机构包括劳工部、国内税务局、社会保障局、养老金收益保险公司、社会保障信托基金委员会等,其中,联邦社会保障计划的监管组织以财政部和独立的社会保障局为主,劳动部起配合作用;作为第二支柱的私有养老计划的监管以劳动部为主,财政部等起配合作用。具体行政管理部门为联邦政府的社会保障署,在全国有 1 000 多个分支机构,具体从事社会保障税缴纳情况记录、受益资格认定、咨询以及资金发放等工作。在日本,监管与具体执行机构分立,其监管机构包括中央和地方两级,中央行政管理机构为厚生省和劳动省,地方行政管理机构为都道府县,其国民年金课负责有关年金的行政管理工作,并对所辖市村町进行指导;保险课负责健康保险的实施及指导、监督工作。执行机构也分中央和地方两级。中央执行机构为社会保险业务中心,负责汇总、处理地方执行机构的投保人资料。地方执行机构为社会保险事务所(全国共 304 家),负责投保人加入健康保险和年金的资格认证、注册、档案记录和保险费收支手续等方面的工作。

英国、瑞典等国建立了行政、监管统一的监管结构,其监管主体具有较强的独立性。英国社保基金由社会保障部集中统一领导,并由各相关机构分级执行。就国民保险和社会救助而言,社会保障部不仅是其监管机构,亦是直接办理组织,从个人保障账号的管理、待遇资格的审查,到资金的发放,都由社会保障部负责,社会保障部既是规则的制定者,又是规则的执行者、监督者。在瑞典,社会保障基金统一由国家社会保障委员会进行管理,该委员会设在国家社会保险局。各级地方政府成立专门的社会保障管理机构,形成从中央到地方的独立、统一的专门网络。

(2) 强化执法权威,确立监管主体独立性,加强垂直管理,加强各监管主体协调机制。社保基金是保障国民福利的重要公共基金,各国都建立了法律法规以确保基金的安全管理与运营。各发达国家社会保障基金的监管组织各具特色,但都表现出以下特点:社会保险行政管理部门都注重强化执法权威,确立监管主体独立性,加强垂直管理,并确立各监管主体的协调机制。

以美国为例,其监管结构中十分重要的社保和医疗统筹基金信托董事会,由财政部部长任董事会主席,劳工部部长、医疗卫生部部长和社会保障总局局长为董事,另有两名独立董事,由总统任命,参议院批准。具有较强的独立性和监管权威,同时加强了各部门协调。社保局在 1994 年克林顿总统改组社保体系时,升级为独立的、直接向总统和国会汇报的机构,其各种具体的制度规定是全国统一的,各州不得与之相抵触。此外,1994 年,克林顿总统创立常设的"社会保障咨询理事会"(Social Security Advisory Board)是一个跨党派的咨询机构,独立于行政部门,进行整体监督咨询和评估,保证了监管体系的独立、总体协调。

英国由社会保障部集中统一,各相关机构分级执行。瑞典社会保障基金统一由国家社会保障委员会进行监督、管理,该委员会设在国家社会保险局,各级地方政府也都成立了专门的社会保障管理机构,这些社会保障管理机构作为一个独立的行政部门或全额事业单位,不依附于任何别的部门,并按照行政区划分级设置自上而下的独立体系。

9.2.2　国外社会保障基金监管模式的特点

对上述各国所选择的社会保障基金监管体制进行比较,可以得到以下结论。

从监管模式来看,国际社会保障基金监管主要有两种形式:一是审慎性监管。其前提是经济发展已很成熟,金融体制比较完善,并且基金管理机构也得到一定程度发展的国家,如英国、美国等发达国家主要采用此模式;二是严格的限量监管。这种监管模式一般适用于经济体制不够完善、管理制度刚刚建立、市场中介机构不够发达、法律不够健全的国家,如智利、匈牙利等国家采用此模式。

从监管机构来看,对于基本养老保险的监管通常是由独立的部门负责实施,如英国的职业退休金监管局、荷兰的社会保险监督委员会、智利的养老金管理总监署等。各国的监管机构设置不同,但都对本国养老基金的安全起到了十分重要的作用。对于其他的保险基金,大多数国家仍然遵循保险业既有的监管模式。比如在 29 个经合组织国家中,大多数国家是由财政部制定补充养老保险的监管规则,不同的监管机构履行具体监管职能,其中 12 个国家有保险监管部门负责,其余分别由银行(2 个)、财政监管机构(5 个)、发展部(1 个)和其他经济部门监管。

　　国际经验表明,社会保障基金监管体系一般包括机构控制、财务控制、会员控制和保险金控制等几个主要部门,国际社会保障基金监管机构及其相应部门的设立如图 9.1所示。

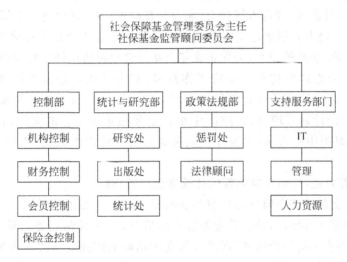

图 9.1　国际社会保障基金监管机构及其相应部门的设立示意图

　　从监管法律体系来看,社会保障基金监管的法律体系一般包括三个层面的内容(如图 9.2 所示):第一个层面是宪法层面,也是体系中最高的一个法律层面;第二个层面是社会保障法层面,这个法律中通常都明确规定了社会保障基金监管的性质、具体内容等,更具可操作性;第三个层面是社会保障基金管理或者监管方面的法规,也是最具有操作性的一类法律。后者在内容上要与前者保持一致。已经建立起社会保险制度的国家中,立法与制度往往同时实施,

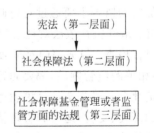

图 9.2　社会保障基金监管法律体系示意图

甚至立法先与制度实施。因此纵观国际,但凡实行社会保障制度的国家,社会保障基金管理都有比较完善的法律体系。这些法律规定使得各职能部门职责分明,同时使基金安全

得到有效保障。

9.2.3　国外社会保障基金监管模式对我国的启示

1. 推进社会保障基金监管的市场化

目前,欧美发达国家社会保障基金监管向市场化发展,同时,拉美、东欧国家社会保障基金监管市场化的步伐亦在加快。我国近年来相继颁布的企业年金法规和规章,已逐步搭建起企业年金的制度构架和市场化管理运营的基本模式。今后,可进一步推进实行。市场化运营以后,企业年金的管理体制发生变化,社保经办机构不直接参与管理,企业年金按照相关规定进入资本市场运作,金融机构成为社保基金管理运营主体。监管机构可总览全局,强化各种制度,规范市场行为,加强监督检查,进一步推进社会保障基金监管的市场化。具体如:提出对原来建立的补充养老保险向企业年金制度过渡的指导意见,按照平稳、有序、合规、安全的原则,指导企业年金基金管理机构做好接收管理运营工作;总结第一批企业年金管理机构资格认定工作经验,对有关机构管理资格进行适当整合,适时进行第二批企业年金基金管理机构资格认定;继续完善企业年金配套政策,研究拟定企业年金集合计划管理办法,解决中小企业参加企业年金的实际问题;会同有关金融监管部门、组织中介力量,对企业年金基金管理机构内控制度、市场运营等情况进行监督检查。

2. 强化监管力量,构建多重监管的社保基金监管结构

目前我国社会保障基金监管力量与当前监督工作的需要还不匹配,监督力量比较薄弱。在监管组织结构方面,从社保基金监管组织结构的国际发展趋势来看,可采用以法制监管为核心、适当集中的综合模式,在现有制度的基础上加强监管的集中度,以构建一个主辅分明、多重监管的社保基金监管组织结构。按照劳动法规定,劳动保障部门是社会保障基金监督的主体,从制定相关政策开始,对社保基金运营的全过程进行全方位的监督;财政部门的监督主要通过对财政专户的管理来进行,对社保基金的财务制度执行情况进行监督;审计监督依法对社会保障基金资金管理及使用情况进行审计监督,更多的是事后的监督检查;税务部门对征收社会保险费的情况进行监督检查;各部门的监督各有侧重,在相关的监管领域,都要履行好各自的职责。建立信息披露制度,强化社会监督。研究制定社会保障基金信息披露办法,定期公布有关情况,参保单位和参保人员可及时了解基金的筹集、支付、运行和管理情况。从而形成行政监督、审计监管和社会监督全方位的外部监管体系。强化内部监管,实行会计监管与内部审计,建立内部监管体系。进一步规范社保经办业务流程。指导经办机构整理、优化经办流程,建立约束机制,为加强基金管理和监督打好基础。建立健全社保经办机构内部控制制度。审核、支付分家,会计、出纳分立,社保经办机构需根据每一项业务的风险点,对关键部门、环节和岗位,建立明确的责任制度,形成有效的制约机制。

3. 提高立法层次,建立完善的法律体制

从国际经验来看,西方发达国家在社会保障基金监管方面虽然存在着明显的个性特征,但他们具有基本的共同的特点,即有一整套完整、严格的社会保险监管法律制度。这些法律的形成超前于经济金融形势,又能随着经济形势的变化而不断完善,增强其适用性。社会保障基金监管体系随着社保基金的发展、监管技术的提高以及监管理念的变化等诸多因素的变化作出适应性发展,并进一步修改法律体系。两者形成良好互动循环。因此在这种动态的法律体系指引下,一方面,监管人员可以避免陷入到完全的循规蹈矩中,正视时代和保险经济发生的变革;另一方面,这种法律体系本身能够确保从实际保险经济运行以及保险监管操作中产生的信息有效地反馈回来,并成为审视社会保障基金监管法律体系的依据。

9.3　我国社会保障基金监管制度研究

9.3.1　我国现行的社会保障基金监管制度

我国社会保障基金监督管理制度的建立,伴随着社会保障制度的改革和发展的历程,可以划分三个时期。

(1)新中国成立以来—1991年。以1951年政务院颁布的《劳动保险条例》为标志,我国社会保障基金监管工作开始起步。这一时期,基金监管的重点是控制筹资渠道与统筹范围方面的基金政策风险。

(2)1991—1998年。1991年6月,国务院颁布了《关于企业职工养老保险制度改革的决定》,明确规定地方要设立由政府部门的负责同志任领导,劳动、财政等部门负责同志参加的"基金管理委员会"。1994年《劳动法》颁布,明确规定设立社会保障基金监督管理机构,并授权监管机构对社会保障基金的收支、管理和运营实施监督管理。

(3)1998年以后。1998年3月,国务院在新成立的劳动保障部设立了社会保障基金监督司,各省、市在机构改革时成立了基金监督处,这标志着独立的基金监管体制初步形成。现在,我国已经初步形成了以劳动保障部门行政监管为主,财政监督、审计监督、税务监督、银行监督、内部控制和社会监督有机配合的社会保障基金监管体系。其中,劳动保障部(更名后为人力资源和社会保障部)是负责全国社会保障基金监督工作的最高职能机构。劳动保障部社会保障基金监督司具体负责全国社会保障基金监督工作。

在我国现行的社会保障基金监管体制中,最基本的构成要素包括以下几个。

1. 基金监管的主体

基金监管的主体,是指依法对基金的筹集、储存、管理与营运、分配与支付实施监管的政府或准政府机构。一般是社会保障行政管理部门和财政部门,或由上述两个部门为主

要成员组成的、负责基金监管的监管委员会。在我国,主要是劳动保障部及各级劳动保障厅、局,财政部及各级财政厅、局,社保基金理事会等。

2. 基金监管的客体

基金监管的客体,是指依法应当接受基金监管当局监管的机构和个人。具体包括基金的具体征收、储存支付机构,如各级社保机构的具体操作部门基金的运营机构,如基金公司、证券公司、投资基金及其托管银行等基金的缴纳人和受益人,如参保的各类企业和劳动者个人等。

3. 基金监管的任务

基金监管的任务主要是监督有关部门、机构、人员和用人单位贯彻执行社会保险法规政策情况监督用人单位按照有关规定缴纳社会保险费情况,监督社会保险经办机构依照法律、法规和政策规定征缴、管理、使用和运营社会保障基金情况,审核监督社会保障基金预算、决算和有关会计资料受理社会举报,配合有关方面查处有关违法违纪案件等。

4. 基金监管的内容

社会保障基金征缴的监管。社会保障基金征缴监管主要是监督企业缴费行为,有无少报参保人数,少报工资总额、故意少缴或不缴费,经办机构征缴的保险费是否及时足额缴入收入户管理,有无不入账,搞体外循环或被挤占挪用收入户资金是否按规定及时足额转入财政专户等。

社会保障基金支付的监管。社会保障基金支付监管主要是指对经办机构是否按规定的项目、范围和标准支付基金,有无透支、少支或不支,有无挪用支出户基金,收益人有无骗取保险金等行为进行监督。

社会保障基金结余的监督。对结余基金监督主要是指有无挤占挪用基金及非法动用基金,是否按规定及时足额拨入支出户等行为进行监督。结余基金按期划转财政专户后,要根据基金的安全性、流动性和效益性原则,购买国债和进行短、中长期存款。任何地区、部门、单位和个人都不得进行其他任何形式的直接或间接投资养老保险(个人账户基金除外),不得用于平衡财政预算或挪作他用。

社会保障基金财务监督。社会保障基金管理的核心是财务管理。社会保险经办机构在经办社会保险业务中,按照国家社会保险政策、法规,合理组织、筹集、支付、运营社会保障基金,这就形成了社会保障基金的运动,从而构成了基金的财务活动。为了做好社会保障基金财务管理,财政部会同劳动保障部于1999年7月1日开始实施了《社会保障基金财务制度》,并加强对社会保障基金的预算。社会保障基金预算是社会保障基金活动的特定收支计划。它反映了社会保险事业发展的规模和方向,是社会保障基金财务工作的基本依据。科学合理地编制基金预算,能够使经办机构在社会保障基金的财务活动中,有明确的工作目标,做到收入合理、支出得当、管理有序。

5. 基金监管的手段

基金监管的手段,是基金监管部门实施监管的工作方法的总称,是基金监管方式的具体体现。基金监管的手段主要有法律手段、行政手段和经济手段。基金监管的法律手段,一般是指国家和政府通过法律和法规,将基金的运行纳入法制的轨道,用法律、法规来规范、约束和监督基金运行主体的行为。基金监管的行政手段,一般是指基金监管部门,用行政手段强制监控和干预基金的运行,如对基金运营机构的资质进行审批或强制退出,对其运营情况进行强制性稽核,对违反有关规定的机构、企业和个人进行行政处罚并限期纠正等。基金监管的经济手段,一般是指基金的监管部门根据客观经济规律的要求,采用经济技术分析工具,对基金的运行状况进行定量监测、分析和预测运用财政、税收、利率等经济杠杆,引导、鼓励基金的运营进入良性循环,抑制其经营过程中的非理性行为等。通过建立预警指标体系科学界定基金的运行状态,有效地监测和预警基金运行的失衡状态,尽早发现运行陷于危险状态的先兆,以便尽早采取措施,减少损失,避免危机的出现。

在我国现行的社会保障基金监管制度下,我国社会保障基金监督的方式主要有以下两种。

(1) 现场监督。现场监督是监督机构派人到被监督单位对基金管理水平、基金资产质量、基金收益水平、基金流动性等进行全面检查或专项检查。监督机构通过检查比较详尽地掌握有关基金运作的控制程序和相关信息,对其业务经营合规状况、内部控制和管理水平,以及基金流动性、安全性和效益性进行深入细致的了解,发现一些财务报表和业务资料中很难发现的隐蔽性问题,并对有关机构的资产财务状况和遵守法规政策情况作出客观的评价。

现场监督主要包括日常监督(在日常业务活动中开展的定期或不定期的基金监督工作)、专项监督(针对某项具体问题而开展的基金监督)和挪用基金案件的检查处理。

(2) 非现场监督。监督机构通过报表分析,对经办机构和有关机构管理运营基金的活动进行全面、动态的监控,了解基金管理的状况、存在问题和风险因素,发现异常情况及时采取防范和纠正措施。

一般情况下,现场检查间隔时间较长,在此期间可能发生一些变化和问题,监督机构可以通过非现场监督,依靠经办机构和有关机构报送的数据,进行多方面的分析、测算并加以管制。

非现场监督的目的主要是:发现那些目前管理运营状况尚好,但在短期或中期可能会出现问题的机构,防患于未然;密切监视已经发现问题的机构,不断获得管理运营信息,掌握改进情况,防止进一步恶化;评估整个基金管理运营系统的动态,通过对有关报表和报告的综合研究,分析基金管理运营的轨迹和趋势,为制定切实有效的基金政策和监督措施提供依据。

9.3.2 我国社会保障基金监管的制度框架

目前,我国已经初步形成了以劳动保障部门行政监管为主,财政监督、审计监督、税务监督、银行监督、内部控制和社会监督有机配合的社会保障基金监管体系。关于这一监管体系的制度规范,主要体现在《中华人民共和国社会保险法》(下称《社会保险法》)(2011年7月1日实施)、《劳动法》(1995年1月1日施行)第74条第二款、劳动和社会保障部《关于加强社会保障基金监督管理工作的通知》(下称《通知》)(2002年7月15日发布)、《社会保障基金行政监督办法》(下称《办法》)(2001年5月18日施行)、《社会保障基金财务制度》(下称《制度》)、《社会保险费征缴监督检查办法》(下称《检查办法》)(1999年3月19日施行)、《关于加强企业职工社会保障基金投资管理的暂行规定》(下称《暂行规定》)(1994年11月22日施行)、《企业职工养老保险基金管理规定》(下称《管理规定》)(1993年7月2日实施)以及《社会保险费征缴暂行条例》(下称《暂行条例》)(1999年1月22日施行)中的相关规定、劳动部关于印发《关于贯彻〈国务院关于深化企业职工养老保险制度改革的通知〉的实施意见》的通知(下称《实施意见》)(1995年5月1日发布)等有关法律、法规和规章中。

在这一制度规范下,我国社会保障基金监管的主要机构及其监管职责内容如下。

1. 劳动和社会保障部门的监管及其职责

劳动和社会保障部门作为负责社会保险工作的主要行政部门,承担着对社会保障基金实施监管的主要职责。《社会保险法》规定,劳动和社会保障部主管全国社会保障基金监督工作,县级以上地方各级人民政府劳动保障行政部门主管本行政区域内的社会保障基金监督工作。《办法》规定了其基本监管内容包括:有关社会保障基金管理法律、法规和国家政策的贯彻执行情况;社会保障基金预、决算执行情况;社会保障基金征收、支出及结余情况;社会保障基金管理的其他事项。《办法》还规定了监督机构及其监督人员在履行职责时享有的职权,并规定了实施现场监督和非现场监督的相应程序。其中,现场监督分为定期监督、不定期监督和按《社会保障基金监督举报工作管理办法》的规定受理的举报案件的查处;非现场监督分为常规监督和专项监督。

2. 财政部门的监管及其职责

财政部门是政府的综合管理部门,除了做好自身的社会保险财务管理工作以外,还负责对社会保险管理机构、经办机构、基金运营机构行使财务监督权。《制度》具体规定了财政部门的监管职权。该《制度》规定,基金财务管理的任务是认真贯彻执行国家有关法律、法规和方针、政策,依法筹集和使用基金,建立健全财务管理制度,努力做好基金的计划、控制、核算、分析和考核工作,并如实地反映基金收支状况,严格遵守财经纪律,加强监督和检查,确保基金的安全。该《制度》要求基金纳入单独的社会保障基金财政专户,实行收支两条线管理,专款专用,任何地区、部门、单位和个人均不得挤占、挪用,也不得用于平衡财政预算;基金根据国家要求实行统一管理,按险种分别建账、分别核算,专款专用,自求平衡,不得相互挤占和调剂。此外,财政部门对于基金预算的编制、审批、执行和调整,基金筹集,基金支付,基金结余,财政专户、收入户、支出户管理,基金资产与负债管理,基金决算审核等,均享有监督权。

3. 审计部门的监管及其职责

审计部门是财经法纪的维护者,它与社会保障机构不存在直接的关系,仅仅是依法行使审计监督的权利,从而更具有专门性、独立性、公正性和权威性。有关审计部门对社会保障基金的监管职责被分散地规定在各相关规范中,如《制度》第 44 条、《暂行条例》第 22 条、《通知》、《国务院关于建立城镇职工基本医疗保险制度的决定》(下称《决定》)(1998 年 12 月 14 日发布)、《工伤保险条例》(2004 年 1 月 1 日施行)第 49 条等。上述三个部门承担着社会保障基金行政监督的主要职责。此外,税务、中国人民银行各分支行和邮政部门以及监察部门、国家计划发展部门也承担有相应的行政监督职责。

4. 专门监督机构的监管及其职责

行政监督主要是从政府的角度来监管社会保障基金的管理和运营,而社会保障基金的保值增值事实上涉及国家(政府)、企业和劳动者个人的切身利益,因此需要有官民结合的专门监督机构。《社会保险法》第 77 条提出,统筹地区人民政府应当成立由参加社会保险的用人单位代表、个人代表,以及工会代表、法律专家、精算专家等组成的社会保险监督委员会,掌握、分析社会保障基金的收支、管理和投资运营情况,对社会保险工作提出咨询意见和建议,实施社会监督。《社会保险法》同时规定,社会保险经办机构应当按季度向社会保险监督委员会汇报社会保障基金的收支、管理和投资运营情况。社会保险监督委员会可以聘请会计师事务所对社会保障基金的收支、管理和投资运营情况进行年度审计和专项审计。审计结果应当向社会公开。

5. 内部监督主体的监督及其权利

内部监督是社会保障基金监管工作的基础环节,一般应包括与社会保障基金工作相关的单位及机构的内部审计和职工监督两部分。关于内部审计机关监督职权和内部职工监督权利的安排零星见于一些相关的制度规范中,如《暂行条例》第 17 条第一款、《决定》第四部分相关内容、《管理规定》第 17 条、第 23 条等。

6. 社会监督系统的监督及其权利

社会监督是指非官方的、非专门的、社会保障基金正式监管系统之外的监督,属于群众性、社会性、非强制性的监督。社会保障基金管理和运行的社会监督一般包括工会组织监督、企业团体监督、社会舆论监督等。工会组织作为劳动者群体利益的代表,通常自觉监督社会保障基金管理和运行状况,对社会保障基金的管理和运作会产生一定的影响。企业团体组织代表企业的利益,同样会积极地参与对社会保障基金管理和运行的监督。包括广播、电视、报刊、网络等现代化的各种大众化传播媒体,能够运用自身的宣传优势来有效监督社会保障基金的管理和运作。社会监督系统监督权利也只是零星地安排于相关的规范中,如《暂行条例》第 17 条第二款、《管理规定》第 25 条、《实施意见》第八部分的有关内容、《制度》第 43 条、《暂行规定》第(九)项、《检查办法》第 7 条、《工伤保险条例》第 50 条、第 51 条等。

7. 司法部门的监督及其职责

作为最后的和最严厉的监管制度安排,司法监督是指通过司法系统对社会保障基金的运行行使特殊的监管职责,以便及时处理社会成员与社会保险机构之间的争议,惩罚社会保险工作人员及其他相关人员的严重违法行为。这种形式的监督主要体现为对有关社会保障基金争议的最后解决以及对有关当事人刑事责任的追究。司法部门监督职责安排几乎体现于各相关的制度规范中,如《通知》《办法》《暂行条例》《制度》等。

除了上述几种社会保障基金监管(督)制度安排以外,还存在对立法部门监督权的配置安排。

9.3.3　我国社会保障基金监管存在的问题分析

1. 政事不分、缺乏制衡的监管体制缺陷

根据 1999 年 1 月由国务院颁布的《社会保险费征缴暂行条例》规定,"国务院劳动保障行政部门负责全国的社会保险费征缴管理和监督检查工作。县级以上地方各级人民政府劳动保障行政部门负责本行政区域内的社会保险费征缴管理和监督检查工作"。也就是说,各级"劳动保障行政部门",不但是社保资金的监督机构,同时也是管理机构;即便是征收的"社会保险经办机构",也由劳动保障部门成立。在下级服从上级的组织规则中,基金管理机构往往缺乏独立的经营决策权。这种行政管理和业务管理合一,社会部门集立法、运营管理、监督于一身,政事不分的后果是由于基金管理透明度低,缺乏有效监管,基金挪用、挤占、浪费现象严重甚至滋生腐败行为,严重威胁基金的安全。

尽管我国近年来出台了一系列养老保险基金营运监管的措施,如强调基本养老保险基金实行收支两条线管理,保证专款专用,但由于监管体制不健全,基金由各地方分散管理,劳动保障部门自行管理,缺乏外部强有力的监管,致使基金监管中存在隐患和基金的流失现象。审计署查处的 2000 年以来的 47.88 亿元社保违规资金,大多数属于挪用、违规投资等管理不规范问题,违规主体主要是负有监管责任的社会保险经办机构、财政、地方政府和劳动保障等部门。

在 2006 年上海社保案发生后,全社会纷纷聚焦社会保障基金的安全以及政府对其的监管职责履行情况。一些学者强烈建议建立社会保障基金监督委员会。而事实上当时已有 27 个省在当地政府领导下建立了社会保障基金监督委员会(有些省份称之为社会保障监督委员会,以下简称监委会),所属的县、市、区也都有这种机构。各省监委会内部机构设置大同小异,一般由政府领导担任主任,其他委员由有关部门和企业代表及专家构成。

在很多省份监管委员会还是一个非常设机构，没有专门的办事机构，只是在各地的劳动保障部门设一个办公室，有的地方甚至没有专门的办公经费，其工作内容也多是协调组织各相关部门，监督工作主要在征缴和清欠层面，所以，尽管许多省份监委会成立多年，却形同虚设，并未充分发挥其监管职责。

2. 法律规范体系缺陷

在我国，作为社会保障法的核心部分《社会保险法》刚刚实施，实践性还有待考量，而社会保障的其余组成部分社会救济、社会福利和优抚安置，仍处于立法的空白地带，现有的零散颁布的各种条例、决定、通知和规定，相互之间缺少必要衔接，不能形成配套法律体系，实践中的许多问题无法可依。

在《社会保险法》中，第十章内容为社会保险监督。然而在该章节中，还有许多模糊以及无法操作的条款。如第 74 条第 2 款："(社会保险行政部门)发现社会保障基金管理使用存在问题的，应当提出整改建议，向有关行政部门提出处理建议。"究竟向哪些行政部门提出处理意见，没有给出明确说明。第 77 条规定："社会保险经办机构应当按季度向社会保险监督委员会汇报社会保障基金的收支、管理和投资运营情况。社会保险监督委员会可以聘请会计师事务所对社会保障基金的收支、管理和投资运营情况进行年度审计和专项审计。审计结果应当向社会公开。"审计结果应该在什么时间，以何种方式，通过哪些渠道公布，都未给出具体办法。

《草案》关于社会保险监督的内容只有区区 739 个字，对监管机构的责任描述语言不详，更缺乏对监管机构不履职不尽责的约束机制。政府应当制定专门的社会保障基金管理监督法律，社会保障基金管理监督法律既是社会保障基金监管的依据，又是社会保障基金监管的行为规范。政府监管部门必须根据授权加强法制建设，制定和完善有关基金监管的法律制度。

3. 投资运营过程中政府角色不明确

对于社会保障基金的投资运营，从最初 1991 年发布的《国务院关于企业职工养老保险制度的决定》，到 2006 年《关于进一步加强社会保障基金管理监督工作的通知》，我国先后通过 6 部法规将社会保障基金投资主要的方式限定于已有的国债和储蓄两种投资方式。这种局面并不合理。据统计，我国社会保障基金的管理成本为 3%，而国际上一般是 1% 左右。但是，从基金回报看，2004 年社会保障基金投资回报率为 3.3%，小于国际上社会保障基金投资长期债券平均 6% 的实际收益率。这在很大程度上丧失了我国社会保障基金的保值增值。一方面，我国社会保障养老基金整体仍主要以县(市)为单位进行统筹和管理，全国社会保障基金分散在两千多个社会保障管理机构。这一制度安排的缺陷，不仅使基金管理层次过多，管理费用过高，而且导致基金的平均规模过小，难以实施较大规模、较为稳健的组合投资方略，投资风险和经营成本增大；而另一方面，我国地方社保基金为政府一手操办，受风险管理和各种行政管制的影响，未引入专业的资产管理公司，也缺乏足够多的投资渠道,导致社保基金在预留两个月的支付费用后,只能存放于境内商业银行及购买回报率不到 2% 的国债。而在当前流动性过度充裕、银行存贷差较大的形势下,银行对协议存款的兴趣减弱,地方性社保基金投资渠道不足及回报率偏低的问题显得更加突出,致使一些地方出现了违规投资的现象。

在基金积累制的改革中,市场化投资运营机制已经被越来越多的国家所选择。我国也在进行着一些尝试并取得了不错的成绩,这也为将来我国的社会保障基金投资运营做出了示范。2000 年 9 月,我国建立全国社会保障基金,并设立全国社会保障基金理事会,直属国务院领导。

我国 2001 年颁布的《全国社会保障基金投资管理暂行办法》规定,社保基金投资的范围限于银行存款、买卖国债和其他具有良好流动性的金融工具,包括上市流通的证券投资基金、股票、信用等级在投资级以上的企业债券、金融债券等有价证券。同时规定全国社保基金由全国社会保障基金理事会负责行政管理,赋予了相应的监管权利。财政部与劳动和社会保障部联合拟定了社保基金管理运作的有关政策,对社保基金的投资运营和托管情况进行了监督。除了法规及监管部外,社保基金的托管人(主要指商业银行)监督社保基金投资管理人的投资运作,发现违规行为一并向社保基金理事会进行报告。全国社保基金在理事会的监管下投资收益不断攀升,在 2001 年至 2011 年的八年里,全国社保基金累计实现投资收益 2 847 亿元,年均收益率为 8.41%,比同期通胀率高出 6 个百分点。这为地方社保基金投资运营提供了很好的借鉴。

9.4 我国社会保障基金监管制度改革与发展

9.4.1 我国社会保障基金监管制度改革的目标选择

社会保障基金监管的具体目标包括确保基金依法筹集、储存、有效管理和运用、合理分配和支付确保基金安全和高效运用,防止被挪用挤占,有效规避投资风险,最大限度地提高基金收益率,实现保值增值确保基金的合理流动性以满足及时支付的需要,防止出现支付危机,防范和杜绝骗保行为,保障参保劳动者的合法权益得以完整实现。确保社会保障基金的保值增值,在安全可靠的前提下,使其总体收益率达到预定目标,以保证社会保障基金未来支付的需要,是社会保障基金营运监管的核心目标。

9.4.2 建立全方位社会保障基金监管体系

1. 强化立法监督

完善基金营运和监管的法律制度框架,规范基金市场参与者的行为,加强市场参与者的自律,将基金的管理运营纳入法制化的轨道。做到有法可依,执法必严。全国人大应尽快完善并颁布《社会保险法》,依法扩大社会保险覆盖范围,依法进行社会保险执法监察,强制用人单位为劳动者按时足额缴纳社会保险费,维护劳动者合法权益,真正做到应保尽保,从根本上防止企业不参保,杜绝用人单位漏报参保人数,少报缴费基数,遏制恶意拖欠社会保险费的行为。各地要按照《社会保险法》,积极制定地方性法规和政策,增强《劳动法》和《社会保险法》的可操作性,严把社会保障基金入口关,最大限度地扩大社会保障基金的征收。

2.整合行政监督

建立合理的基金管理架构,改变由政府部门独家管理基金的现状,成立由多部门组成的监管委员会,大力培育基金中介机构,对基金投资进行有效的监管,提高基金投资的安全性和收益率,确保社保基金的保值增值。解决这类问题除了要加强监管外,还要对社保基金进行适当的投资运营,使之保值增值。在资本市场不断完善的情况下,国家应及时制定投资政策,可先在东南沿海个别省市先行试点,允许将 $10\%\sim15\%$ 比例的少量资金,委托给合格的基金管理公司或证券公司等基金运营商投资于资本市场。一旦社保基金投入资本市场,监管者便不仅是监委会、劳动和社会保障部门、财政部门、审计部门、证监会、银监会等机构,还需要审计师事务所、精算师事务所、资产评估机构、风险评级公司等市场中介机构实行外部监督。中介机构入围的目的是向各机构和公众提供信息服务,使他们能够获得并准确理解有关基金运营的信息,从而加强对基金的监管。中介机构可以受行政部门或监委会的委托对运营机构实施监管,还可以接受运营商的委托,对本机构的运行情况进行评估并形成权威报告以向监管机构汇报。鉴于目前中介机构很不发达,离独立、客观、公正的标准还有很大的差距,应加快中介机构市场化改革的进程,加强对中介机构管理的立法和监督。

3.强化财政监管

尽快改变目前预算内、外分散管理的格局,将社会保障资金统一纳入国家财政预算管理。社会保障资金要想统一纳入财政预算管理,就必须单独建立社会保障预算。为此,首先,要将现行的由经常性预算和建设性预算组成的复式预算改为由政府公共预算、社会保障预算和国有资产经营预算组成的三式预算,并重新划分收支;其次,将社会保障方面的收支全部纳入社会保障预算统一核算、统一管理,也包括目前尚未纳入、属预算外资金的部分社会保障收支。社会保障预算和政府其他预算之间必须保持相互独立,把是否将社会保障收入用于弥补政府公共预算赤字或挪作其他用途作为财政监督的重点。

4.加强社会监督

提高基金投资透明度,定期或不定期地向公众公布基金投资运行情况,通过法律、法规制定基金投资信息披露制度。社会保障基金涉及亿万劳动者的切身利益,不仅工会、企业团体、社会舆论对社会保障基金应享有监督批评权,广大参保劳动者也应享有监督批评权。但从总体上看,在中央、地方政府的各个层次上,还没有普遍建立起社会保障的社会监督机构,已有的社会监督机构所能发挥的监督功能十分薄弱,形同虚设。因此,首先,社会保障基金立法应当明确规定社会团体对社会保障基金经办机构的法定监督权,并对社会团体参与监督的方式、途径做出具体的规定,以形成社会团体监督的网络;其次,明确规定用人单位和参保劳动者有权就社会保障基金的征缴、管理、投资和支付享有查询、调查、批评、检举、控告和要求赔偿的权利;最后,赋予新闻媒体对社会保障基金进行监督的权利,充分发挥新闻舆论对社会保障基金运行的监督作用。

5. 加强内部监督

各级社会保险经办机构要建立完善的内部控制制度,加强内部监督,保证社会保障基金的安全完整及保值增值就要做到:首先,各司其职,收支分离。社会保险经办机构负责编制社会保障基金收支计划;劳动和社会保障部门负责对社会保险经办机构报送的社会保障基金收支计划进行审核;财政部门负责核批、批复社会保障基金收支计划,汇总社会保障基金预算、决算,制定社会保障基金财务、会计制度,并对其实施情况进行监督;有关机构,如商业银行、邮局或税务部门接受社会保险经办机构的委托具体负责社会保障基金的征收和社会保险金的支付;其次,独立建账,专户管理。在建立独立社会保障预算前,应在预算外资金账户内设立社会保障基金财政专户,财政部门要按核定的用款计划及时、足额拨款;再次,严格管理,规范运作。财政部门应根据经同级人大批准的有关预算和经过劳动和社会保障部门审核的社会保障基金支付计划,按规定程序和方式向社会保险经办机构的专门账户拨付社会保险资金;最后,调整社会保障基金管理费支取渠道。基本社会保障基金的管理费不再从社会保障基金中直接提取,改由政府财政支付。补充社会保险的管理费由经办机构按照有关规定从基金中提取。

6. 完善信息监管

充分利用现代科技手段,加强对社会保障基金的信息监管,是当今世界各国的普遍选择。早在十几年前,世界上就已有 84.11% 的国家和地区使用计算机来处理社会保险的相关数据。为了将社会保险领域的欺骗和不精确的行政行为风险降到最低限度,瑞典主管社会保障基金监管的卫生和社会事务部更是与警察部门、服务部门和地方税务机构密切合作,通过电子数据来相互交流信息。目前,我国已有不少省市建立起了养老、就业计算机管理信息系统,对规范管理、提高社会保险业务效率、推进保险金的社会化发放进程产生了积极的作用(1998 年、1999 年劳动保障部分别制定和下发了《劳动力市场信息网建设实施纲要》和《城镇基本养老保险管理信息系统建设实施纲要》),有效地推动了我国社会保障基金监管的信息化进程)。但与社会保险事业发展的需要相比,还存在很大的距离,我们应进一步完备相关制度和技术设施,尽快建立以社会保障基金为中心的统一的社会保障基金信息监控系统。要积极开发社会保障基金专门软件和建立社会保险信息网络和数据库,逐步实现现有信息系统向"五保合一"系统过渡,最终建成符合要求的"五保合一"社会保险信息管理系统,从而全面提高社会保障基金信息化监管程度。

7.其他措施

除此之外,重视监管人才的培养,加强社会保障监管的队伍建设,并推行社会保障主要负责人和财务负责人离任审计和引咎辞职制度。

社保基金监管工作专业性强,涉及面广,要求监管人员具备财务、审计、税务、金融、法律等多门知识。因此,应进行相关业务培训,增强监管人员的职业责任感,提高他们的专业水平以及思想道德素质,更好地服务于社会保险事业。

9.4.3　完善我国社会保障基金运营的预警机制

社会保障基金是政府强制建立并承担责任的专项基金,对财政收支平衡影响很大。据初步测算,按现行企业职工社会基本养老保险办法,仅该项基金影响财政减收增支(包括税前列支和收不抵支财政补贴)总额占财政收入的比例,1996 年为 7.19 %,2010 年将达到 16.18 %。对社会保障基金收支和结余情况进行中长期预测和分析,有利于加强对以社会保险为中心的整个社会保障系统的宏观调控,从而确保社会保险制度与生产力发展水平、国家财政及企业负担能力相适应。为此,在建立日常监管系统的同时,还应建立社会保障基金预警系统,形成日常监管系统与预警监管系统相统一的社会保障基金监管体系。有关部门和机构应在调查研究的基础上,运用科学的方法,建立规范的基金收支预警模型,确立社会保障基金预警线,及时发布社会保障基金财务预警信息,以使社会保险部门及各级政府能够及时采取有效的调控措施。

对基金影响的预警主要是通过对缴费人员变化趋势、退休人员变化趋势以及养老金替代率变化趋势进行综合分析,实现对基金收支状况变化趋势的重点监测。当基金收支出现突变或基金支出接近收入总量一定水平或超过国家规定的基金支付最低线时提出预警,并为修正政策提供前瞻性依据。预警分析指标主要应有:缴费人员变化趋势、退休人员变化趋势、在职职工变化趋势、老年人口变化趋势、职工工资的变化趋势、基金收入变化趋势、替代率变化趋势、缴费率变化趋势等。预警机制可以事先就基金可能出现的风险及其成因进行预警,使管理者能够及时采取措施加以防范,而不是在出现不良后果后进行处置,有利于政府对社会保险政策进行宏观调控。预警系统确定并监测一些重要的保障指标,根据设定的允许值范围,如超出警戒值范围就发出警报。同时,系统可以监测重要指标的相关因素,为保险标准重要指标提供决策参考。建立社会保险预警系统需要做的工作是,将有关基础数据进行整合,建立资料库;在已有数据的基础上,找出基金与相关经济指标的运行规律作为预警系统的支撑;设立预警点,当指标出现问题时及时反映情况。难点主要是管理者要树立变事后分析为事先预警的理念,实际部门对社会保障基金和相关指标的采集和分类将有大量的基础性工作要做。

9.4.4 完善我国社会保障基金监管的组织构建

从国际社会保障基金监管组织机构及其相应部门的设立图(如图9.1所示)以及我国全国社会保障基金理事会组织机构图(如图9.3所示)可以看到,比较成功的监管模式是多层次制衡式监管模式,是以监管主体的多元化为前提的,充分发挥各监管主体的监管职能,同时适当分权,加强权力的制衡,防止某一方权力过大的监管模式。

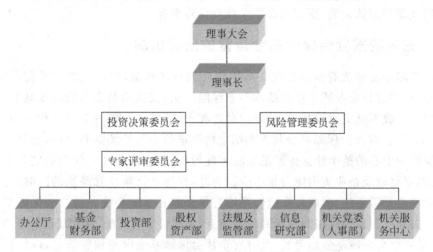

图 9.3　我国全国社保基金理事会组织架构

首先,社会保障的准公共产品属性决定了对基金进行分权制衡管理的必要性。社会保障制度是重要的"社会稳定器",社会保障基金则是保持社会保障制度正常运转的"血液",对广大民众的生活保障和经济发展特别是资本市场发育都有重要意义。因此,对社会保障基金安全性的要求应该远远高于一般性质的基金,这就要求通过各监管主体之间的相互监督、相互制约以确保基金的安全。

其次,中国社会保障制度改革的实践证明社保基金必须实施分权管理。20世纪90年代以来,我国养老保险、医疗保险、失业保险等基金的征收、支出和管理均由劳动保障部门一家集中管理,结果出现大量社会保障基金被挪用、盗用的违规事件。这些案件往往牵扯社会保障行政主管部门及其工作人员,究其原因,一个很重要的方面就是对这些部门或人员的社会保障基金监管权力的制约不够强。由于我国行政部门实行的是首长负责制,如果没有其他部门的相互制衡,很容易形成"绝对权力"。因此,需要把社会保障基金监管的权力分解后交给不同的相关职能机构,并明确权力之间的分工和制衡,从而保障基金的完整安全。

我国目前除中央所监管的全国社会保障基金外,各地方具体负责管理和监督的社会保障基金规模日益庞大。而这部分基金的监管最为薄弱。由于尚未实现全国范围内的统筹,虽然现在有 9 个试点省(市、自治区)①将本省(市、自治区)的企业职工基本养老保险个人账户中央财政补助资金交由全国社会保障基金理事会委托投资运营,但绝大多数省(市、自治区)仍面临着监管难题。在现有的监管体系安排下,随着社会保障基金保值增值的压力增加,进入资本市场已经不可回避。相应地我们可以构建地方的多层次制衡式监管模式(如图 9.4 所示),以实现在市场化过程中对社会保障基金进行有效监管。

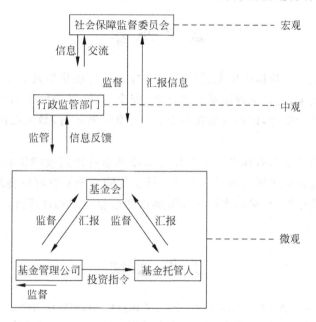

图 9.4　地方的多层次制衡式监管模式

所谓多层次,是根据监管主体和监管职能的不同,将监管分为宏观层监管、中观层监管和微观层监管。其中,以社会保障监督委员会为核心的监管处于整个监管体系的最高层,是最高层次的监管者;以劳动保障部门的基金监督机构为代表的行政监管处于整个监管的中观层次,起着承上启下的协调作用;以投资运营机构为主体的基金会处于微观层次,起着内部监督、制衡的作用。各层次的监管机构各司其职又相互配合,构建起一个完备的基金监管体系。

所谓相互制衡,是指通过适当的分权,实现权力的制约,防止不受制约的权力对制度的危害,从一定意义上讲,它是西方政治体制中的"三权分立"思想的应用。具体来讲,这种监管思想主要体现在各监管主体监管职能相互交叉上。在基金运营商之间,形成了"三足鼎立"的态势,基金会负责对基金管理公司和基金托管人的选择,并对基金管理人实施

---

①　包括天津市、山西省、吉林省、黑龙江省、山东省、河南省、湖北省、湖南省和新疆维吾尔自治区。

监管；账户托管人负责基金的日常管理和投资指令的执行，防止基金会挪用基金和基金管理人违反投资规程的行为；基金管理公司有权对基金托管人和基金会的行为向基金监督委员会提出异议。同时，行政监管部门主要负责相关法律法规执行情况的监管以及法规的制定，社会保障监督委员会负责对基金运营机构的日常经营行为实施监督，并对运营商进行资格审查和违规处罚。

本 章 小 结

　　社会保障基金监管是指由国家授权专门机构为防范和化解社会保障基金风险，依据国家相关法规和政策，对社会保障基金的征缴、安全运营、基金保值增值等过程与结果进行监督、评审、认证和鉴定，以确保社保基金正常、稳定地运行，最大限度地保障被保险人的合法利益。

　　建立社会保障基金监管体系是完善社会保障基金管理制度的重要组成部分，对于确保社会保障制度的正常运转具有重要意义。社会保障基金监管可以将现场监管与非现场监管两种监管方式相结合，采取多层次相互制衡的监管组织构建模式，进一步完善监管预警机制。

扩 展 阅 读

1. 孙建勇.社会保障基金监管制度国际比较.北京：中国财政经济出版社,2004.
2. 胡继晔.社保基金监管立法调研报告2008－2010.北京：中国政法大学出版社,2011.
3. 劳动和社会保障部社会保险基金监督司,劳动和社会保障部社会保险事业管理中心组织.社会保险基金监管政策解答.北京：中国劳动社会保障出版社,2007.

关 键 词

社会保障基金监管（the social security funds svpervision）　现场监管（site supervision）
非现场监管（non-sife supervision）

 典型案例

德国养老保险基金监管：公司操作　各方参与

　　德国养老金保险公司是欧洲最大的法定养老金保险机构，拥有5 700多万名客户，占德国人口的三分之二。德国养老金保险公司每年的支出在2 000亿欧元以上，如此巨大

的资金如何做到安全、经济、有效运转,这显得意义重大。

按照德国《社会法典》及相关法律、法规,德国包括医疗、意外伤害和养老在内的各类社会保险机构实行法律上独立的自我管理,并且由保险金的交纳者——投保人和雇主共同参与决策。为此,德国实行社会保险选举制度,投保人和雇主通过公开的选举,选出各自的利益代表者,进入社保行业的管理决策层。

按规定,在医疗保险、意外伤害保险和养老金保险的决策机构中,投保人代表和雇主代表的数量必须对等。代表大会或者管理委员会是社保机构的决策机构,相当于"议会"角色,不超过 60 人。广大投保人和雇主通过选举参与监督社保机构的资金和服务政策,并有可能共同决定代表大会或者管理委员会的行为方式。

德国养老金保险公司新闻发言人雷娜特·蒂曼女士对记者说,作为受国家和公民委托的服务提供商,德国养老金保险公司没有自身特有的利益,实行自我管理,向个人提供所有养老金方面的咨询、医疗或者职业康复以及向退休者或者其亲属支付养老金。目前,公司在德国建立了由 1 000 多个咨询处构成的客户服务网络。完善的公司治理结构从制度上杜绝了挪用养老金等违规行为的发生。

德国联邦养老金保险公司的执行机构是由一个 3 人理事会以及一个扩大理事会组成。2005 年 10 月,德国联邦养老金保险公司通过代表大会选出了 6 名代表,与 3 人理事会成员共同组成 9 人扩大理事会。理事会的决定与所有下属法定养老金保险机构有关,并负责法定的任务,如投保人在下属保险公司的分配等。代表大会和代表大会主席团是德国联邦养老金公司的自我管理机构。代表大会有 60 名成员,设立两名轮值主席职位,分别代表投保雇员一方和雇主一方。代表大会的 96 名代表通过选举产生由 22 人组成的主席团,主席团设立两名轮值主席,分别由来自投保雇员和雇主的代表担任。

德国养老金保险公司在财务管理上公开透明,公司在互联网上公开历年养老金收入与支出记录,并且及时公布每月的收支明细,接受公众问询和社会监督。

雷娜特·蒂曼女士说,德国养老保险的特点是实行代际协议,即由今天在职人员和雇主承担退休者的养老金,下一代人同样承担今天在职人员将来的养老金。在职者和雇主每个月交纳的养老保险金,到月底都用于退休金的支付。在德国,由于养老金收入不抵支出,需要国家补贴才能维持正常运转,因此养老金投资无从谈起。政府部门的监管也是社保机构正常运作的有力保证。

德国联邦审计局负责对德国养老金保险公司进行财务审计。蒂曼女士说,联邦审计局每年都要对德国养老金保险公司的审计结果进行汇总,出台审计报告。

(本案例资料来源:马丁. 国外社保基金如何监管. 搜狐财经,2009 年 9 月 16 日. http://business.sohu.com/20090916/n266781909.shtml.)

请思考:德国养老金的监管具有什么特色? 对我国社会保障基金监管带来哪些启示?

参 考 文 献

[1] 巴曙松,谭迎庆等. 关于社会基金监管框架的思考[J]. 技术经济与管理研究.2007(5).

[2] 蔡昉.中国人口与劳动问题报告(2003)——转轨中的城市贫困问题[M].北京:社会科学文献出版社,2003.

[3] 陈佳贵,王延中.中国社会保障发展报告[M].北京:社会科学文献出版社,2007.

[4] 丛树海.建立健全社会保障管理体系问题研究[M].北京:经济科学出版社,2004.

[5] 韩笑,鲁全.社会保障和公共财政研究综述[J].社会保障制度,2005(4).

[6] 李绍光.养老金制度与资本市场[M].北京:中国发展出版社,1998.

[7] 李绍光.养老金制度与资本市场[M].北京:中国发展出版社,1998.

[8] 李绍光.深化社会保障改革的经济学分析[M].北京:中国人民大学出版社,2006.

[9] 林治芬.社会保障资金管理[M].北京:科学出版社,2007.

[10] 林治芬,高文敏.社会保障预算管理[M].北京:中国财政经济出版社,2006.

[11] 林治芬.国际社会保障预算的分析与借鉴[J].中国社会保障,2000(1).

[12] 林义.社会保障基金管理[M].北京:中国劳动社会保障出版社,2006.

[13] 刘钧.社会保障理论与实务[M].北京:清华大学出版社,2005.

[14] 吕学静.社会保障基金管理[M].北京:首都经济贸易大学出版社,2007.

[15] 人力资源和社会保障部社会保险基金监督司.社会保障基金监管法规文件汇编(续一)[M].北京:中国劳动社会保障出版社,2007.

[16] 人力资源和社会保障部社会保险基金监督司.社会保障基金监管法规文件汇编(续二)[M].北京:中国劳动社会保障出版社,2010.

[17] 孙建勇.社会保障基金运营与监督[M].北京:中国财政经济出版社,2004.

[18] 孙建勇.社会保障基金监管法规文件汇编[M].北京:中国劳动社会保障出版社,2002.

[19] 孙祁祥.空账与转轨成本——中国养老保险体制改革的效应分析[J].经济研究,2001(5).

[20] 宋晓梧.中国社会保障体制改革与发展报告[M].北京:中国人民大学出版社,2001.

[21] 王燕,徐滇庆等.中国养老金隐性债务、转轨成本、改革方式及其影响——可计算一般均衡分析[J].经济研究,2001,(5).

[22] 王晓军.中国养老金制度及其精算评价[M].北京:经济科学出版社,2000.

[23] 伊志宏,张慧莲等.养老金投资与资本市场:国际经验及中国的选择[M].北京:中国人民大学出版社,2009.

[24] 郑功成.中国社会保障制度变迁与评估[M].北京:中国人民大学出版社,2002.

[25] 郑功成.社会保障学——理念、制度、实践与思辨[M].北京:商务印书馆,2000.

[26] 《中华人民共和国社会保险法》,2011 年 7 月 1 日.

[27] 中国经济改革研究基金会,中国经济体制改革研究会联合专家组.中国社会养老保险体制改革[J].上海:上海远东出版社,2006.

[28] 朱青.养老金制度的经济分析与运作分析[M].北京:中国人民大学出版社,2002.

教学支持说明

尊敬的老师：

　　您好！为方便教学，我们为采用本书作为教材的老师提供教学辅助资源。鉴于部分资源仅提供给授课教师使用，请您填写如下信息，发电子邮件或传真给我们，我们将会及时提供给您教学资源或使用说明。

　　（本表电子版下载地址：http://www.tup.com.cn/sub_press/3/）

课程信息

书　　名			
作　　者		书号（ISBN）	
课程名称		学生人数	
学生类型	□本科　□研究生　□MBA/EMBA　□在职培训		
本书作为	□主要教材　□参考教材		

您的信息

学　　校			
学　　院		系/专业	
姓　　名		职称/职务	
电　　话		电子邮件	
通信地址		邮　　编	
对本教材建议			
有何出版计划			

　　　　　　　　　　　　　　　　　　　　　　　　　_____年___月__日

清华大学出版社

E-mail: tupfuwu@163.com　　　　　　　　网址：http://www.tup.com.cn/
电话：8610-62770175-4903/4506　　　　　传真：8610-62775511
地址：北京市海淀区双清路学研大厦 B 座 506 室　　邮编：100084